《行政管理学》学习辅导

习题与案例

（第二版）

陈瑞莲等　编著

中山大学出版社
·广州·

版权所有　翻印必究

图书在版编目（CIP）数据

《行政管理学》学习辅导：习题与案例/陈瑞莲等编著. —2 版. —广州：中山大学出版社，2013.12
ISBN 978 - 7 - 306 - 04755 - 7

Ⅰ.①行…　Ⅱ.①陈…　Ⅲ.①行政管理—管理学—自学参考资料　Ⅳ.①D035

中国版本图书馆 CIP 数据核字（2013）第 297728 号

出 版 人：	徐　劲
策划编辑：	郭　升
责任编辑：	施国胜
封面设计：	林绵华
责任校对：	施国胜
责任技编：	黄少伟
出版发行：	中山大学出版社
电　　话：	编辑部 020 - 84111996，84113349
	发行部 020 - 84111998，84111981，84111160
地　　址：	广州市新港西路 135 号
邮　　编：	510275　　　　传　真：020 - 84036565
网　　址：	http://www.zsup.com.cn　　E-mail：zdcbs@mail.sysu.edu.cn
印 刷 者：	佛山市浩文彩色印刷有限公司
规　　格：	787 mm×1092 mm　1/16　19 印张　331 千字
版次印次：	2010 年 10 月第 1 版，2013 年 12 月第 2 版，2013 年 12 月第 3 次印刷
印　　数：	10001～15000 册　　　定　价：39.80 元

如发现本书因印装质量影响阅读，请与出版社发行部联系调换

内容提要

本书是根据夏书章教授主编的《行政管理学》（高等教育出版社、中山大学出版社2013年第五版）的体系结构和内容而编写的学习辅导书。编写者都是教材《行政管理学》（第五版）的编著者，其中陈瑞莲教授是教材的副主编。他们长期从事该学科的教学和研究工作，成果颇丰，教学实践经验丰富，所编写的这本学习辅导具有权威性，影响力大。

全书各章内容由知识点阐述、相关知识拓展、练习题及答案、案例分析四大部分组成，具有内容简明扼要、实践操作性强等特点，若与教材配套使用，可有效帮助读者学习、掌握行政管理学这门学科的基本知识、基本理论和基本技能，提高分析问题、解决问题的能力和参与各类考试（含公务员考试）的应试能力。

目　录

第一章　导　论 …………………………………………………… (1)
　　第一部分　知识点阐述 ………………………………………… (1)
　　第二部分　相关知识拓展 ……………………………………… (4)
　　第三部分　练习题及答案 ……………………………………… (6)
　　第四部分　案例分析 …………………………………………… (11)

第二章　行政环境 ………………………………………………… (15)
　　第一部分　知识点阐述 ………………………………………… (15)
　　第二部分　相关知识拓展 ……………………………………… (20)
　　第三部分　练习题及答案 ……………………………………… (23)
　　第四部分　案例分析 …………………………………………… (28)

第三章　行政职能 ………………………………………………… (32)
　　第一部分　知识点阐述 ………………………………………… (32)
　　第二部分　相关知识拓展 ……………………………………… (35)
　　第三部分　练习题及答案 ……………………………………… (38)
　　第四部分　案例分析 …………………………………………… (46)

第四章　行政组织 ………………………………………………… (50)
　　第一部分　知识点阐述 ………………………………………… (50)
　　第二部分　相关知识拓展 ……………………………………… (55)
　　第三部分　练习题及答案 ……………………………………… (57)
　　第四部分　案例分析 …………………………………………… (64)

第五章 行政领导 ………………………………………………… (67)

  第一部分 知识点阐述 ………………………………………… (67)

  第二部分 相关知识拓展 ……………………………………… (75)

  第三部分 练习题及答案 ……………………………………… (77)

  第四部分 案例分析 …………………………………………… (84)

第六章 人事行政 ………………………………………………… (88)

  第一部分 知识点阐述 ………………………………………… (88)

  第二部分 相关知识拓展 ……………………………………… (91)

  第三部分 练习题及答案 ……………………………………… (101)

  第四部分 案例分析 …………………………………………… (107)

第七章 公共预算 ………………………………………………… (113)

  第一部分 知识点阐述 ………………………………………… (113)

  第二部分 相关知识拓展 ……………………………………… (115)

  第三部分 练习题及答案 ……………………………………… (121)

  第四部分 案例分析 …………………………………………… (126)

第八章 行政信息 ………………………………………………… (133)

  第一部分 知识点阐述 ………………………………………… (133)

  第二部分 相关知识拓展 ……………………………………… (136)

  第三部分 练习题及答案 ……………………………………… (141)

  第四部分 案例分析 …………………………………………… (148)

第九章 政策过程与政策分析方法 ……………………………… (152)

  第一部分 知识点阐述 ………………………………………… (152)

  第二部分 相关知识拓展 ……………………………………… (156)

  第三部分 练习题及答案 ……………………………………… (157)

  第四部分 案例分析 …………………………………………… (163)

第十章　政府公共关系与行政沟通、行政协调 …………………… (171)

　　第一部分　知识点阐述 ………………………………………… (171)
　　第二部分　相关知识拓展 ………………………………………… (173)
　　第三部分　练习题及答案 ………………………………………… (179)
　　第四部分　案例分析 ……………………………………………… (184)

第十一章　行政伦理 …………………………………………………… (187)

　　第一部分　知识点阐述 ………………………………………… (187)
　　第二部分　相关知识拓展 ………………………………………… (189)
　　第三部分　练习题及答案 ………………………………………… (192)
　　第四部分　案例分析 ……………………………………………… (199)

第十二章　行政法治 …………………………………………………… (204)

　　第一部分　知识点阐述 ………………………………………… (204)
　　第二部分　相关知识拓展 ………………………………………… (207)
　　第三部分　练习题及答案 ………………………………………… (211)
　　第四部分　案例分析 ……………………………………………… (215)

第十三章　行政监督 …………………………………………………… (218)

　　第一部分　知识点阐述 ………………………………………… (218)
　　第二部分　相关知识拓展 ………………………………………… (221)
　　第三部分　练习题及答案 ………………………………………… (223)
　　第四部分　案例分析 ……………………………………………… (229)

第十四章　公共危机管理 ……………………………………………… (232)

　　第一部分　知识点阐述 ………………………………………… (232)
　　第二部分　相关知识拓展 ………………………………………… (237)
　　第三部分　练习题及答案 ………………………………………… (240)
　　第四部分　案例分析 ……………………………………………… (247)

第十五章 办公室管理与后勤管理 ……………………………………（255）

  第一部分 知识点阐述 ………………………………………（255）

  第二部分 练习题及答案 ……………………………………（257）

第十六章 政府绩效管理 …………………………………………（264）

  第一部分 知识点阐述 ………………………………………（264）

  第二部分 相关知识拓展 ……………………………………（269）

  第三部分 练习题及答案 ……………………………………（272）

  第四部分 案例分析 …………………………………………（277）

第十七章 行政改革与发展 ………………………………………（280）

  第一部分 知识点阐述 ………………………………………（280）

  第二部分 相关知识拓展 ……………………………………（283）

  第三部分 练习题及答案 ……………………………………（284）

  第四部分 案例分析 …………………………………………（291）

第一版后记 …………………………………………………………（295）
第二版后记 …………………………………………………………（296）

第一章 导 论

第一部分 知识点阐述

一、行政管理与行政管理学

（一）行政管理在社会生活中的地位和作用

对行政管理的理解有广义与狭义之分。狭义的行政管理是指国家各级政府部门在执行法定职能及其具体运作的过程中，对于所经历的程序、环节，以及所处理的事项和解决的问题等一系列的管理活动。广义的行政管理是指国家机关和非国家机关，如企事业单位、社会团体乃至私人组织中的计划、决策、协调、人事、后勤事务等管理活动。

行政管理在各种管理之中，是涉及面最广和最具有权威性的管理。不良的行政管理对国家和社会经济的发展将产生严重的影响。

（二）行政管理学的创立及其发展状况

行政管理学最早诞生于美国。1887年威尔逊发表了《行政研究》一文，被公认为开行政学研究先河的先驱者；1900年，古德诺出版《政治与行政》一书，创立"政治"与"行政"的两分法，有人称他为"行政学之父"；1926年怀特出版的《行政学导论》，对行政管理学的主要内容作了论述，通常视之为行政学正式问世的标志。

行政管理学之所以诞生于美国，除了许多美国学者做出了巨大的贡献，美国学科的发展较少受到传统的束缚和影响之外，美国社会的竞争也促进了管理学科的研究，进而带动了行政管理学的发展。同时，美国政府管理过程中政府职能的扩张，"行政国家"的出现，以及"三权分立"的确立，"政治中立"原则的确定，都促进了行政学科的发展。

行政管理学在西方各国的发展演变有如下情形：由政治与行政分离的研究到政治与行政结合的研究；由静态的研究到动态的研究；由以事为中心的研究到以人为中心的研究；由法规的研究到行为的研究；由机械的效率观的研究到社会的效率观的研究；由单科的研究到科际的研究等。其发展趋势表现为：

(1) 研究领域拓宽和加深。
(2) 研究内容和研究方法更结合实际。
(3) 不同学派之间的争鸣和交流扩大。

(三) 行政管理学研究的对象、内容和方法

我国行政管理的主体是国务院和省、市、县、乡（镇）各级地方人民政府。客体是国家和社会的法定公共事务和政府内部事务。

行政管理学研究的内容随着公共事务的动态发展而与时俱进。当今，行政管理学的主要研究对象是行政环境、行政职能、行政组织、行政领导、人事行政、公共预算、行政信息、政策过程与政策分析、政府公共关系、行政伦理、行政法制、行政监督、公共危机管理、行政改革与发展等内容。

研究方法服从于学科性质和研究目的，并随学科内容和研究目的的变化而变化。行政管理学是具有鲜明的阶级性和社会性、理论性和应用性、独立性和综合性的学科。行政管理学产生以来，西方学者采取了多种的、在不同历史阶段又各有特点的研究方法，例如，从演绎研究到归纳研究、从静态研究到动态研究、从单科研究到跨学科研究，如此等等。行政管理学的研究方法主要有：文献分析法、调查研究法、案例分析法、历史研究法、比较研究法、定量分析法等。

二、行政管理学在中国

(一) 20世纪30年代即已引进的行政学

在中国，行政管理学作为一门新兴的学科是在20世纪30年代。当时一批留学英美和日本的学者翻译国外的行政学著作称为行政学。但在解放之前，行政学并没有在我国得到真正的发展。

（二）新中国成立初期的"行政组织与管理"及其中断

在新中国初期，"行政学"改名为"行政组织与管理"，之后随着高等院校的调整、学科的变动，以及受到政治运动、思想意识的影响，行政管理学被中断了研究。

（三）改革开放以来的行政管理学

改革开放以来，随着经济建设的发展和改革开放的深入，行政管理的重要性和行政改革的紧迫性日益摆在人们的面前，也因此推动了行政管理学科的发展。改革开放之后的行政管理学的发展有其自身特点。在学科发展过程中，邓小平理论是我国行政管理学研究及其发展的一面旗帜，改革是行政管理学研究发展的主旋律，并且学科研究呈现多元化、多渠道和多层级的发展趋势。

三、建设和发展中国特色社会主义行政管理学

（一）行政管理学本土化的必要性

1. 行政管理的二重性

行政管理学的本土化是为了克服行政管理学研究"非中国化"的弊端，是建设中国特色社会主义行政管理学的需要。行政管理具有二重性，即一般性、科学性与特殊性、阶级性或政治性。作为对国家事务和社会公共事务的管理，它必须根据管理对象的实际情况进行有效的计划、组织、指挥、协调，这是行政管理的一般性、科学性；另一方面，它又必须为一定的经济基础和政治统治服务，这是行政管理的特殊性、阶级性或政治性。行政管理的二重性是建设中国特色社会主义行政管理学的理论依据。

2. 丰富的历史遗产

现代行政管理和古代行政管理是性质不同的发展阶段。但现代是古代的延续。中国古代丰富的政治和行政管理的历史遗产不仅是产生具有特色的行政管理学的肥沃土壤，其精华部分还将被改造吸收成为具有中国特色的行政管理学的组成部分。

3. 当代的行政实践

半个多世纪以来，我国的行政管理实践与社会主义建设的伟大实践一

样丰富多彩，波澜壮阔，这是我国行政管理学理论创造的最坚实基础和取之不竭的源泉。

(二) 行政管理应为实现战略目标服务

管理是指组织为了达到个人无法实现的目标，通过各项职能活动，合理分配、协调相关资源的过程。同样，行政管理也具有目标导向，对于行政管理，极其自然地会提出所行何政、为何行政、如何行政等一系列的有关问题。可见，行政管理具有目标性。

"管理就是服务"，行政管理的最大特性在于公共性，因而，为人民服务是行政管理的最终目标。在具有特殊性的中国国情背景下，要建设怎样的行政管理来实现服务的目标是必须要回答的问题。党的十八大报告指出了我国行政管理的发展方向，即坚定不移沿着中国特色社会主义道路前进，为全面建成小康社会而奋斗。因此，在建设和发展中国特色社会主义的康庄大道上，必须坚持民主行政、依法行政和科学行政。

(三) 以科学发展观建设和发展行政管理学

第一，科学发展观的第一要义是发展，因而必须坚持把发展作为党执政兴国的第一要务。学科的建设和发展同样需要与时俱进，行政管理学的发展必须伴随着研究对象的发展、研究方法的改进而发展。

第二，科学发展观的核心是以人为本，全心全意为人民服务。对于行政管理工作和学科研究，这一点尤其重要。"管理就是服务"绝非虚语，毋忘服务的对象是人民。

第三，科学发展观的基本要求是全面协调可持续。

第四，科学发展观的根本方法是统筹兼顾，是做到和做好全面协调的不二法门。

第二部分　相关知识拓展

19世纪20年代，怀特在发表的第一本公共行政学教材《行政学导论》(*Introduction to the Study of Public Administration*) 中提出：

(1) 行政是一个独立的过程，无论从哪一级角度看，其基本特征大致相同。

（2）行政研究应当建立在管理的基础上，而不应当建立在法律的基础上。

（3）行政由一门艺术转化为一门科学的趋势日益具有重要意义。

（4）行政已经成为而且将继续成为现代政府的中心问题。

怀特的这本书标志着行政学科的基本形成，而在以后的发展过程中，逐步形成了该学科的基本概念和基本理论。

行政管理学来自英文 public administration 的翻译。长期以来，行政、行政管理、公共行政与公共管理这几个概念之间的异同问题一直是我国行政管理学界争论不休的问题。如有人认为"Public Administration"是指公共行政、行政管理，而"Public Management"才是公共管理等等。

对这个问题，《行政管理学》主编夏书章教授在书中和有关著述中均对其做了中国式的解读，明确阐述了自己的观点。他用一个非常通俗的比喻对这个问题进行了形象化的解释。譬如红茶，我们中国人把它叫做"红茶"，而英语中则称之为"black tea"，如果把红茶译成"red tea"，或者把"black tea"译成"黑茶"，显然都有悖于中文或英文的原意。因而，对于"Public Administration"的理解，我们不能简单地说必须翻译成"公共行政"，而将"行政管理"一棍子打死。夏书章教授明确地说："原文'Public Administration'中的'Administration'是多义词，因其从研究政府管理开始，故译为行政学或略去公共并无不当。"

他认为，尽管我国学术界关于行政管理概念的理解存在争议，但要化解这些争议，"比较好的办法是对'Public Administration'这门学科从兴起和发展到汉译的变化过程，做一些概括性的介绍，可能有助于弄清其来龙去脉和在我国的研究、应用和发展"。他指出："行政管理学初译为行政学，实际上英文原文即公共管理学。因该学科从研究政府管理开始，初译完全恰当。后来学科拓展，已包括非政府公共部门的管理。"

基于此，他所定义的行政管理一向有狭义与广义之分。狭义是指政府部门的行政管理工作，广义则同时包含非政府机构中的具有行政管理性质的工作。也正是基于这一界定，他适应社会发展和行政管理学科发展的需要逐步将狭义行政管理研究拓宽到广义的公共管理研究当中。在其学术自传《夏书章自选集》中提到："我的学术生涯是从政治学开始入门的。随后循着行政学（实际上是公共管理的早期领域）的发展轨迹，拓宽到原来完整意义上的公共管理学，包括对非政府组织等公共部门管理的研究。"显然，将"Public Management"译为公共管理而将"Public Administration"限定为公共行政的认识和做法应该慎重。"Public Management"和"Public Administration"两者是并存而非代替的关系。

第三部分 练习题及答案

练 习 题

一、单项选择题

1. 《行政研究》一文的作者是美国学者(　　)。
   A. 威尔逊　　B. 泰勒　　C. 古德诺　　D. 韦伯
2. 建设中国特色社会主义行政管理学的基本理论依据是(　　)。
   A. 经济学理论　　　　　　B. 政治学原理
   C. 行政管理的二重性原理　D. 法学理论
3. 创立政治与行政两分法的美国学者是(　　)。
   A. 怀特　　B. 高斯　　C. 古德诺　　D. 泰勒
4. 下列属于我国行政管理主体的是(　　)。
   A. 国家立法机关　　　　　B. 某国有大中型企业的厂长
   C. 某市人民政府　　　　　D. 某村村委会
5. 下列著作中,被视为西方行政学产生的标志性著作是(　　)。
   A. 《行政学导论》　　　　B. 《政治与行政》
   C. 《科学管理原理》　　　D. 《公共行政原理》
6. 行政管理活动属于(　　)。
   A. 执行性活动　　　　　　B. 司法性活动
   C. 立法性活动　　　　　　D. 协商性活动
7. 西方行政学发展的第二阶段即行政学成长阶段,也称为(　　)。
   A. 传统时期　　　　　　　B. 科学管理时期
   C. 行为科学时期　　　　　D. 现代管理时期
8. 西方(新)公共管理运动引入的市场化方法包括委托—代理、伙伴协作、绩效评定和(　　)。
   A. 价值分析　B. 网络技术　C. 线性技术　D. 合同承包
9. 下列活动属于行政范畴的是(　　)。
   A. 某国有工厂领导班子开会研究解决工人医疗保险问题
   B. 某商场经理捐款给希望工程

C. 某大学领导班子开会研究解决贫困生学费减免问题

D. 某县政府办公会商讨解决农民卖粮难问题

10. 我国最高的行政机关是(   )。

   A. 国务院   B. 全国人大

   C. 最高人民法院   D. 最高人民检察院

二、多项选择题

1. 行政管理学的学科性质是(   )。

   A. 政治性和社会性的统一   B. 理论性和实践性的统一

   C. 广泛性和独立性的统一   D. 规范性和权变性的统一

   E. 原则性和灵活性的统一

2. 《行政研究》一文对行政学发展的突出贡献有(   )。

   A. 提出了从行政学角度来研究政府

   B. 创立了以生态学方法研究行政管理的新体系

   C. 开创了行政学研究之先河

   D. 研究了政治与行政的关系和区别

   E. 把复杂的行政要素归纳为组织原理、行政法规等四大部分

3. 怀特在《行政学导论》中将行政学研究归纳为四个部分，分别是(   )。

   A. 组织原理   B. 人事行政   C. 财务行政

   D. 行政法规   E. 行政决策

4. 学习与研究行政管理学的方法是(   )。

   A. 文献分析方法   B. 案例分析方法

   C. 历史研究方法   D. 比较研究方法

   E. 调查研究方法

5. 行政学研究方法的演变过程是(   )。

   A. 从演绎研究到归纳研究   B. 从静态研究到动态研究

   C. 从单学科研究到跨学科研究 D. 从定量研究到定性研究

   E. 从动态研究到静态研究

6. 行政管理学的主要研究内容包括(   )。

   A. 行政管理的过程

   B. 行政管理的学科规律以及演变历史

   C. 行政管理体制

D. 行政立法、行政文化、行政道德等
E. 行政主体

7. 行政管理的客体是(   )。
   A. 国家事务　　　　　　　B. 社会公共事务
   C. 行政机关内部事务　　　D. 公民私人事务
   E. 企业内部运行事务

8. 行政管理学发展的三个阶段是(   )。
   A. 科学管理时期　　　　　B. 行为科学时期
   C. 现代管理时期　　　　　D. 新公共服务时期
   E. 古典组织理论时期

9. 美国学者戴维. H. 罗森布鲁姆提出公共行政学的研究途径是(   )。
   A. 管理途径　　　　　　　B. 政治途径
   C. 法律途径　　　　　　　D. 经济途径
   E. 社会学途径

10. 下列对科学发展观的说法正确的有(   )。
    A. 科学发展观的第一要义是发展
    B. 科学发展观的核心是以人为本，全心全意为人民服务
    C. 科学发展观的基本要求是全面协调可持续
    D. 科学发展观对我国行政学的发展具有指导作用
    E. 科学发展观的根本方法是统筹兼顾

三、概念辨析题

1. 行政管理与行政管理学。
2. 行政管理与行政环境。
3. 公共管理与私人管理。
4. 行政与政治。

四、简述题

1. 简述当代西方行政管理学的发展趋势。
2. 简述行政管理的主体与客体。
3. 建设中国特色行政管理学应遵循哪些基本原则？
4. 简述治理理论对行政管理学的影响。

5. 简述行政学研究中国化的主要措施。

五、论述题

论述科学发展观对行政管理学科发展的影响。

练习题答案

一、单项选择题

1. A　　2. C　　3. C　　4. C　　5. A
6. A　　7. C　　8. D　　9. D　　10. A

二、多项选择题

1. ABD　　2. ACD　　3. ABCD　　4. ABCDE　　5. ABC
6. ABCDE　　7. ABC　　8. ABC　　9. ABC　　10. ABCDE

三、概念辨析题

1. 参考答案：行政管理是国家权力机关的执行机关依法对国家事务、社会公共事务和机关内部事务的管理。行政管理学则是研究国家权力机关的执行机关依法管理国家事务、社会公共事务和机关内部事务的客观规律的科学。行政管理是实践活动，行政管理学则是对行政管理实践及其规律的概括和总结，是一门学问。

2. 参考答案：行政管理是国家权力机关的执行机关依法对国家事务、社会公共事务和机关内部事务的管理。行政环境是行政系统赖以存在和发展的外部条件的总和。行政管理与行政环境的关系是一种辩证的关系，行政环境对行政管理有着重要的影响和制约作用，行政管理也反作用于行政环境。

3. 参考答案：公共管理是为公众服务，追求公共利益。而私人管理以营利为目的。与私人管理相比，公共管理更加强调责任，公共管理包括了广泛复杂的政府活动，而且公共管理的运作是在政治环境中进行的，公共管理具有明显的政治性或公共性的特征。

4. 参考答案：政治与行政是政府的两种功能。古德诺认为"政治是国家意志的表达"，"行政是国家意志的执行"，此后政治与行政的二分法观点成为影响很广的观点。

从马克思主义的观点看来，政治与行政都是建立在一定经济基础之上、为一定经济基础服务的上层建筑。两者密切联系,又互相区别。

四、简述题

1. 参考答案:

(1) 研究领域拓宽和加深。

(2) 研究内容和方法更结合实际。

(3) 不同学科之间的争鸣和交流扩大。

2. 参考答案:作为国家权力的执行机关,国务院和各级人民政府是行政管理的主体。它们依法行使国家行政权,是公共管理的重要的不可缺少的组成部分,与公共管理的其他组成部分如非政府组织(NGO——NonGovernment Organization)、非营利组织(NPO——Nonprofit Organization)等之间,虽有联系,但有分工,不能包办代替。

国家和社会的法定公共事务和政府内部事务是行政管理的客体。

3. 参考答案:

(1) 坚持马克思主义、毛泽东思想和邓小平理论,并以科学发展观来促进行政管理学科的发展。

(2) 坚持行政管理研究本土化,紧密围绕经济建设和社会主义市场经济下的行政体制改革。

(3) 坚持为实现战略目标服务。

(4) 加强与相关学科的结合。

4. 参考答案:治理理论产生于20世纪80年代。全球治理委员会认为,治理不是一套规则,也不是一种活动,而是一个过程。治理过程的基础不是控制,而是协调;治理既涉及公共部门,也包括私人部门。治理不是一种正式的制度,而是持续的互动。因而治理是多元价值的,是一种出自政府,但又不限于政府的一套社会公共机构和行为者的过程。借鉴治理理论,行政管理学可更好地解释政府失灵、契约失灵,而接受第三部门参与到公共问题的治理过程中。据此,治理理论拓展了行政管理的主体范围,并丰富了行政管理方式。

5. 参考答案:

(1) 在国际国内两个向度上展开研究。

(2) 从马克思主义中国化、行政学美国化等获得有益启示。

(3) 不仅要关注国际学术动态,对国外行政学理论进行系统整理,更应该关注在中国行政管理的历史遗产,努力挖掘中国传统的行政思想资源。

(4) 要理论联系实际，在密切结合中国特色社会主义行政实践上下功夫。

五、论述题

参考答案：

（1）科学发展观的第一要义是发展。任何一门学科的建设和发展也是这样。不能与时俱进，轻则依然故我，重则只有在竞争中落得个被淘汰出局的下场。改革开放以来，行政管理发展实践强烈呼唤加大研究力度，学科的建设和发展才得以同步前进。但是与此同时，学科研究本身若不重视发展，也不可能适应客观需求。

（2）科学发展观的核心是以人为本，要全心全意为人民服务。对于行政管理工作和学科研究，这一点尤其重要。"管理就是服务"绝非虚语，毋忘服务的对象是人民，工作和研究的出发点和落脚点就找对了。

（3）科学发展观的基本要求是全面协调可持续。

（4）科学发展观的根本方法是统筹兼顾，是做到和做好全面协调的不二法门。行政管理学研究要对中国特色社会主义事业中的各种重大关系，有正确认识和作出妥善处理。例如：城乡发展、区域发展、经济社会发展、人与自然和谐发展、国内发展和对外开放、中央和地方、个人利益和集体利益、局部利益和整体利益、当前利益和长远利益之间等关系需要统筹，还有国内国际两个大局也要统筹。

第四部分 案例分析

【案例】 多部门的食品监管——为何几个部门管不好一头猪？①

一、背景

管制是政府重要职能之一。社会性管制是为了解决外部性行为和信息

---

① 资料来源：人民网 2009 年 2 月 27 日消息、新华网 2009 年 2 月 21 日消息、《新快报》2009 年 2 月 22 日。

不对称而采取的强制性政府管理行为。食品监管是社会性管理的重要内容，因为买卖双方存在着信息不对称难题。由于食品安全的特点，涉及食品生产、流通、销售等多个环节，对食品的监管由多个部门执行，交叉管理的现象层出不穷。

二、内容

据报道，G市2009年又有70人因食用瘦肉精猪肉而中毒，这是一起严重的食品安全卫生事件。经过一系列努力，除了3人尚在医院观察外，另外67人已健康出院。同时，有关部门也查清问题猪源头来自B省某市等四个县市。

从2001年全国各地因瘦肉精引发猪肉中毒事件曝光以来已达8年，为何瘦肉精猪肉又一次窜出来危害公众？

A省农业厅畜牧兽医局畜牧处罗处长对此事的分析令人深思。罗处长说，目前，全省对瘦肉精这项检验到底由谁负责管理没有明确规定，各个部门责任不明确。据人们所知，时下地方生猪屠宰管理涉及工商、食品检疫、经贸、农业畜牧和税务部门。除了税务征收由税务部门监管外，工商、食品检疫、经贸、农业部门对吃上放心肉均有不容推卸的责任。那么，面对瘦肉精检测过程出问题，为何会听到"部门责任不明确"那样搪塞的声音？

从时下地方政府出台的生猪屠宰管理实施条文来看，检测瘦肉精可能没有明确指定由哪个部门具体负责，但这决不是推诿责任的理由。人们知道，"问题猪肉"不但包括瘦肉精猪肉，也包括其他病种猪肉。尽管检测瘦肉精比检测其他猪肉难度大一些，问题复杂一些，但同样没有超出"问题猪肉"的范畴。"吃放心肉"的关键环节是要强化进入市场前及期间的猪肉品质检测。其实，只要各职能部门密切配合，加强检测，落实制度，工作到家，瘦肉精等问题也难以逃出"如来佛手掌"。比如，对猪源及品质信息管理及屠宰场管理就涉及到主管商品流通的经贸部门；对进入市场交易的生猪质量把关，又涉及到工商、农业、食品检疫部门。假若各部门都层层严格把关，一头病猪就很难连窜几关了。

"瘦肉精猪"能毫无阻挡地连过几关，这说明不少部门对此是掉以轻心的，把关意识是十分淡薄的。更有甚者，面对如此严重疏忽，该省省会动物卫生监督所负责人竟说，这不是疏忽，这是造假的技术很高明，是防不胜防的。言下之意，"瘦肉精"事件他们毫无责任。而把自己的严重疏忽完全推给造假者和饲养生猪的农民，其责任意识也可见一斑。

为何几个部门都管不好一头猪？令人回味的是，早在2001年12月10日，新华社发表的一篇记者述评云：严打"瘦肉精"确保百姓吃上放心肉，解决瘦肉精问题，不能仅是"头痛医头，脚痛医脚"，否则，今天查了瘦肉精，明天就可能出现其他问题。如何建立一个完备的"游戏规则"，使大家在严格的制度规范下公平竞争、保证信誉才是关键。① 对照8年后瘦肉精又在G市冒头的现实，人们可能会问，监管"问题猪肉"的"游戏规则"何时才能真正落实？

过去地方政府部门在强调解决某个重要问题时，有一个很漂亮的词叫"齐抓共管"。生猪屠宰涉及多个部门，似乎也是在"齐抓共管"。实际上没有明确责任的"齐抓共管"是靠不住的。在地方机关，有一种病症人们并不陌生，这就是部门利益。谓之部门利益，就是一事当前，先看是否对部门工作、声誉和福利有利，而不是看是否对公众有利，对整个社会发展有利。每遇部门利益，"齐抓共管"就会变成互踢皮球。面对瘦肉精问题，按部门利益观衡量，那么，就会视作部门的大麻烦：一是检疫费用每头猪在150元左右，部门得不偿失；二是检测过程烦琐。因此，一些部门索性能避则避，能推则推，这恐怕是瘦肉精猪肉能窜出来作害的一个重要原因。

解决部门利益这个陋习，除了加强对机关官员的思想教育，树立执政为民的观念外，重要的是从体制方面进行开刀，把相同职责明确到一个部门中去，实施由一个部门负责。这样，才能使问责真正问到实处，部门职责才能真正体现出来，而不能笼统地说"齐抓共管"。G市"瘦肉精"事件无疑加深人们对地方实施大部制的紧迫感。

三、分析

试运用有关行政学理论来分析，为什么"六个部门管不好一头猪"？②

"六个部门管不好一头猪"说明我国在食品安全监管的严重问题：政府行政部门齐抓不管，多头管理，却责任不清、权限不明。这就造成"比较好管的，或者有一定好处的，有一定权力的，大家抢着管"。而责任大、问题多、难管理的，彼此相互推委，没有主要部门管理。在多个部

---

① 见新华网2001年12月10日电。
② 2006年行政管理入学考试试题。

门管理，却又互相推诿责任的食品安全监管中，本质上是部门利益在阻碍高效的监管体制。按照公共选择理论，公共机构也具有追求经济利益的动机。监管机构会选择性地执行对机构利益最大化的措施，按照部门利益来衡量监管环节。

解决"多个部门管不好一头猪"的难题必须加强食品安全的立法，明确责任。通过立法明确食品监管机构的责任分工、权限划分，并统一监管标准。通过立法强化企业食品安全责任，明确企业是食品安全的第一责任人；在食品安全监管执行上，必须克服政出多门，都管却管不好的现象，监管主体和主要责任部门和责任人必须清晰和明确。

同时，还必须建立部门的责任制度，即问责制，严格执法。

四、结论

食品安全监管的低效反映出了行政机构的多头管理、职责重叠、权利交叉的弊端。必须订立明确的法律规定、划分职权、严格执法等。上述问题的解决尚有待各方面的努力。

第二章 行政环境

第一部分 知识点阐述

一、行政系统与外部环境的互动分析

(一) 行政系统的界线

行政系统的界线是指行政系统用以过滤外部环境的投入与行政系统对外部环境的产出,防止外部环境的干扰,并保持自身独立性的边界。它是把行政系统从外部环境中分离出来,又把行政系统与外部环境联系在一起,从而使行政系统与外部环境既相区别、又彼此关联的中介环节。行政系统的界线有着两种功能:一方面,抵抗外界环境的干扰,以保持行政系统的独立性;另一方面,过滤来自外部环境的投入和行政系统自身的产出,以维持行政系统的生存与运转。行政系统的界线具有开放性和可渗透性。

(二) 行政环境的含义

行政环境是指影响行政系统生存与发展的一切要素的总和,它包括外部环境和内部环境。所谓外部环境,是指处于行政系统界线之外的、能够直接或间接影响行政系统生存与发展的一切因素或条件的总称。所谓内部环境,是指处于行政系统界线之内的、影响其生存和发展的各种因素或条件的总称。

(三) 社会环境

社会环境是指在行政系统界线之外、直接影响行政系统活动并决定其

兴衰存亡的各种社会因素的总和。社会环境的诸因素是行政系统赖以产生、存在和发展的社会基础。行政系统的社会环境是一个由诸多要素构成的复杂系统，每一个要素都对行政系统产生着不同的影响。社会环境可以分为国际社会环境和国内社会环境。

(四) 行政系统与外部环境的互依性

（1）行政系统对外部环境的依赖。这是行政系统与外部环境互依性的首要表现，具体包括：第一，行政系统是适应外部环境的需要而产生的；第二，外部环境的需要不仅决定行政系统的产生，而且制约着其价值观、目标、规模、结构与行为方式；第三，行政系统的物质要素——人、财、物，非物质要素——信息，都要从外部环境输入。

（2）行政系统对外部环境的选择与塑造。这是行政系统与外部环境互依性的又一表现，具体包括：第一，行政系统作为一个开放系统，必然要从外部环境中接受物质、能量和信息的投入。但是，行政系统不可能接受外部环境的所有投入，而必须有所选择与取舍，只纳入自身所能接受的那一部分。第二，行政系统不仅选择外部环境，更要设法改善、控制外部环境。

二、经济和政治环境对行政系统的影响

(一) 经济环境对行政系统的影响

经济生活是人类社会生活中最基本的领域。经济环境是行政系统外部环境中最基本的方面，是行政系统赖以生存和发展的最深层环境。行政系统的经济环境，是对行政系统有重要影响的各经济要素的总和，包括自然资源状况、生产力和科技发展状况、人口状况、国民收入状况、社会的基本生产关系结构和经济体制等要素。所有这些要素，又可以高度概括为生产力（包括物质生产和人口生产）与生产关系（包括经济体制）两大方面。

（1）物质生产与人口生产的发展状况对行政系统的影响：生产力的发展状况决定着行政系统的存亡和性质；生产力的发展状况制约着行政系统的功能发挥和部门设置；生产力的发展状况提供了行政系统运行的物质基础；人口的发展状况影响着行政系统的发展战略和人口管理功能。

（2）生产关系与具体的经济体制对行政系统的影响：基本的生产关系

直接决定着行政系统的性质和变化；具体的经济体制影响着行政系统的功能配置和运行模式。

（二）政治环境对行政系统的影响

国体直接决定着行政系统的基本性质；政体规定了行政系统的具体形式和地位；政党制度影响着行政系统的稳定性和完善程度；政治生活的民主、平等程度制约着行政系统决策与执行的民主化、科学化程度；政治形势的稳定程度影响着行政系统的运行状态；法律制度规定与保障着行政系统在整个国家机构系统中的地位；法律的完善化、科学化程度制约着行政系统运转的协调、规范水平。

三、文化、民族和宗教环境对行政系统的影响

（一）文化环境对行政系统的影响

我们要研究的是狭义的文化即以价值观和行为模式为核心的社会意识形态对行政系统的影响。而狭义的文化对行政系统的影响，又主要是通过行政文化来实现的。行政文化是整个社会文化的一部分，它是人们关于行政系统的价值观念，以及该观念所相应要求的行政系统的行为模式。

（1）关于行政系统一般行为的期望对行政系统的影响：不同的国家对行政系统的管理范围有着不同的期望；不同的国家对行政系统的输入、输出有着不同的期望；对行政系统的认同程度不同决定着群众参与行政输入方式的差异。

（2）关于行政系统首脑权力的观念对行政系统的影响：血统论的行政文化认为，行政系统首脑的权力来自世袭；唯意志论的行政文化认为，行政系统首脑的权力来自超人的意志；法治论的行政文化认为，行政系统首脑的权力来自人民委托，并通过体现民意的法律形式予以确认。

（3）关于行政系统运行方式的观念对行政系统的影响：行政系统运行方式的人治观念认为，行政系统内外治理的好坏关键在于人，而不在于制度；行政系统运行方式的法制观念，又分为专制主义的法制观念和民主主义的法治观念。

（4）关于行政道德的观念对行政系统的影响：行政道德指导着行政系统成员的政治方向；行政道德制约着行政系统成员个人利益的实现程度；行政道德影响着行政系统成员的社会地位。

(二) 民族环境对行政系统的影响

一个国家行政系统的民族环境是由民族的人口与分布、民族语言、民族经济、民族文化与传统、民族的矛盾与斗争等要素相互作用而构成的。民族环境对行政系统的影响：民族环境影响着政府的民族政策及相应的行政机构设置；民族环境影响着行政系统的体制；民族环境制约着行政系统权力的行使；民族环境关系着行政系统的凝聚力大小；中国的民族环境对政府行政系统的影响。

(三) 宗教环境对行政系统的影响

影响行政系统的宗教环境，包括宗教教徒、宗教组织、宗教意识、宗教活动、宗教在国家中的地位等要素。宗教制约着行政系统的机构设置和职权行使；宗教推动或妨碍着行政系统的管理活动。

四、自然环境和国际社会环境对行政系统的影响

(一) 自然环境对行政系统的影响

地球环境影响人类社会文明的形成与发展，从而制约着各国行政系统的发展模式；自然资源和国土面积影响各国综合国力的强弱，从而制约着其行政系统的财力基础与功能发挥；自然资源环境影响各国经济发展的方向与结构，从而制约着其行政系统的部门设置与功能体系；地理形状影响一个国家的民族团结、国家统一与行政系统稳定状况；地理环境制约着政府的国际战略及其相应的功能组织。

(二) 国际社会环境对行政系统的影响

国家之间的密切交往，影响各国行政系统的职能、政策及机构。自从国家产生以后，国与国之间就存在着政治、经济和文化的联系；重大国际事件的发生，也会促使一些国家专门设立处理这些事件的临时性机构；国际社会中的共同问题，使各国政府都相应设置了解决这些问题的职能机构；国际组织的出现，使各国政府产生了与之对应的职能及机构；国家行政系统的活动还要受到国际社会所公认的行为准则的约束和调整，受到规范国家间相互关系的、具有法律约束力的国际法所制约。

五、创建良好的外部环境

（一）创建良好的经济环境

巩固、发展和完善社会的基本经济结构；建立、健全符合本国国情的经济体制；充分调动一切人力、财力、物力，发展生产力，提高人民的生活水平。

（二）创建良好的政治环境

积极稳妥地推进行政体制改革，实现行政系统的民主化、科学化与法治化；自觉地接受人民代表大会的领导和监督，让人民群众的意志和利益在国家行政管理中得到充分的体现；自觉地接受共产党的领导，重视发挥人民政协、各民主党派、人民团体的作用，保证其社会主义方向；大力推动法治建设。

（三）创建良好的文化、民族和宗教环境

（1）创建良好的文化环境：树立民主意识，树立法律意识，树立双向沟通意识，树立政绩意识，树立新的行政道德意识。

（2）创建良好的民族环境：坚持民族平等，尊重少数民族的政治权利、语言文字乃至风俗习惯；加强民族团结，培养国家民族意识。民族团结是促进民族平等的手段，而民族团结有赖于国家民族意识的培养；在多民族国家，解决民族问题的最好方式是实行民族区域自治；积极帮助各少数民族发展经济文化事业，逐步缩小各民族之间事实上的不平等。

（3）创建良好的宗教环境：实行政教分离，保护宗教活动的正当场所，加强行政系统与宗教界的双向沟通，宗教信仰自由与其他民主权利一样，都要受到法律的约束。

（4）创建良好的国际社会环境：培养行政系统成员的国际意识；反对侵略，反对霸权主义，争取和平的国际环境；坚持独立自主的外交政策；坚持和平共处五项原则，积极发展国与国之间的关系；坚持对外开放，加强与国际社会的全方位交流。

第二部分 相关知识拓展

一、行政系统与外部环境的互动分析

(一) 行政系统界线的作用

行政系统界线一方面可以抵抗外部环境的干扰，保持行政系统自身的独立性；另一方面又可以接受外部环境的投入，与外部环境保持联系，即具有开放性和渗透性。行政系统是一个开放的系统，既要接受外部环境的影响和支持，又要保持自身的自主性和独立性，这是辩证统一的关系。

(二) 行政系统与外部环境之间的辩证关系

行政系统与其外部环境的关系是辩证统一的关系。外部环境创造了行政系统，而行政系统反过来又改变了外部环境。行政系统首先从其社会环境中吸取物质、信息与能量，接受社会环境的要求或支持。然后，又经过自身的加工，将其转换为路线、方针、政策与具体的行政行为，输出给社会环境，以满足社会环境的需要，并推动社会的发展。

二、经济和政治环境对行政系统的影响

(一) 生产力的发展状况制约着行政系统的功能发挥和部门设置

生产力越发达，社会生活越丰富，越是需要政府承担更多的社会管理和公共服务职能，政府承担的微观干预经济生活的职能将逐渐消退。政府将主要负责经济调节、市场监管、社会管理和公共服务职能，以改善民生、促进充分就业、提供社会保障和公共卫生服务为主。

(二) 具体的经济体制影响着行政系统的功能配置和运行模式

以市场经济为例：市场经济体制建立在社会化大生产的基础之上，经济资源主要是通过市场进行配置的。在市场经济中，生产什么、生产多少，都由供求关系决定，价格信号引导着生产要素的投入和转移，以追求

运行效率的提高和交易成本的降低。但是，市场也有失灵之处，需要政府的积极干预加以弥补。政府的适当干预是市场经济的内在要求。政府对经济的干预仅仅限于宏观领域，而对微观经济如企业的生产经营活动等，则不加干涉。政府运用各种经济杠杆、经济法规与必要的行政手段，引导、调节和规范经济活动，以调控宏观经济；保证市场经济的有序运行，限制垄断，促进公平竞争；提供公共产品；保障公正的收入分配；等等。政府设置大量相应的管理部门，综合运用经济、法律、行政等手段进行管理。

三、文化、民族和宗教环境对行政系统的影响

（一）行政文化对行政系统的不同输入

在以参与型行政文化为主的国家，社会对政府的输入有较大的取向，要求政府照顾与采纳各方面的利益和意见，公民民主参与意识较强。社会对政府的输出也同样表现出强烈的取向，群众会以人民的利益、意志为标准来分析、判断政府的政策效果。如果政府的输出不能与公民的输入保持必要的一致，就会导致公民对政府政策的冷漠与抵制，甚至导致对政府的不信任，危及其稳定。反映在政民关系上，首先是要求政府服从民意，其次才是大众服从政府，这是一种双向的服从关系。在这种以民为本的行政文化环境下，政府始终要注意自己在民众中的形象，并要不断地调整自己的行为，以获得民众的好感与支持。

（二）政府合法性类型的不同

德国社会学家韦伯认为，政府合法性主要有三个来源：基于领袖人物的魅力，基于传统习俗，基于法理权威。其中，法治论政府合法性是现代社会的主流。法治论的行政文化认为，行政系统首脑的权力来自人民委托，并通过体现民意的法律形式予以确认。行政首脑的权力由法律所赋予，法律是公意的具体表现，只有法律才具有至高无上的权力。按照这种行政文化观，行政首脑与人民的关系必然是公仆与主人的关系。人民群众是一切权力的根源，行政首脑只有全心全意地为人民服务，才能受到人民群众的拥护。否则，人民群众不仅不应该服从他的权力，而且应该收回对行政首脑的权力委托。人们服从行政首脑的领导并非是服从其高贵的血统或超人的意志，而是服从法律。这种权力观念必然导致人权平等的行政行为模式，有利于增强人们的民主观念和法治观念，培养人们的参与意识。

(三) 民族环境影响着行政系统的体制

行政系统的体制，是指行政系统结构中各层级、各部门之间的权力分配关系。就中央与地方的关系而言，有集权制与分权制之分。一个国家如果是由若干个实力相差不多的民族组成，没有一个民族能在政治上取得绝对优势，这就需要分权。

例如，前南斯拉夫境内居住着多种民族，这些民族之间的人口、土地、经济实力差不多，很难形成一个权力中心，因而采取分权体制。当然，在各民族中如果有一个民族占绝对优势，则既可实行集权制，又可实行分权制。但在少数民族聚居区，大多数国家都建立了比一般地方政府自治权力多的民族区域自治政府。我国根据少数民族"大杂居、小聚居"的特点建立了不同层次的民族区域自治制度。

四、自然环境和国际社会环境对行政系统的影响

(一) 地理形状影响一个国家的民族团结、国家统一与行政系统稳定状况

国家领土的地理形状，可以划分为紧凑型、破碎型、狭长型、方块型和圆型等。其中，紧凑型、方块型和圆型的领土，其国内交通路线最短，经济发展最易平衡，民族最易团结，最有利于政府行政系统的稳定性和权威性。而破碎型的领土大多是在海岛国家中，中央行政系统控制地方行政系统的难度较大；狭长型的领土形状则不利于经济平衡，从而也不利于政府行政系统的稳定性和权威性。

(二) 国际环境对一个国家行政系统的影响

一个国家融入国际社会的程度越高，国际环境的变化对一个国家行政系统的影响就越大。如"911"事件使得美国政府更加重视对国家安全事务的介入；加入"WTO"使得中国政府着手修改国内行政法规、转变行政方式、大力推行行政审批制度改革以实现与国际社会的对接。

第三部分 练习题及答案

练 习 题

一、单项选择题

1. 行政组织赖以产生、存在和发展的社会基础是(　　)。
   A. 自然环境　　　　　　B. 社会环境
   C. 经济环境　　　　　　D. 国际社会环境
2. 行政组织外部环境中最基本的方面是(　　)。
   A. 自然环境　　　　　　B. 社会环境
   C. 经济环境　　　　　　D. 国际社会环境
3. 行政组织赖以产生和发展的最深层环境是(　　)。
   A. 自然环境　　　　　　B. 社会环境
   C. 经济环境　　　　　　D. 国际社会环境
4. 一个国家中最基本的政治制度是(　　)。
   A. 国体　　B. 政体　　C. 权力结构　　D. 政党制度
5. 认为行政组织首脑的权力来自世袭的是(　　)。
   A. 唯意志论　　B. 血统论　　C. 法治论　　D. 契约论
6. 认为行政组织首脑的权力来自超人的意志的是(　　)。
   A. 唯意志论　　B. 血统论　　C. 法治论　　D. 契约论
7. 认为行政组织首脑的权力来自人民委托的是(　　)。
   A. 唯意志论　　B. 血统论　　C. 法治论　　D. 契约论
8. 行政组织运行的物质基础是(　　)。
   A. 人口　　B. 民族　　C. 宗教　　D. 生产力
9. 规定了行政系统的具体形式和地位的是(　　)。
   A. 国体　　B. 政体　　C. 政党制度　　D. 执政党
10. 行政组织理论认为，行政系统的界线具有开放性和(　　)。
    A. 柔韧性　　B. 随机性　　C. 隐性　　D. 可渗透性

二、多项选择题

1. 行政系统的社会环境可以划分为(　　)。
   A. 国际社会环境　　　　B. 国内社会环境

C. 经济环境　　　　　D. 自然环境
E. 政治环境

2. 行政系统的经济环境包括(　　)。
   A. 自然环境　　　　　B. 生产力和科技发展状况
   C. 人口状况　　　　　D. 国民收入状况
   E. 经济体制

3. 在经济计划体制中，行政组织的功能配置和运行模式的特征是(　　)。
   A. 直接而广泛　　　　B. 命令强制
   C. 企业被动适应　　　D. 行政权力有限
   E. 行政管理的间接性

4. 国家社会环境包括(　　)。
   A. 国际关系的发展　　B. 重大国际事件
   C. 战争与和平　　　　D. 国际组织与国际法
   E. 国家间共同关心的事务

5. 创建良好的经济环境包括(　　)。
   A. 巩固、发展和完善社会的基本经济结构
   B. 建立、健全符合本国国情的经济体制
   C. 充分调动一切人力、财力、物力
   D. 发展生产力、提高人民的生活水平
   E. 合理开发与利用人力资源、建立科学的微观调控机制

6. 创建良好的政治环境包括(　　)。
   A. 推进行政体制改革、实现行政组织的民主化、科学化与法制化
   B. 接受人民代表大会的领导和监督
   C. 让人民群众的意志和利益在国家行政管理中得到充分的体现
   D. 重视发挥人民政协、各民主党派、人民团体的作用，保证其社会主义方向
   E. 大力推进法治建设，使民主制度化、法律化

7. 创建良好的民族、宗教和文化环境包括(　　)。
   A. 创建良好的文化环境　　B. 创建良好的民族环境
   C. 创建良好的宗教环境　　D. 创建良好的法治环境
   E. 创建良好的政治环境

8. 创建良好的文化环境包括树立( )。
   A. 民主意识　　　　　　　B. 法律意识
   C. 双向沟通意识　　　　　D. 政绩意识
   E. 新的行政道德意识
9. 要充分调动一切人力、财力、物力,提高人民的生活水平,应做到( )。
   A. 充分、合理地开发与利用自然资源
   B. 合理开发与利用人力资源　　C. 建立科学的微观调控机制
   D. 建立科学的宏观调控机制　　E. 实行法制化管理
10. 在计划经济体制中,行政系统的功能配置和运行模式具有以下特征( )。
    A. 直接而广泛　　　　　　B. 命令强制
    C. 企业被动适应　　　　　D. 公民高度参与
    E. 社会自治能力强

三、概念辨析题

1. 行政系统的界线具有开放性和可渗透性。
2. 自然经济与市场经济。
3. 国体与政体。
4. 广义的文化与狭义的文化。
5. 血统论和法治论。

四、简述题

1. 简述行政系统界线的内涵。
2. 简述国际重大事件对行政系统的影响。
3. 简述议会制、总统制和人民代表大会制度三种政体形式的特点。
4. 简述法治论行政文化的核心观点。
5. 简述如何创造良好的政治环境。

五、论述题

1. 试述行政系统与外部环境之间的辩证统一关系。
2. 试述政治环境对行政系统的影响。

练习题答案

一、单项选择题

1. B 2. C 3. C 4. A 5. B
6. A 7. C 8. D 9. B 10. D

二、多项选择题

1. AB 2. ABCDE 3. ABC 4. ABCDE 5. ABCDE
6. ABCDE 7. ABC 8. ABCDE 9. ABCD 10. ABC

三、概念辨析题

1. 参考答案：开放性是指行政系统对方不是封闭的，需要与外界进行交换；可渗透性是指行政系统不是不加选择地接受外界的输入，而是根据自身的需要和目的进行筛选。

2. 参考答案：自然经济指以家庭为主要生产单位的小规模的不以交换为目的的生产方式；市场经济指大规模的、生产主体围绕利润而通过市场机制进行交换的生产方式。

3. 参考答案：国体是指一个国家内部各个阶级之间的地位问题，即哪个阶级占据统治地位；政体是指一个国家的国家政权的具体组织形式；国体决定政体。

4. 参考答案：广义的文化是指人类在社会实践中所创造的一切物质财富与精神财富的总和，包括物质文化、社会文化和精神文化三个部分。狭义的文化是指社会的意识形态，包括科学、文化艺术、哲学、思想、信仰、风俗、习惯、人际关系、价值观念、道德标准与行为模式等；又可将之归纳为两点，即价值观念和行为模式。

5. 参考答案：血统论的行政文化认为，行政系统首脑的权力来自世袭。行政首脑是一种高贵的人，他具有天生的领导能力和领导素质，他必须来自高贵的家庭、具有高贵的血统；法治论的行政文化认为，行政系统首脑的权力来自人民委托，并通过体现民意的法律形式予以确认。

四、简述题

1. 参考答案：行政系统的界线是指行政系统用以过滤外部环境的投入与行政系统对外部环境的产出，防止外部环境的干扰，并保持自身独立性的边界。它是把行政系统从外部环境中分离出来，又把行政系统与外部环境联系在一起，从而使行政系统与外部环境既相区别、又彼此关联的中介环节。行政系统的界线有两种功能：一方面，抵抗外界环境的干扰，以保持行政系统的独立性；另一方面，过滤来自外部环境的投入和行政系统自身的产出，以维持行政系统的生存与运转。行政系统的界线具有开放性和可渗透性。

2. 参考答案：重大国际事件的发生，也会促使一些国家专门设立处理这些事件的临时性机构。如美国政府在海湾战争尚未结束就设立了重建委员会，专门负责"战后"中东的重建工作。战争的爆发，往往会使政府行政系统发生巨变，整个国家行政系统都围绕战争来运转。如在第二次世界大战期间，美国政府就设立了战时生产委员会、战时粮食管理局、物价管理局、经济稳定局和战争动员局等10多个战时机构，使整个国家机器都转到战争轨道上来。

3. 参考答案：在议会制政体中，行政管理采取内阁形式，政府的存废更迭要以议会为基础；在总统制政体中，总统直接掌管政府，总统由全民选举产生，而不由议会决定，总统与议会之间是相互制衡的关系。在我国人民代表大会制的政体中，全国人民代表大会是国家的最高权力机关，统一行使国家最高的权力。政府行政系统是人民代表大会的执行机关，由它产生并对其负责。

4. 参考答案：法治论的行政文化认为，行政系统首脑的权力来自人民委托，并通过体现民意的法律形式予以确认。行政首脑的权力由法律所赋予，法律是公意的具体表现，只有法律才具有至高无上的权力。按照这种行政文化观，行政首脑与人民的关系必然是公仆与主人的关系。人民群众是一切权力的根源，行政首脑只有全心全意地为人民服务，才能受到人民群众的拥护。否则，人民群众不仅不应该服从他的权力，而且应该收回对行政首脑的权力委托。

5. 参考答案：推进行政体制改革，实现行政组织的民主化、科学化与法制化；接受人民代表大会的领导和监督；让人民群众的意志和利益在国家行政管理中得到充分的体现；重视发挥人民政协、各民主党派、人民团体的作用，保证其社会主义方向；大力推进法制建设，使民主制度化、法律化。

五、论述题

1. 参考答案：行政系统与其外部环境的关系是辩证统一的关系。外部环境创造了行政系统，而行政系统反过来又改变了外部环境。行政系统首先从其社会环境中吸取物质、信息与能量，接受社会环境的要求或支持。然后，又经过自身的加工，将其转换为路线、方针、政策与具体的行政行为，输出给社会环境，以满足社会环境的需要，并推动社会的发展。

2. 参考答案：国体直接决定着行政系统的基本性质；政体规定了行政系统的具体形式和地位；政党制度影响着行政系统的稳定性和完善程度；政治生活的民主、平等程度制约着行政系统决策与执行的民主化、科学化程度；政治形势的稳定程度影响着行政系统的运行状态；法律制度规定与保障着行政系统在整个国家机构系统中的地位；法律的完善化、科学化程度制约着行政系统运转的协调、规范水平。

第四部分 案例分析

【案例一】 行政环境与"大部门体制"改革

一、背景

在关税逐渐降低、WTO 组织成员国一般不再以关税作为贸易壁垒的情况下，各国纷纷以非关税壁垒的方式保护各自的国内市场，以帮助竞争力比较弱的产业的发展。其中，以成本、劳工、环保和动植物检疫检验为主的贸易壁垒逐渐成为主要选择。这就需要我国政府的相关部门能够提供应对非贸易壁垒的能力，从而为出口企业提供良好的环境。

二、内容

党的十七大报告指出，"要抓紧制订行政管理体制改革总体方案，着力转变职能、理顺关系、优化结构、提高效能，形成权责一致、分工合理、决策科学、执行顺畅、监督有力的行政管理体制。加大机构整合力度，探索实行职能有机统一的大部门体制，健全部门间协调配合机制。"2007 年出现的中国出口商品在欧美遭遇查封和质量起诉的一系列事件表明，我国现有政府体制在新的对外开放条件下遇到了新的挑战，分头行使同类性质职能的政府部门（海关、边检、出入境检疫检验、商务部、农业部、质检总局）缺乏及时有效的沟通，未能迅速作出一致反应。这些现象为通过改革政府体制提高政府职能行使效率提出了更为迫切的要求。

2008年3月的全国人大会议上，通过了《国务院机构改革方案》，方案的主要内容是：国家发展和改革委员会、财政部、中国人民银行等部门要建立健全协调机制，形成更加完善的宏观调控体系。加强能源管理机构。设立高层次议事协调机构国家能源委员会。组建国家能源局，由国家发展和改革委员会管理。组建工业和信息化部。将国家发展和改革委员会的工业行业管理有关职责，国防科学技术工业委员会核电管理以外的职责，信息产业部和国务院信息化工作办公室的职责，整合划入工业和信息化部。组建交通运输部。将交通部、中国民用航空总局的职责，建设部的指导城市客运职责，整合划入交通运输部。组建国家民用航空局，由交通运输部管理。国家邮政局改由交通运输部管理。组建人力资源和社会保障部。将人事部、劳动和社会保障部的职责整合划入人力资源和社会保障部。

三、分析

（1）"大部门"体制改革的背景。改革的背景是政府部门的设置依然具有行业管理和过于专业化的特征，因而妨碍了管理效率的提高和职能的有效行使。

（2）行政环境的影响。国际环境，中国出口商品遇到的非关税壁垒需要政府部门加以应对，但是，条块分割的体制和部门分工过细带来的协调困难妨碍了政府部门有效行使职能。作为执政党，它提出的决议和要求很快通过国家权力机关变为现实。

四、结论

（1）外部环境的变化会引起行政系统发生变化，以应对外部环境，行政系统具有开放性和渗透性。

（2）政治环境对行政系统的影响是直接而有力的。

【案例二】 "驻京办"现象

一、背景

中央政府与地方政府间关系是影响地方政府行为的重要因素,我国是一个中央集权国家,政府、尤其是中央政府掌握着决策权、资金等珍稀资源分配权。因此,如何处理好与中央政府的关系,从而争取有利政策和中央的投入就成为地方政府的一个重要努力方向。为此,许多省市纷纷在北京设立办事处,简称"驻京办"。

二、内容

(1) 某省"驻京办"的各项职能。

政务职能:根据省委、省政府的要求,同中央国家机关和北京市有关部门加强联系,承办我省在京事宜;为省委、省政府领导决策及省直、省辖市提供信息服务;对省辖市政府、省直单位及大型企业驻京联络处进行指导协调。

经济职能:为我省经济建设服务,主要是加强与国家发展计划、经贸、财政、金融等经济综合部门和首都高校、科研院所的联系,推进北京与我省之间区域性交流,为本省引进资金、项目、技术和人才,为我省人员在京就业提供帮助和服务。

接待职能:管理好在北京的……大厦、……宾馆,接待服务好中央国家机关安排的重要会议及我省在京的重要活动,为我省赴京人员提供接待服务。

涉外职能:与外国驻华使馆、驻京商社、世界500强企业驻京代表处加强联系,宣传我省的投资优惠政策,丰富的自然、文化和旅游资源,吸引他们来我省投资合作、旅游观光等。

(2) 某省"驻京办"的近期主要工作。2008年3月4日上午,国务院机关事务管理局驻京办管理司副司长一行在省驻京办副主任的陪同下,到北京……宾馆检查奥运培训工作开展情况。

在座谈会上,驻京办副主任对他们到来表示欢迎。并说:驻京办下属北京……大厦、……宾馆的奥运培训工作,办党组高度重视,按照中央国家机关窗口行业奥运培训计划,制订了详细培训方案,建立了工作机制,开展了形式多样的活动和培训,全面落实窗口单位奥运培训工作,促进了奥运培训成果向提升服务质量和服务水平转化。

2008年4月1日晚,我省维护首都稳定工作会议在省驻京办召开,会议重点对全国"两会"期间的首都稳定工作做了安排和部署。省政府副秘书长、驻京办主任、省驻京办巡视员、省信访局及我省各市驻京联络处主要负责同志参加。

为方便广大外出务工人员换发第二代居民身份证,切实减轻外出务工人员的返乡办证负担,近期,省驻京办协助省公安厅在北京开展为本省籍务工人员办理二代证信息采集服务活动。省政府副秘书长、驻京办主任专程来到活动现场,慰问工作人员和前来进行信息采集的乡亲们。

三、分析

(1) 集权与分权。权力集中在中央政府,容易引起地方政府的"寻租"活动,以争取政策和利益。

(2) 政府的职能。如果中央政府集中了过多的社会资源,地方政府必然重视对中央政府的公关活动。

(3) 驻京办的职能。服务省政府的工作,与中央政府及各部委建立合作关系,处理公共事务。

四、结论

(1) 中国中央集权的行政环境导致了"驻京办"现象。

(2) 行政系统非常容易受政治环境的影响,上行下效的现象很突出。

第三章 行政职能

第一部分 知识点阐述

一、行政职能概述

(一) 行政职能的含义和特点

行政职能是行政机关在管理活动中的基本职责和功能作用,主要涉及管什么、怎么管、发挥什么作用的问题。

行政职能具有如下特点:执行性、多样性、动态性。

(二) 行政职能体系

行政职能体系分为两大系统,即基本职能和运行职能。

1. 行政管理的基本职能

(1) 政治职能。该职能是维护国家统治的基本职能,核心是维护和巩固国家政权。

(2) 经济职能。该职能是指政府管理和组织社会经济建设的职能。

(3) 文化职能。该职能是指国家行政机关对全民思想道德建设以及教育、科技、文化、卫生、体育、新闻出版、广播影视、文学艺术等方面的管理,是建设高度发达的社会主义精神文明所必须的。

(4) 社会职能。该职能是指政府对社会生活领域中公共事务的管理职能。

2. 行政管理的运行职能

运行职能是从行政过程的角度来看待行政职能。按照过程论的观点,行政过程大致分为决策、组织、协调和控制四个子过程,因而行政管理的运行职能对应分为以下四个职能：决策职能、组织职能、协调职能、控制职能。

（三）行政职能研究的意义

（1）科学地认识和确定行政职能，对建立合理的行政组织系统具有重要意义。

（2）科学地认识和确定行政职能，是改革行政组织系统的依据和关键。

（3）科学地认识和确定行政职能，对实现行政管理过程的科学化也具有重要意义。

二、西方国家行政职能的演变

（一）前资本主义时期的行政职能

前资本主义时期是指奴隶制和封建制社会时期。奴隶制时期国家行政职能的重点在于政治统治，通过强化政治职能，采取残暴的统治方式来维护奴隶主阶级政权的生存和发展，经济职能十分微弱，社会管理职能也很少。

前资本主义时期的行政职能体现出两方面的特点：一方面是政治统治职能的极端强化；另一方面是社会管理职能的相对微弱，这是由奴隶社会和封建社会条件下的自然经济及其经济基础所决定的。

（二）自由资本主义时期的行政职能

自由资本主义时期是资本主义发展的上升阶段。这一时期，英国古典政治经济学家亚当·斯密等以理性经济人假定为基础，极力推崇市场机制这只"看不见的手"，反对政府干预经济生活，认为最好的政府，就是最廉价的政府。因此，自由资本主义时期政府采取自由主义的管理方法，以保障资产阶级的自由、平等、民主权利为目的，通过政治统治职能对新生的资产阶级政权的巩固和发展起着"守夜人"的作用，奉行"政府管得越少越好"的信条，主要依靠市场这只"无形的手"来调节和引导社会经济及其他各项事业的发展。

(三) 垄断资本主义时期的行政职能

进入垄断资本主义时期以后，资本主义所固有的矛盾日益尖锐，自由主义的统治方法已不适应这个时期的统治要求，形成了干预主义的政府职能论。这一时期资本主义国家充分地运用和强化了政府的政治统治职能，行政权力扩大，专政镇压职能大大加强，民主职能有所削弱。在经济领域，强调政府对社会经济的调节和干预，垄断代替了自由竞争，垄断资本和国家政权紧密结合，政府的经济职能和社会职能都扩大和加强了，如政府通过行政手段和法律手段来保证市场秩序，通过预算和高额税收、发行公债等办法承担某些社会公共事务，在收入及分配领域采取一系列福利措施等。

(四) 当代资本主义的行政职能

当代西方学者既不赞成政府只承担"守夜人"职责的自由主义，也不同意政府全面干预经济的干预主义，而主张有选择地干预"市场失灵"。当代西方国家的行政职能呈现出如下发展趋势：

（1）行政职能逐渐扩大。

（2）政治职能中的暴力职能相对减弱，而保持社会稳定的调节职能趋于加强。这种调节职能表现为，政府通过与各种利益集团、各种社会力量之间的妥协来达到平衡；通过吸收工人和人民群众参与管理等，以缓和劳资矛盾、改善劳资关系；通过对上层建筑和生产关系的调整与改革来适应经济基础及生产力的发展需求，保持现实和未来发展平衡等。

（3）政府的宏观调控、综合协调职能的强化与行政职能的社会化同步进行。为确保行政管理活动的顺利进行和经济活动的相对稳定发展，当代资本主义国家在行政改革中都把加强政府通过宏观协调，将一部分职能交还给社会，由社会组织替代政府进行直接管理，实现社会职能社会化，这是当代政府职能发展的新特点、新趋向。

三、转轨时期我国行政职能的转变

(一) 我国行政职能转变的必然性、必要性

（1）行政职能转变是社会主义市场经济发展的必然要求。

(2) 行政职能转变是适应经济全球化发展趋势的需要。
(3) 行政职能转变是机构改革的重要前提和基础。

(二) 我国行政职能转变的重点

(1) 理顺政府与市场关系，充分发挥市场在资源配置中的基础性作用。
(2) 理顺政府与社会关系，更好发挥社会力量在管理社会事务中的作用。
(3) 理顺中央与地方关系，充分发挥中央与地方两个积极性。
(4) 理顺政府部门之间关系，健全部门职责体系。

第二部分　相关知识拓展

关于行政职能，国内外学者众说纷纭，并无统一看法，甚至对行政职能的表述也不尽相同，有称之为行政职能，也有称之为行政管理职能或功能，但内涵基本相同，大致可以分为三种观点：一是认为它是能力和作用的结合；二是认为它体现的是职责和功能；三是认为它是职责和作用。从目前的文献来看，采用后两种观点的居多。因此，可以把行政职能界定为政府在国家和社会生活中所承担的职责和功能。具体地说，就是政府作为国家行政机关，依法在国家的政治、经济以及其他社会事务的管理中所应履行的职责及其所应起的作用。行政职能的主体是政府，涉及的范围是国家和社会生活，内容是职责和功能。

对于政府作用或者政府职能，公共经济学也有一番讨论。传统观点认为，市场的不完善性或者市场失灵是政府干预经济的最主要原因，政府在市场失灵状况面前，扮演救世主的角色，政府扮演着公共物品供给者、负外部性的消除者、收入的分配者、市场秩序的维护者和宏观经济的调控者等角色。然而，新自由主义经济学特别是公共选择理论挑战了政府的神话。公共选择理论将经济学中的"经济人"假设与经济学的分析方法运用到对政府行为的分析中，揭示了市场经济条件下政府干预行为的局限性以及政府失败问题。

从经济学的视角来看待政府职能问题，大多集中在两点，即市场失灵与公共物品供给问题。

众所周知，市场失灵是政府在市场经济中发挥职能的原因之一。市场调节有利于竞争，但竞争的结果可能导致垄断，因此，竞争失灵是市场失灵的表现形式之一。外部性同样是市场无法解决的问题，负外部性是一个人的行为给其他人带了成本的情形；而正外部性是一个人的行为给他人带了收益。市场无法将这些外部性内部化到企业的成本与收益中。与此同时，市场经济中的宏观调控、资源配置、社会公平等各种问题都是市场无法解决的，解决这些问题都需要政府发挥作用。

市场经济能够较为高效地解决私人物品的供给，但对于公共物品的供给，市场却无法有效供给，而这点也构成了政府职能与企业行为的区别。公共物品的本质特征在于非竞争性与非排他性。

非竞争性与竞争性是指某人使用了一种产品，其他人就不能使用该产品，私人物品具有竞争性消费。非竞争性消费指的是一个人消费不会减少或阻止他人消费的情形。例如国防，如果政府建立军队设施，以防外侵，那所有的公民都得到保护。一个婴儿出生，一个移民迁入，都不会影响到国防的使用状况。灯塔也是典型的非竞争性产品，尽管事实上建更多的灯塔需要更多的成本，但是多一条船使用已有的灯塔，不会增加额外的成本。

非排他性是相对于排他性而言的。排他性意味着某个人控制着该物品的使用，对该物品拥有完全的所有权，私人物品具有排他性。非排他性则意味着人们不可能将任何人排除在公共物品的利益之外。例如，经过灯塔的船舶，不能被排除在享受灯塔所提供的利益之外。同样任何公民都不能被排除在国防所带来的利益之外。

公共物品的非竞争性与非排他性归根到底是所有权问题。任何个人都无法拥有对公共物品完整的所有权，而产权不明也造成了公共物品的成本与收益不对称。

所以，消费上的非竞争性、非排他性是公共物品的特性，也正是因为这两个方面的特性导致市场无法有效的供给公共物品，导致公共物品供给不足。私人提供公共物品时，成本是集中的，而收益却是分散的。因而，市场无法按照成本收益原则来提供公共物品。以灯塔为例：一个拥有大量船只的大船东，可能认为灯塔带来的整体利益超过了成本，但是在计算是否建设灯塔时，他考虑的只是自己的利益，而非总体利益。虽然总体利益超过了成本，但因任何单个船东的收益都小于成本，船东就不会建设灯塔。可见私人市场基本不会提供或者只是提供很少公共物品的事实是政府行政职能的理论基础。

基于以上两点原因,政府的重要职能之一是介入市场提供公共物品,提高社会的整体福利水平。

但是,对公共物品供给问题的具体分析,会发现政府并非是供给公共物品的必然选择,这就挑战了传统的政府职能。正如奥斯特罗姆所做的区分,在供给问题上,将供给分为提供与生产:提供者主要承担收集民意、公共决策、筹集资金、业务监督和绩效评估的责任;生产者通过与提供者签约,把生产要素综合起来,组织和监督生产,将资源投入转化为价值产出的技术过程。提供者与生产者的分离,为公共物品供给的多元化提供了理论的可能性,而民营化浪潮的兴起,第三部门参与供给,更是实践了多中心的公共物品供给理论,也为行政职能市场化、社会化提供了理论支撑与实践案例。

对公共物品供给问题的具体深入的讨论,能够为我国政府的公共服务和社会管理职能的实施提供更好的方案。关于社会管理与公共服务的具体含义方面,我国研究者们普遍认为,社会管理就是通过制定社会政策和法规,依法管理和规范社会组织、社会事务,化解社会矛盾,调节收入分配,维护社会公正、社会秩序和社会稳定。

在任何国家,稳定、和谐发展的社会都离不开有效的社会管理。这既是弥补"市场失灵"的必然要求,也是协调各种利益矛盾与冲突的必要前提。一方面由于市场存在盲目性、外部性,需要政府加强社会管理,以对"市场失灵"进行全面矫正;另一方面由于社会主义市场经济的发展、改革的深入,出现一些新的社会问题,需要加强社会管理。建立健全与发展社会主义市场经济相适应的社会管理体制,对保持良好的社会秩序,有效应对各种突发事件,维护人民群众的根本利益,维护改革发展稳定的大局,具有重大的意义。

公共服务就是提供公共产品和服务,包括加强城乡公共设施建设,发展社会就业、社会保障服务和教育、科技、文化、卫生、体育等公共事业,发布公共信息等,为社会公众生活和参与社会经济、政治、文化活动提供保障和创造条件。在政府管理中,为了保证和维持正常的社会经济秩序,对社会经济活动的管理与控制,可视为政府提供的一种公共服务。在民间,为了协调行业内或行业间的经济行为,有自发形成的行业公会或行业联盟、行业协会之类的民间组织,以协调行业内的生产流通及共同问题,这也可视为一种公共服务。公共服务实际上是一个比公共产品更宽泛的范畴，通过公共服务可以提供公共产品，也可以提供混合产品或私人产品。

关于如何完善我国政府社会管理和公共服务职能，我国研究者认为，当前要以科学发展观为指导，更加重视我国的社会管理与公共服务。科学发展观要求各级政府必须全面履行职能，科学把握社会管理和公共服务的本质和核心——以人为本。这就要求各级政府围绕全面建设小康社会的目标，切实转变政府职能，大力推进政府社会管理创新，提高公共服务水平。在继续搞好经济调节、市场监管的同时，更加注重履行社会管理和公共服务职能；更加重视就业、教育、文化、体育、公共卫生、环境保护、社会保障和社会救助等方面工作；更加重视政府应对公共危机的能力建设，建立健全与社会主义市场经济体制相适应的、具中国特色的公共服务体系。

按照科学发展观的要求，切实履行政府社会管理和公共服务职能，应重点把握好如下几方面：一要着力解决关系人民群众切身利益的突出问题；二要创新社会管理和公共服务机制；三要不断提高公共产品和公共服务的质量；四要加快建立健全各种突发事件应急机制；五要变革和优化政府的服务规则、管理方式、服务程序。

第三部分 练习题及答案

练 习 题

一、单项选择题

1. 下列活动属于行政管理政治职能的是(　　)。
   A. 强化对国有资产的管理　　B. 加强社会文化建设
   C. 改善人民生活　　　　　　D. 保障人民民主权利
2. 在我国，实现行政职能体系合理配置的根本途径是(　　)。
   A. 加强监督　　　　　　　　B. 加强立法
   C. 行政职能的转变　　　　　D. 政事分开
3. 下列提出计划、组织、人事、指挥、协调、报告和预算七职能理论的是(　　)。
   A. 泰勒的科学管理理论
   B. 古立克等人的行政管理组织理论

C. 梅奥等人的人际关系理论
D. 西蒙的行政决策理论
4. 行政领导者按照计划标准衡量完成情况,纠正执行中的偏差,以确保计划和目标实现的活动属于(   )。
   A. 行政控制   B. 行政协调   C. 行政执行   D. 行政沟通
5. 行政组织为了顺利地实现决策目标,谋求自身各相关要素匹配调剂、协作分工的活动属于(   )。
   A. 行政执行   B. 行政协调   C. 行政监督   D. 行政沟通
6. 机构改革的重要前提和基础是(   )。
   A. 精兵简政   B. 政府职能转变   C. 确定编制   D. 确定人员
7. 行政执行的手段主要包括(   )。
   A. 行政、经济、法律、思想教育
   B. 政治、行政、经济、法律
   C. 政治、经济、行政、思想教育
   D. 行政、经济、法律、文化
8. 在行政职能的履行过程中,与责任、公平等价值交叉存在的是(   )。
   A. 效益   B. 效能   C. 民主   D. 回应
9. 亚当·斯密等认为,最好的政府就是干预(   )。
   A. 最少的政府   B. 最强的政府
   C. 最多的政府   D. 最大的政府
10. 行政职能涉及社会生活的方方面面,这体现了行政职能的(   )。
    A. 执行性   B. 多样性   C. 动态性   D. 时效性

二、多项选择题
1. 经济手段的特点是(   )。
   A. 间接性   B. 诱导性   C. 直接性
   D. 强制性   E. 长远性
2. 行政管理的运行职能包括(   )。
   A. 决策职能   B. 组织职能   C. 协调职能
   D. 控制职能   E. 预算职能

3. 行政管理的基本职能有( )。
   A. 政治职能   B. 经济职能   C. 文化职能
   D. 社会职能   E. 决策职能

4. 下列职能属于行政管理狭义社会职能的有( )。
   A. 对广播影视的管理   B. 公共卫生医疗保障
   C. 建立社会保障体系   D. 发布宏观经济政策
   E. 环境保护

5. 行政手段的特点是( )。
   A. 直接性   B. 间接性
   C. 强制性   D. 诱导性
   E. 物质性

6. 我国政府职能关系表现为( )。
   A. 中央与地方的政府间关系   B. 政府与企业关系
   C. 政府与社会关系   D. 政府与市场关系
   E. 政府内部各职能部门关系

7. 在市场经济条件下，政府的经济管理职能主要体现在( )。
   A. 宏观调控职能   B. 组织协调和培育市场的职能
   C. 对国有资产进行管理的职能 D. 社会服务保障职能
   E. 政策导向职能

8. 影响与制约政府职能转变的要素有( )。
   A. 社会环境的变迁   B. 公共行政的科学化
   C. 技术手段的创新   D. 传统行政文化的影响
   E. 自然环境的变化

9. 我国政府主要的政治职能包括( )。
   A. 军事保卫职能   B. 外交职能
   C. 社会保障职能   D. 治安职能
   E. 民主政治建设职能

10. 政企分开的主要措施包括( )。
    A. 政府部门与它所办的经济实体脱钩
    B. 取消政府主管部门对所属企业和财务的控制
    C. 加强对企业投资的审批
    D. 企业完全脱离政府的监督
    E. 在国有重点企业试行稽查特派员制度

三、概念辨析题
　　1. 经济手段与行政手段。
　　2. 最优决策与满意决策。
　　3. 公共管理与企业管理。
　　4. 行政效率与行政效能。
　　5. 行政职权与行政职能。

四、简述题
　　1. 简述行政职能与政府能力的关系。
　　2. 何为"政府失灵"？
　　3. 简述行政职能的特点。
　　4. 简述"政府失灵"的原因。
　　5. 简述我国行政职能体系。

五、论述题
　　1. 论述我国行政职能转变的必然性和必要性及其重点。
　　2. 论述新形势下强化政府社会管理、创新社会管理职能的意义及其要求。

练习题答案

一、单项选择题
　　1. D　　2. C　　3. B　　4. A　　5. B
　　6. B　　7. A　　8. C　　9. A　　10. B

二、多项选择题
　　1. AB　　2. ABCD　　3. ABCD　　4. BCE　　5. AC
　　6. ABCDE　7. ABCDE　8. ABCD　　9. ABDE　　10. ABE

三、概念辨析题
　　1. 参考答案：经济手段主要是政府按客观经济规律，运用价格、财政、税收、信贷、工资、利润等经济杠杆，组织、调节和影响经济活动，实现经济管理目标。其特点是间接性和诱导性。行政手段主要是政府运用行政命令和指令性计划等方法来管制、影响经济活动，其特点是直接性和强制性。

2. 参考答案：最优决策是指追求理想条件下的最优目标的决策。满意决策则是指在现实条件下求得满意目标的决策。由于行政管理内容的广泛性和目标诸方面条件的复杂性，绝对的最优目标实际上是无法实现的。因此行政决策通常都是满意决策，即相对的"最优决策"，在现实的条件下力求选择最佳决策方案。

3. 参考答案：公共管理与企业管理有其相似的一面，主要表现为两者都要履行一般的管理职能，如计划、组织、领导、控制、预算等。但公共管理有其明显的特殊性，与企业管理有较大的差别，主要有：①管理的目的和实现的目标不同；②在管理过程中所受到的限制因素不同；③物质基础不同；④管理人员选拔方式不同；⑤绩效评估不同。

4. 参考答案：行政效率指在保证政府活动符合预定目的、给社会带来有效成果的前提下，行政活动的产出与投入之间的比率。行政效能是指行政组织实现预期目的的适应性和能力，是对行政组织功能的评价。行政效率与行政效能有着密切的联系。

5. 参考答案：行政职权是行政领导者担任一定职位而获得的有法律效力的权力；行政职能是政府在国家和社会生活中所承担的职责和功能。具体地说，就是政府作为国家行政机关，依法在国家的政治、经济以及其他社会事务的管理中所应履行的职责及其所应起的作用。行政职权与行政职能并非等同的概念，但两者存在着内在联系。行政机关在处理公共事务的过程中，运用行政职权履行行政职能。

四、简述题

1. 参考答案：行政职能是行政机关在管理活动中的基本职责和功能作用，主要涉及管什么、怎么管、发挥什么作用的问题。根据资源基础理论的看法，政府能力是指政府通过行使行政职能，获取资源、整合资源、配置资源、运用资源所表现出来的能力。

行政职能框定了政府能力的基本内容和发展方向；政府能力的大小强弱决定了行政职能的实现程度。二者互为条件、相互依存、缺一不可。

2. 参考答案："政府失灵"是由当代西方新自由经济学思潮特别是新公共选择学派首先提出的观点，该学派主要运用经济学的方法来说明在市场经济条件下政府干预行为的局限性，提出了非市场缺陷的一个综合理论。"政府失灵"通常表现为国家对经济干预过度造成市场进一步失灵，又表现为对经济干预不足使市场无法正常运作。

3. 参考答案：行政职能的特点：

（1）执行性。行政职能的行使以国家强制力为后盾，与其他非国家活动的管理相比，它有明显的代表国家意志的权威性。我国是工人阶级领导的、以工农联盟为基础的社会主义国家，行政管理必须贯彻执行中国共产党的路线、方针和政策，必须执行人民代表大会的决定和决议。

（2）多样性。行政管理范围涉及国家和社会生活各方面，因而行政管理职能是多种多样的。性质上可分为政治统治和社会管理职能；范围上可分为对外和对内职能；具体领域上可分为政治、经济、文化、社会等基本职能；运行过程上可分为决策、组织、协调、控制等职能；管理层次上又有高、中、低层次行政职能之别等。

（3）动态性。行政职能随国家社会生活及行政环境的变化而变化。社会发生变迁，行政职能范围、内容、主次关系、作用、对象等也必然发生变化。

4. 参考答案：一是公共政策失败。政府对经济生活的干预的基本手段是制定和实施公共政策，以政策、法规及行政手段来弥补市场缺陷，纠正市场失灵。但由于公共决策本身的复杂性以及现有公共决策体制和方式的缺陷，常常导致公共政策的失效。二是公共物品供给的低效率。三是内部性与政府扩张。四是寻租和腐败。

5. 参考答案：我国行政职能体系分为两大部分：基本职能和运行职能。基本职能主要包括政治职能、经济职能、文化职能和社会职能。运行职能主要包括决策职能、组织职能、协调职能和控制职能。基本职能和运行过程的职能，相互渗透、相互交叉、相互作用，在联系与制约中发挥作用。只有以系统的观点看待职能体系，正确认识和把握其有机联系，充分发挥各环节及各职能部门的作用，行政管理活动才能更加有效。

五、论述题

1. 参考答案：

（1）行政职能是国家行政机关在行政管理活动中的基本职责和功能，主要涉及政府管什么、怎么管和发挥什么作用的问题。行政职能是国家职能的具体执行和体现。随着我国改革开放和市场经济的深入发展，政府行政职能的转变具有必然性和必要性。

第一，行政职能转变是社会主义市场经济发展的必然要求。

第二,行政职能转变是适应经济全球化发展趋势的需要。

第三,行政职能转变是机构改革的重要前提和基础。

(2) 我国行政职能转变的重点是:

第一,理顺政府与市场关系,充分发挥市场在资源配置中的基础性作用。

在市场经济体制下,政府与市场关系的总原则是:市场机制能解决的,让市场解决,政府只管市场做不好和做不了的事,政府引导市场,市场调节企业。

在社会主义市场经济体制下,政府与市场关系表现为:社会主义市场经济的顺利发展,客观上要求把市场对社会经济运行和资源配置的基础性作用与政府宏观调控指导性作用有机结合。特别是对处于转轨时期的我国来说,离开政府对市场的宏观调控,就不可能建立正常的社会主义市场经济新秩序。因此,加强政府对市场主体、市场活动的监督管理和宏观调控,不仅是必要的,也是必然的。

另一方面,政府对市场的宏观调控,不否定市场在社会资源配置中的基础性调节作用。政府对市场宏观调控,作用是弥补市场调节的不足,是对市场机制作用的方向和后果作必要的干预和引导,矫正市场失灵,而不是取代或取消市场机制在经济生活中的基础性调节作用。

第二,理顺政府与社会关系,更好发挥社会力量在管理社会事务中的作用。

社会主义市场经济体制要求改变政府管理范围、模式和方法,实现政社分开,把过去属于政府的权力转给社会组织行使。政府在社会管理方面的基本职能就是组织"公共物品"供给,管理好社会公共事务,改变计划经济体制下由政府包揽一切的状况。为此,要求政府社会管理实现三大转变:管理范围由政府包办一切社会事务的做法转变为向社会提供"公共物品";管理模式从"大政府、小社会"转变为"小政府、大社会";在管理方法上,从以行政方法为主转为以法律方法为主。

是否依照章程等开展活动进行监管,其他部门如公安、税收、金融等部门,需要依照各专项法律法规对社会组织相关活动进行监管,形成对社会组织人员、活动、资金等的完整监管链条,提高监管效能。①

第三,理顺中央与地方关系,充分发挥中央与地方两个积极性。

---

① 参见2013年《国务辽机构改革和职能转变方案》。

理顺中央与地方的关系，必须在合理划分事权、财权的基础上，明确中央与地方的职能关系，并用法律形式明确下来。中央政府代表国家整体和全局利益，承担整个国家的宏观管理职能，提供全国性的公共物品，同时承担着对地方政府的监督职能和服务职能。地方政府一方面是国家利益在地方的代表，另一方面又是地方局部利益的代表，承担着中央宏观政策执行职能和对本地区公共事务管理职能，提供地区性的公共物品。

第四，理顺政府部门之间关系，健全部门职责体系。

进行科学的职能分解和分析，严格按权责一致、分工明确的原则，明确各部门职责分工，建立严格的工作责任制和岗位责任制，从制度上解决职能不清、人浮于事、多头领导、政出多门等弊端。

2. 参考答案：党的十八大明确指出，要加强社会管理、创新社会管理。

（1）加强社会管理，创新社会管理，是建设职能科学、人民满意的服务型政府的必然要求。一方面由于市场存在盲目性、外部性，需要政府加强社会管理，以对"市场失灵"进行全面矫正；另一方面由于社会主义市场经济的发展、改革的深入，必然会出现一些新的社会问题，需要加强社会管理，创新社会管理。建立健全与发展社会主义市场经济相适应的社会管理体制，对保持良好的社会秩序，有效应对各种突发事件，维护人民群众的根本利益，维护改革发展稳定的大局，建设人民满意的服务型政府具有重大的意义。

（2）加强社会管理，创新社会管理要求是：从体制、法制、政策、能力、人才和信息化方面全面加强社会建设，到2020年建立起功能明确、治理完善、运行高效、监管有力的管理体制和运行机制，形成基本服务优先、供给水平适度、布局结构合理、服务公平公正的中国特色公益服务体系的目标，遵循"分类指导、分业推进、分级组织、分步实施"的方针，推进事业单位分类改革，创新体制机制，探索建立多种形式的法人治理结构，构建公益服务新格局。

第四部分 案例分析

【案例一】 关于燃放烟花爆竹的政府管理

一、背景

我国提出了当今政府的四项职能，其中社会管理是四项职能之一。它包括为社会提供各种服务和搞好社会保障，诸如环境保护、医疗卫生、城市规划、旅游娱乐以及建立健全养老保险制度和待业保险制度，逐步完善社会保障体系、提升社会福利、维护社会公平、促进社会和谐等所做的工作。行政职能具有动态性，同样作为行政职能之一的社会管理职能也具有动态性，社会管理的内容随着社会环境的变化而变化。燃放鞭炮是我国长久以来一种庆祝节日的活动，具有广泛的群众基础，但随着社会的发展，燃放烟花给社会带来了巨大的损失，因而对燃放烟花爆竹的管制成为了社会管理的内容，各地纷纷制定和执行了禁止放鞭炮的规定，但也遇到了不少阻力。

二、内容

1992年6月1日，《广州市销售燃放烟花爆竹管理规定》实施，引发了全国的"禁放"潮。1993年，北京市人大常委会通过《北京市关于禁止燃放烟花爆竹的规定》。规定自当年12月1日起，北京市八城区为禁放烟花爆竹区。在禁放区内，任何单位或者个人不准生产、运输、携带、储存、销售烟花爆竹。此后，全国280多个城市政府相继出台了类似的法规。

自2000年以来，在执行过程中遇到越来越多的问题，如何正确认识和处理这类问题，既满足民众燃放烟花爆竹的传统诉求又提高法律的执行力，已成为政府相关部门面临的一项挑战。近些年春节期间的实际情况表明，违反禁放法规的人数在不断增加。同时，北京、广州等相当一部分城市重新修订了关于燃放烟花爆竹的规定，允许居民在规定的区域和时间内燃放烟花爆竹。

三、分析

通过本案例，我们可以看到政府职能的边界，以及执行政府职能的方式。

（1）政府职能也称为行政职能，是行政机关在管理活动中的基本职责和功能作用，主要涉及政府管什么、怎么管及发挥什么作用的问题。

（2）政府职能可以概括为政治、经济、文化教育、社会服务四项职能，市政府禁止燃放烟花爆竹属于履行社会服务职能。市政府可以制定、修订和执行关于燃放烟花爆竹的规定，保障人民生活的安全和城市环境的良好，但不应对燃放烟花爆竹管理过死，而应适当方便群众的节日正当需求，即坚持服务性原则。

（3）政府职能应实现职能方式和职能关系的转变，由微观管理、直接管理为主转向宏观管理、间接管理为主，强化监督和宏观调控部门，理顺政府与社会的关系，管理好社会的公共事业。市政府对燃放烟花爆竹应加强监控，既对违反禁放法规的人依法惩治，保障群众生活秩序良好，又应允许居民在规定的区域和时间内燃放烟花爆竹。

四、结论

通过以上的案例分析我们可以看到确立行政职能要从提高社会福利、为人民服务的角度考虑。禁止燃放烟花爆竹正是从保护公民财产、生命安全的角度，建立一个和谐、平安的社会所做出的行政规定。行政职能具有执行性的特点，行政职能在执行过程中要遵循原则性与灵活性相统一的原则，做到对违反规定的行为依法惩治，但又允许在规定的时间内做出规定的行为。行政职能的执行不仅可以采用行政手段，也可以采取经济手段、思想教育手段。对于禁止燃放烟花爆竹的行政规定，可以采取多种手段相结合，以行政手段为主，思想教育手段为辅。

【案例二】 谁来牵走这条破船

一、背景

行政改革是行政管理学重要的研究主题之一，其目的是改革不合理的行政职能体系、行政组织结构以及行政管理方式，达到高效、优质地提供服务。在行政改革中，职能转变、职能关系理顺是重要的改革内容。长久以来，在我国的行政管理中，存在着政府错位、越位、缺位的现象，特别是那些归属不清、定位模糊的公共问题，经常出现多头管理、职能交叉，造成了公共问题难解决，效率低下，互相推诿的局面。

二、内容

在某市的环岛路上，长期搁置着一条废弃的渔船，环岛路沙滩上还有不少这类破船，它们与周围的景观极不协调，而且船体的碎片也成了沙滩垃圾的"制造者"。一条破旧不堪的渔船，却让几个职能部门的负责人都皱起了眉头。因为"目前没有相关规定，我们没办法解决"。

哪个部门对清理这条木船负有责任？

某管理办说他们管的是海上，沙滩上的事情他们会和执法部门联系。记者追问这个问题究竟属于哪个部门管，他回答说，环岛路由很多部门管辖，"职责有交叉"，但对"有没有直接主管的部门呢"？工作人员却无法回答。

城监某大队回应这件事情说："如果是侵占沙滩、影响市容就可以管。如果是在水上我们就管不了。""这艘船是停在海边的沙滩上，你们能管吗？""如果是沙滩公共的地方，我们就可以管。如果是营利性的，应该别的部门管"。并说该片沙滩属于"太阳湾"的卫生管理范围，应该由"太阳湾"管理处找到船主，视情况清理。"如果找不到呢"？"这个具体情况不太清楚，我们也解决不了"。

某监督局。记者问："渔船上一般都应该有船牌号，渔船的报废归哪里管？""归我们。渔船报废后，由我们就地拆解"。"如果是停在海滩上的报废的渔船呢？你们会管吗？""那要请示领导"。"为什么要请示领导"？"我们现在没有接到通知要管这件事情"。他还说，"这件事情比较复杂，我是值班的，不太清楚该事的具体过程"。同时，他还对记者的游客身份表示质疑。后来他还是记录下记者所说的情况，表示要调查一下这艘船的船主。

某管理局工作人员说，船可能是当地渔民的，要记者与那里的相关部门联系。记者问，这种情况究竟有没有部门管，他回答说："目前没有明确的主管部门。""最好能找到船主，事情会比较好办，在没有找到船主之前，各个部门都不好贸然处理"。

某街道办事处工作人员说，"这种情况要市里统一协调，我们没有办法管"。记者说："一条破旧的渔船停在那儿，跟周围环境很不协调。"

"那种船停在环岛路的沙滩上有几百条,有的还停了好几年呢"。这位工作人员很快打断了记者的话。她还说,她们已经接到不少类似的反映,因为没有统一的规定,所以"没办法解决"。

大概由于这些原因,这条破旧渔船一直停在太阳湾的沙滩上。

三、分析

政府应该做什么和不应该做什么,这是行政管理所关注的基本问题。政府所要处理的问题是那些影响范围广泛的公共问题,公共问题具有动态性、关联性和主观性的性质,特别是公共问题的关联性,使得某一公共问题总与其他领域的问题交错影响,从而影响到公共问题处理机构的确定。另一方面,政府职能定位是行政机构存在的前提条件,如职能交叉、职责不清势必影响和阻碍公共问题的解决。在本案例中,海滩上的破船影响风景,影响到沙滩的环境,但在处理破船过程中体现了我国存在行政职能的问题:

(1) 各主管部门职能交叉、职责不清。
(2) 多头管理、出现缺位。
(3) 缺少协调机制或机构。
(4) 主管部门以及工作人员互相推诿,缺少工作责任感和积极性。

针对本案例所出现的问题,可以采取的解决办法:

(1) 理顺关系、明确职责。
(2) 进行必要的协调,共同解决问题。
(3) 对工作人员进行服务意识教育。

四、结论

行政机构是行政职能执行的主体,行政职能是行政机构设立的基础。职能界定不清必然造成公共问题解决的多头管理或者互相推脱的状况,因此,行政改革重要的内容就是重新界定行政职能,理清行政机构之间的关系。

"大部制"是我国提出的行政改革新方案,其出发点就是为了解决行政职能交叉、多头管理,机构之间互相推脱责任,行政效率低下的问题。"大部制"适合于解决那些涉及到多个管理机构的公共问题,是处理复杂公共问题的可选方案。

在本案例中,对沙滩的管理机构繁多,造成了多头管理的局面,致使问题难以及时解决。针对这种现象,应该采用"大部制"的改革思路,整合机构统一管理沙滩。

第四章 行政组织

第一部分 知识点阐述

一、行政组织概述

(一)行政组织的基本概念

1. 行政组织的含义

行政组织是静态组织结构和动态组织活动过程的统一。就动态讲,行政组织指为完成行政管理任务而进行的组织活动和运行过程。就静态讲,有广义、狭义之分。广义的行政组织,除政府行政组织外,还包括立法、司法、企业、事业等部门及社会团体中具有行政性职能的机构。狭义的行政组织,则专指为推行政务,依据宪法和法律组建的国家行政机关体系,是国家机构的重要组成部分。本章着重研究静态的、狭义的行政组织,即政府行政组织。

2. 行政组织的基本要素

(1) 组织目标。
(2) 机构设置。
(3) 人员构成。
(4) 权责体系。
(5) 法规制度。
(6) 物质因素。

3. 行政组织的特性

(1) 政治性与社会性。
(2) 法制性与权威性。
(3) 系统性与动态性。

(二) 行政组织的类型

行政组织是一个庞大复杂的组织体系，其组织类型可以从不同的角度来划分。以上下级的权限关系为标准，行政组织可分为集权制与分权制；以各组织机构的职权性质和范围来划分，可分为层级制与职能制；以组织内部行使最高决策权的人数划分，可分为首长制、委员会制和混合制；以组织的不同功能和作用来划分，又可分为领导机构、执行机构、监督机构、咨询机构、信息机构、办公机构、派出机构等。

(三) 行政组织结构

行政组织结构指构成行政组织各要素的配合和排列组合方式。它包括行政组织各成员、单位、部门和层级之间的分工协作以及联系、沟通方式。结构合理、运转灵活的行政组织是实现行政目标、提高行政效率的重要组织保证。

1. 行政组织的纵向结构

行政组织的纵向结构又称为直线式结构，是纵向分工形成的行政组织层级制。其特点是上级直接领导下级，行政指挥和命令按照垂直方向自上而下地传达和贯彻。它具有事权集中、权责明确、指挥统一、便于控制等优点。其缺点是组织内没有专业化的管理分工，各级行政首长管理过多，责重事繁，容易顾此失彼。

(1) 管理层次与管理幅度的关系。管理幅度与层次有密切的关系。一般说来，在条件不变的情况下，幅度与层次成反比例。加大管理幅度，层次就相应减少；相反，缩小管理幅度，则层次相应增多。因此，管理幅度与层次是影响行政机构形态的决定性因素，两者必须同时兼顾，做到幅度适当，层次少而精。

(2) 层次管理的原则。一是层次节制原则；二是只管一个层次原则。

2. 行政组织的横向结构

行政组织的横向结构又称职能式结构，是横向分工形成的行政组织职能制，即同级行政机关和每级行政机关内部各组成部门之间的组合方式。从现代行政管理的运行过程来看，一般都要先决策，然后执行，而决策前、执行后都要调查研究，这就需要信息。为使决策适应复杂多变的情况，还需要参谋咨询。从现代管理功能看，每级政府内部都由决策、执行、咨询、信息和监督等部门组成，如果这样来设置机构和配备人员，将是一种比较科学的横向结构。

3. 行政组织纵向、横向结构的统一

单纯的纵向型、横向型结构各有其优缺点，因此，现代各国行政组织一般把二者结合起来，形成网络型的直线职能式结构。其特点是行政领导者的统一指挥同职能专业部门相结合，吸收了直线式和职能式结构的优点，扬弃了部分缺点，使其互相补充、制约，它是前两种结构的发展。

二、行政组织理论

(一) 西方行政组织理论的演变

1. 古典行政组织理论

这是西方早期的行政组织理论，主要有以泰勒（F. W. Taylor）为代表的科学管理组织理论；以法约尔（H. Fayol）、古立克（L. Gulick）为代表的行政管理组织理论和以韦伯（M. Weber）为代表的科层组织理论（旧译官僚组织理论）。

2. 新古典组织理论

又称行为科学组织理论。从20世纪30年代起，行政组织理论的研究逐渐引进行为科学的方法，形成了新古典组织理论。主要有以梅奥（E. Mayo）为代表的人际关系组织理论；以巴纳德（C. I. Barnard）为代表的组织平衡理论和以西蒙（H. A. Simon）为代表的决策过程组织理论。新古典组织理论的特点是以组织中人的问题为中心，从动态的角度研究人的行为对于组织的影响及其相互关系。但局限于人和组织行为的研究，只注重社会科学实证的研究方法，忽视组织结构、法规及环境的作用等。

3. 现代组织理论

20世纪60年代以后，组织理论的研究引进系统论、控制论、信息论的成果，使西方组织理论进入了一个新的发展阶段。主要有以卡斯特（F. E. Kast）、罗森茨韦克（J. E. Rosenzweig）为代表的系统分析组织理论和以劳伦（P. R. Lawrence）、洛西（J. W. Lorsch）、伍德沃德（J. Woodward）为代表的权变组织理论。

系统分析组织理论用系统分析方法研究组织，认为行政组织是一个"结构的社会技术系统"，由许多分系统组成；组织又是一个有机的开放性系统，是受社会经济、文化等环境影响的生态系统，它在与社会环境的互相作用中建立和维护自身的工作流程，从而保持组织功能与社会环境的动态平衡。

（二）马克思主义的行政组织理论

1. 马克思、恩格斯的行政组织理论

马克思、恩格斯在总结巴黎公社经验的基础上，对社会主义国家行政组织的建设提出了人民参加政府管理；建立"廉价政府"；采取巴黎公社"议行合一"形式；防止国家机关工作人员由社会公仆变为社会主人等重要的原则构想。

2. 列宁的行政组织理论

列宁提出了行政组织建设的若干重要理论原则。主要是：精简机构；民主管理；强调行政组织的效能；克服行政组织中的官僚主义现象。

3. 毛泽东、邓小平的行政组织理论

毛泽东创立了适合我国实际的行政组织原则。主要是：坚持共产党对行政组织的领导；依靠人民大众管政府；强调行政组织的设置必须适应革命中心任务的需要；实行民主集中制的原则，较好地划分中央政府与地方政府的职权，调动各方面积极性；实行精兵简政，要求"达到精简、统一、效能、节约和反对官僚主义五项目的"；注重行政组织的作风建设，强调实事求是，密切联系群众等；加强思想政治工作，形成官兵一致、军政一致、军民一致的良好人际关系。

邓小平在领导我国社会主义现代化建设和改革开放的过程中，进一步丰富和发展了马克思主义的行政组织理论。他针对我国存在的机构臃肿、层次重叠、手续繁杂、效率极低的问题，明确提出"精简机构是一场革命"的论断；指出改革的目标是建立"精简、统一、效能"的行政组织体系；改革的方针是"胆子要大，步子要稳，走一步，看一步"。

三、行政组织的编制管理

（一）编制管理的含义及其意义

1. 编制管理的含义

狭义的编制是指一个法定社会组织内人员的数额及职位的配置。广义的编制则指一个法定社会组织的职能范围、机构设置、隶属关系、规格级别、人员数额、人员结构及职位的配置。行政组织的编制管理，就是按法律规定的制度和程序，对行政组织的职能范围、机构设置和人员配备等进行的管理。它包括职能管理、机构管理、人员编制管理三方面。

从实际运作来看，编制管理的具体内容包括：
（1）制订编制方案；
（2）确定各部门的职能范围，进行科学的职能配置；
（3）审批机构与人员；
（4）监督编制执行情况；
（5）做好编制统计；
（6）制定有关的编制法规。

2. 编制管理的意义
（1）编制管理是建立精干高效的行政组织体系的重要前提。
（2）编制管理是防止官僚主义，密切政府与群众关系的重要手段。
（3）编制管理有助于节省国家财政开支。

（二）编制管理的原则和方法

1. 编制管理的原则

编制管理直接涉及政府机构的设置和人员配备，政策性强，影响深远。为切实搞好编制管理，应遵循下述基本原则：
（1）精简原则。
（2）统一原则。
（3）编制立法原则。

2. 编制管理的基本方法
（1）行政方法。
（2）经济方法。
（3）法律方法。

第二部分 相关知识拓展

　　夏书章教授主编的《行政管理学》教材第四章从静态与动态的角度定义行政组织，这不失为一种定义行政组织概念的方法。行政组织是与行政管理紧密联系在一起的概念，行政组织的主体特性只有在行政管理过程中才能更好体现它的特性。因此登哈特在《公共组织理论中》指出，一个较为科学的"公共组织理论应该阐明公共行政理论的政治学、一般的和专业的等早期研究方法；应当指出公共行政是一个过程而不是在特定结构（如层级制）中所发生的事情；应当强调这个过程的公共性而不是它与正式政府体制的关系"。可见，对公共组织研究的相关主题紧密地伴随着公共行政的发展。

　　早期的公共行政研究不仅构建了公共组织的政治理论，也为后来的公共行政学研究奠定了基调。正因为早期对公共行政的政治特性研究的关注，此后的很多研究集中在讨论政治与行政的关系，寻求政治与行政的张力。在早期公共行政理论的讨论中，政治与行政是否可分最后落脚在效率问题上，其理论讨论是为了在实践中寻找提高行政组织效率的方法，而务实者明显怀疑政治与行政二分法原则。尽管早期的公共行政学研究褒贬皆有，但是他们所提出的政治与行政关系、科学管理和行政效率等概念长久地影响到以后对公共组织的讨论。

　　在之后的讨论中，学者们仍花很大精力在讨论行政组织的效率问题。甚至认为行政组织理论的基础是理性这一概念。组织的创建是为了提高人的理性，建构人的行为，以便切合抽象的理性。以理性为基础的前提深远地影响了行政组织的发展，包括行政组织结构设计、人员设计、决策模式，直到韦伯的"科层组织理论"的提出，系统地建构了理性的行政组织模型。韦伯的"科层组织理论"指出了理性模型的适用性与优越性。这种对公共组织研究的类似自然科学的研究思路以及对理性的推崇，使得对政治化的公共组织的研究极少，直到"新公共行政"的提出，才又重新讨论公共组织的政治问题。

　　早期的行政组织理论的研究深受科学管理、理性主义的影响，"非人格化"在行政组织的结构设计、职位设计等方面影响重大。而对人的关注，人本主义的提出是随着人际关系学派的产生与发展的产物。巴纳德的非正式组织、霍桑实验都从人本主义的角度分析组织，促进了行为学派的发展。组织人本主义在行政组织的发展中具有特殊的地位，他们提倡开放性组织，提倡参与式管理，但是人本主义对人的关注、对参与的关注最终落入追求效率的理性中去。因为组织人本主义，人际关系学派难以对行政组织理论研究产生突破性发展，只有对公共行政基本信条提出挑战的理论才能对公共组织理论产生突破性影响，而新公共行政就是试图以一种范式转换的视角来研究公共行政。

新公共行政的学者们大都认为政治与行政二分是不切实际的，甚至主张行政人员"应该"制定政策。新公共行政的观点虽然新颖，并热衷于规范性研究，但对于实践的指导性并不强。新公共管理理论根植于世界范围内政府管理实践，并总结出"再造政府"的一系列观点，提出以再造政府的10条原则作为指导。与此同时，对责任和高绩效感兴趣的公共管理者开始重新建构官僚机构，重新定位行政组织的任务。为了追求更加高效的行政组织，新公共管理理论提出了各种管理技术，提倡行政组织应该像私营组织一样运转，并在行政组织之间创造竞争环境。新公共管理理论对行政组织的运行产生了深远的影响，特别是其所提出的各种新颖的管理工具。但是，行政组织在吸收运用工商管理的一些技术时也存在偏颇并产生了一些问题，毕竟行政组织不同于私营组织。

在行政组织的研究过程中，行政组织与社会组织的区别与联系也是值得注意的问题。尤其是对非政府组织、第三部门的地位、作用及其与政府的战略伙伴关系的研究，已成为了当今公共组织理论研究的热点。

在行政组织的讨论中，组织的编制管理同样是个重要的议题。编制管理本质上在于讨论机构的设立与撤销问题，因而对于我国的机构改革更为重要。编制管理应该遵守的三大原则是：精简、统一、编制立法，这也是我国机构设置、机构改革所应遵守的原则。

第三部分 练习题及答案

练 习 题

一、单项选择题

1. 现代管理学派中,权变组织理论学派的代表人物是(   )。
   A. 孔茨   B. 西蒙   C. 卢丹斯   D. 明茨伯格
2. 不同时期政府设置的临时办公机构,如各种工作领导协调小组及其办公室,属于(   )。
   A. 直线结构   B. 矩阵结构
   C. 直线—职能结构   D. 职能结构
3. 提出使管理职能细化并实行"职能工长制"的管理学家是(   )。
   A. 韦伯   B. 法约尔   C. 泰勒   D. 德鲁克
4. 首次提出非政府组织理论的学者是(   )。
   A. 巴纳德   B. 泰勒   C. 魏劳毕   D. 怀特
5. 马克思、恩格斯在政府组织形式上主张采取(   )。
   A. 议行独立形式   B. 议行合一形式
   C. 议行分离形式   D. 议行平行形式
6. 在行政组织理论的发展过程中,提出建立"廉价政府"的是(   )。
   A. 马克思·韦伯   B. 马克思、恩格斯
   C. 毛泽东   D. 泰勒
7. 行政组织是按一定的序列和等级组建起来的规模庞大、结构严密的权责体系。这说明了行政组织具有(   )。
   A. 独立性   B. 静态性   C. 系统性   D. 动态性
8. 在领导机构的领导下分管专门行政事务,具有职能性、局部性特点的机构是(   )。
   A. 执行机构   B. 咨询机构   C. 办公机构   D. 派出机构
9. 提出实行精兵简政,要求"达到精简、统一、效能、节约和反对官僚主义五项目的"的行政组织原则的是(   )。
   A. 毛泽东   B. 邓小平

C. 列宁　　　　　　　　D. 马克思、恩格斯
10. 狭义的行政组织是指（　　）。
   A. 立法机构　　　　　　B. 司法机构
   C. 行政机构　　　　　　D. 事业单位

二、多项选择题

1. 下列选项中属于现代管理理论学派的是（　　）。
   A. 系统管理学派　　　　B. 科学管理学派
   C. 决策理论学派　　　　D. 管理科学学派
   E. 行为科学学派
2. 行为科学阶段管理理论的特点是（　　）。
   A. 注重管理的精确性、法理性
   B. 强调对人性的全面关注
   C. 重视非正式组织
   D. 在管理方式上由监督制裁转向人性激发
   E. 强调标准化原理
3. 行政组织是一个由若干要素组成的有机整体，其基本构成要素包括（　　）。
   A. 物质因素　　　　　　B. 组织目标
   C. 机构设置　　　　　　D. 权责体系和法规制度
   E. 人员构成
4. 行政组织按照功能和作用可以划分为如下类型（　　）。
   A. 领导机构　　　　　　B. 执行机构
   C. 监督机构　　　　　　D. 咨询机构
   E. 信息机构
5. 西方行政组织理论经历了如下阶段（　　）。
   A. 古典行政组织理论阶段　B. 新古典组织理论阶段
   C. 现代组织理论阶段　　　D. 柔性组织理论阶段
   E. 刚性组织理论阶段
6. 编制管理的原则是（　　）。
   A. 精简　B. 统一　C. 权威　D. 层级　E. 立法
7. 编制管理的基本方法是（　　）。
   A. 行政方法　　　　　　B. 经济方法

C. 法律方法 　　　　D. 思想方法
E. 政治方法
8. 行政组织的结构形式主要有(　　)。
    A. 直线结构　　　　B. 职能结构
    C. 直线—职能结构　　D. 矩阵结构
    E. 事业部制
9. 在一定规模组织中，管理层次与管理幅度的关系是(　　)。
    A. 管理层次越多，管理幅度越小
    B. 管理层次越小，管理幅度越大
    C. 管理层次越多，管理幅度越大
    D. 管理层次越小，管理幅度越小
    E. 呈反比例关系
10. 下列组织中不属行政组织的有(　　)。
    A. 中共各级党委　　　B. 各级人民代表大会
    C. 各级人民政府　　　D. 各级人民法院
    E. 各级人民检察院

三、概念辨析题
1. 行政组织与民间组织。
2. 行政机关与司法机关。
3. 扁平型结构与金字塔型结构。
4. 领导机构和执行机构。
5. 古典组织理论与新古典组织理论。

四、简述题
1. 简述行政组织的概念。
2. 简述行政组织编制管理的意义。
3. 简述我国行政组织的结构体系。
4. 简述行政组织的特点。
5. 简述西方行政组织理论的演变过程。

五、论述题
1. 试述弗雷德里克森新公共行政学的行政组织理论。
2. 论述韦伯的"科层组织理论"的基本内容及其意义。

练习题答案

一、单项选择题

1. C 2. B 3. C 4. A 5. B
6. B 7. C 8. A 9. A 10. C

二、多项选择题

1. ACD 2. BCD 3. ABCDE 4. ABCDE 5. ABC
6. ABE 7. ABC 8. ABCD 9. ABE 10. ABDE

三、概念辨析题

1. 参考答案：行政组织是按宪法和法律程序组建，以国家强制力为后盾，行使国家行政权的法定组织，对社会团体有着约束力。而民间组织没有国家权力的属性，是"自愿组成"，为实现共同意愿、按照章程开展活动的非营利性社会组织。

2. 参考答案：我国司法机关包括人民法院和人民检察院。我国《宪法》规定：人民法院是审判机关，依法独立行使审判权，行政机关无权干涉其审判活动；人民检察院是法律监督机关，依法独立行使检察权，行政机关也无权干涉其检察活动；司法机关既无权管理国家政务，也不负管理国家政务的责任。

3. 参考答案：扁平型结构和金字塔型结构是组织结构设计的两种典型结构，两者在管理层次和管理幅度上有区别。金字塔型结构管理层次多、管理幅度小，其优点是权力集中，便于统一行动，但是由于层次过多，信息容易失真。扁平型结构管理层次少、管理幅度大，其优点是信息传递迅速，执行迅速，较为灵活，但是组织结构松散，不易控制。

4. 参考答案：领导机构和执行机构是行政组织机构中两种功能、作用不同的机构类型。领导机构的职能是对重大行政管理问题进行决策，并指挥督导决策的实施。它统筹全局，是行政组织的中枢、提高行政管理效率的关键。执行机构的职能是在领导机构的领导下分管专门行政事务的机构。其主要职能是贯彻执行领导机构的方针、政策和决策方案，具有执行性、专业性、局部性的特点。

5. 参考答案：古典组织理论的共同特点是从制度规范的角度研究行政组织，提出了一些具有规范性的组织建设原则。但仅侧重对组织内部的静态研究，忽视了社会环境对组织的影响和组织的动态变化及组织成员的社会需求等。新古典组织理论的特点是以组织中人的问题为中心，从动态角度研究人的行为对组织的影响及其相互关系。但局限于人和组织行为的研究，只注重社会科学实证的研究方法，忽视组织结构、法规及环境的作用等。

四、简述题

1. 参考答案：行政组织是静态组织结构和动态组织活动过程的统一。就动态讲，行政组织指为完成行政管理任务而进行的组织活动和运行过程。就静态讲，有广义、狭义之分。广义行政组织，除政府行政组织外，还包括立法、司法、企业、事业等部门及社会团体中有行政性职能的机构。狭义行政组织，则专指为推行政务，依据宪法和法律组建的国家行政机关体系，是国家机构的重要组成部分。

2. 参考答案：
（1）编制管理是建立精干高效的行政组织体系的重要前提；
（2）编制管理是防止官僚主义、密切政群关系的重要手段；
（3）编制管理有助于节省国家财政开支。

3. 参考答案：我国基本上采用直线职能式结构。从纵向看，我国行政组织划分为中央（国务院）—省、自治区、直辖市—自治州、县、自治县、市—乡、民族乡、镇四个层次（在市管县体制的地方为五个层次，即在省县间设地级市这个层次），每一层次内再作层次划分。同时，每级政府内按业务性质平行划分为若干职能部门，每个部门所管业务不同，但管辖范围大体相同，地位平等。它们主要对同级政府和首长负责，也接受对口的上级职能部门的领导。我国行政组织结构从框架上看基本合理，它形成了纵向统一指挥、横向分工协调、纵横交错的网络型体系。

4. 参考答案：

第一，政治性与社会性。政治性：行政组织是为推行国家政务而组建起来的国家行政机关体系，是统治阶级维护本阶级利益、巩固其统治地位的重要工具。社会性：行政组织承担了管理社会事务的职能，它必须服务于社会，施益于社会公众。这又使行政组织具有社会性的一面，是政治性与社会性的统一。

第二，法制性与权威性。行政组织的设立、变更或撤销均依据宪法和法律规定以及程序进行；行政组织及其工作人员的一切管理活动必须在宪法和法律规定的范围内开展，这是行政组织的法制性特点。另一方面，行政组织是依法代表国家行使行政权的机构，它以国家法律、权力为后盾，对各社会组织和公民以及社会事务进行管理和施加影响，因而具有普遍的约束力和权威性。

第三，系统性与动态性。行政组织是按不同区域、层次、管理功能划分，设置相应的组织机构，形成纵横交错且有制约和隶属关系的权责体系。这个严密的组织系统受不同时期政治制度、经济条件、科技水平等因素的影响和制约，随社会发展和环境变化而变化，以适应形势发展的需要。

5. 参考答案：西方行政组织理论演变大致经历了三个阶段：古典行政组织理论、新古典行政组织理论、现代行政组织理论。

古典组织理论的共同特点是从制度规范的角度研究行政组织，提出了一些具有规范性的组织建设原则。但仅侧重对组织内部的静态研究，忽视了社会环境对组织的影响和组织的动态变化及组织成员的社会需求等。新古典组织理论的特点是以组织中人的问题为中心，从动态角度研究人的行为对组织的影响及其相互关系。但局限于人和组织行为的研究，只注重社会科学实证的研究方法，忽视组织结构、法规及环境的作用等。现代组织理论重视从社会整体联系、环境影响、发展变化等方面研究行政组织，为此项研究提供了新的理论方法。

五、论述题

1. 参考答案：弗雷德里克森是新公共行政学的代表人物，该学派通过对传统公共行政学"效率至上"的批判来重新呼吁社会公平的重要性。弗雷德里克森新公共行政学的组织理论的论述主要有如下观点：

（1）对传统公共行政学"效率至上"的反思与批判。公共行政的核心价值不应当是效率，而应当是社会公平。应当赋予现代公共行政以伦理的内容，以增强行政人员的责任感，让管理者承担其社会责任，把出色的管理和社会公平作为社会准则及其基本行为的出发点。

（2）主张效率至上转为公平至上，强调公共行政组织的变革。行政组织变革的终极目标，是建立民主行政之模型。应减少层级节制，分权、放权，广泛吸收公众参与。公共行政组织设计应遵循两个目标：顾客导向；应变灵活。

（3）提出公共行政组织存在着分配、整合、边际交换和社会感情等四种基本运作过程。①分配过程，这是新公共行政学的中心内容。应从公共行政项目效益的角度，来处理相关群体中人的物质和服务的分配问题。②整合过程，指通过权威层级来协调组织中成员的工作过程。主张采用非结构、非正式和非权威的整合技术，来增强行政组织凝聚力。③边际交换过程，指行政组织与其他相关组织及群体之间（比如立法机构、利益团体）建立相互依存的共生关系的过程。边际交换方式的发展，首先需要服务对象更多地参与，其次是要发展新型的政府部门间的关系。④社会情感过程，这是一种社会情感的训练过程，同时又是行政体制改革的基本工具。

2. 参考答案：

（1）韦伯"科层组织理论"也称为官僚制理论，其理论的基础在于首先提出三种类型的权威——魅力型、传统型和理性/法律型。韦伯认为前两种权威是非理性的，而行政组织只有建立在理性/法律权威基础之上，才能达到高效率。据此，"科层组织理论"意味着：权威来自于法律和根据法律制定的规定。

（2）在理性/法律基础上，"科层组织理论"认为行政组织采用等级制的组织结构体系，能达到效率最大化。特定职能可以按照等级制结构授权给较低层次。

（3）"科层组织理论"推崇非人格化的行政管理。"非人格化"是该理论的重要内容，组织的存在、职权的设置是与职员的私人活动分离的，按照"非人格化"进行管理。"非人格化"是"科层组织理论"与早期组织理论的重要区别。

（4）"科层组织理论"提出职能专门化原则，即行政管理职业化，而职业化意味着提高生产力。

韦伯的"科层组织理论"为行政组织建立了一种有别于以往的行政组织模式。权威的等级制和规章制度有助于决策的确定性，制度的非人格化意味着行政管理可以达到效率最大化，职能专门化意味着提高生产力。

第四部分 案例分析

【案例】 A县非常设机构的建立与撤销

一、背景

非常设机构大多是跨部门或跨地区的综合、协调性机构，以及研究、拟定某些重大方针、政策，提出规划或改革方案的机构，也有些是为弥补常设机构职能不足而设立的。按照非常设机构的编制规定，非常设机构完成所承担的任务，就要取消该机构；或者将所承担的任务移交给有关部门，或保留其名义，具体工作由有关部门承担。为此，要根据精简、统一、效能的原则，对原有的非常设机构进行清理整顿。

二、内容

A县县委、县人民政府根据中央、国务院关于清理非常设机构的通知精神，决定对县级机关的委员会、领导小组、办公室等非常设机构进行一次清理，该合并的合并，该保留的保留，该撤销的撤销。他们将60个非常设机构砍掉了40个，并分别将这些机构承担的职能落实到有关部门去承担。

但是，时隔不久，麻烦来了。首先碰到的是退伍军人和军队离休、退休干部要从部队转到地方，安置任务特别繁重。以前遇到这种情况，一般都是以县政府的一位领导为首的领导小组负责。这次非常设机构被撤销，这项工作交由县民政局和劳动人事局负责以后，带来了一系列问题，而且这些问题都牵涉到不少县级部门。比如，离休干部建设住房所需的基建指标和经费，分别涉及计委和财政局；建房所需的"三大建材"涉及物资部门；离退休干部转业按规定随迁的家属、子女的户口和工作安排涉及公安部门；随迁子女的转学、升学需要教育部门帮助落实；医疗保健等又涉及卫生局。如此大量的工作，要通过这么多的环节，光靠民政、劳动人事两个部门实在难以招架，更何况这两个部门与其他局都属同一级别。于是，民政局、劳动人事局便要求恢复县退休军人和军队离退休干部安置领导小组。报告送到县政府,领导只得同意。

紧接而来的是地方病防治领导小组,省里有这么一个机构,且每年握有一大笔经费。县里领导小组一撤销,上级就发来通牒,声称如果没有这一机构,每年给县的经费就停止下拨。这样一来,县委、县政府又不得不考虑该机构的命运,经酝酿再三,还是决定恢复。

恢复非常设机构的口子一开,不少单位要求恢复临时机构的报告纷至沓来。有的是因为省里有明文规定,有的是根据省里某一次会议精神或领导讲话,有的是因为有突击性任务。就这样,A 县在不到 3 年的时间内,县级机关的非常设机构又从 20 个增到 55 个,增加的非常设机构中 7 个是恢复的,28 个是新成立的。

三、分析

非常设机构作为政府机构体系的组成部分,大多是跨部门或跨地区的综合、协调性机构,以及研究、拟定某些重大方针、政策,提出规划或改革方案的机构,也有些是为弥补常设机构职能不足而设立的。非常设机构的设置有一定的必要性。

首先,当代各国政府工作部门(常设机构)基本上是按照职能或者是按照行业和产品来设置的,在这种情况下,当政府面临某些跨部门的社会事务,非一个部门所能单独完成,需要几个部门共同承担的时候,在部门之间的横向关系的协调上就会发生矛盾和困难,这时就需要设置非常设机构,以协调各个部门之间的关系,实行统一安排和调度,随时解决部门之间的矛盾,促使各部门互相配合,和谐运转,共同努力实现对跨部门社会事务的管理。案例中退伍军人和军队离退休干部安置领导小组,就是适应这种需要而设置的。

其次,政府工作部门一般是根据行政管理的经常性、长期性或可预见的基本职能来设置的,但是,行政管理实践表明,社会事务的广泛性和复杂性,使人们对政府基本职能的设计很难周全,因而政府常设机构的设置也很难十全十美,往往会有一些新的或临时性的任务,是现有常设机构所难以承担的。同时,由于社会生活的复杂性,常常有一些意想不到的事情发生,诸如地震、大火、交通事故等突发性事件,要求政府在短时间内组织各部门力量,全力以赴,使事情得到迅速妥善处理。这些情况都使非常设机构的设置成为必要。

当然,如任意设置非常设机构必然导致政府机构臃肿、重叠,常设机构与非常设机构职责不清、互相扯皮，助长某些领导干部挂空名而不干实事的官僚主义作风，以及加剧"文山会海"等弊端。因此非常设机构的设置必须严格遵循如下原则：

第一，科学化、合理化原则。非常设机构的设置要根据工作需要，必须是对现有常设机构的补充，而不是重复或增加领导层次。同时，非常设机构的规模和人员要与其工作任务相适应，使其能够有节奏地、有秩序地、高效率地工作，做到人尽其才，才尽其用。总之，要科学地设置机构，合理地使用人才。

第二，机动性、灵活性原则。非常设机构的设置不应追求大而全的规范化组织模式，更不必形成上下对口的系统，而应根据其工作特点，采取机动灵活、多种多样的柔性组织形式，从有关部门临时抽调人员，一旦任务完成，机构即行撤销。这样，设置起来比较简单，撤销的时候也比较容易。

第三，程序化、法制化原则。为了避免非常设机构设置的随意性，必须严格审批程序，制定规章制度，使之逐步法制化。只有这样，才能避免A县出现的非常设机构"膨胀、精简、再膨胀"的恶性循环，使非常设机构的设置既满足行政管理任务的需要，成为常设机构的必要补充，又不致过多、过滥，造成种种弊端。

在该案例中，A县县委、县政府从本县的实际情况出发，根据中央和国务院关于政府机构改革的精神，对非常设机构进行清理，是完全正确的，也取得了成绩。后来，之所以出现"撤而复增"的现象，从主观上来考察，主要是对非常设机构设置的原则缺乏全面的掌握，撤了一些当前行政管理中十分必要的非常设机构，因此，这些非常设机构的恢复也就难以避免了。至于新建的非常设机构，哪些是必要的，哪些是多余的，则要根据非常设机构设置的原则来分别进行考察和甄别。保留必要的，撤销多余的，使县政府机构实现精简、统一、效能的目标。

四、结论

行政职能是行政机构设置的基础，非常设机构作为行政机构的辅助机构，其存在具有临时性、辅助性的特点。但是非常设机构的设置必须严格按照精简、统一、法制和机动性、灵活性的原则。

第五章 行政领导

第一部分 知识点阐述

一、行政领导概述

(一) 领导的含义、特点及其与管理的关系

1. 领导的概念

领导是指领导者在一定的环境下，为实现既定目标，对被领导者进行指挥与统御的行为过程，即指领导活动。领导是一种多层次、多领域的立体现象，可以从不同的视角进行不同的分类。按领导的权力基础分类，有正式领导和非正式领导；按领导活动的层级分类，有高层领导、中层领导和基层领导；按领导活动领域分类，可以把领导分为政治领导、行政领导和业务领导等。另外，作为名词的领导是指领导者。

2. 领导的特点

（1）领导是一个由领导者、被领导者和环境构成的社会组织系统。
（2）领导是一个动态的行为过程。
（3）领导是高层次、战略性的管理。
（4）领导具有权威性。

3. "领导"与"管理"两个范畴之间的关系

（1）在广义或外延层次上二者具有相等性。
（2）在狭义上两者具有本质的差异性，领导与决策联系在一起，管理与执行联系在一起。

(二) 领导、管理工作的专业化

1. 领导、管理工作专业化的含义

领导、管理工作的专业化,是领导、管理工作科学化的一个重要内容,也是加速社会主义现代化建设的迫切要求。领导专业化的出现经历了两次转型:一次是"硬专家"转行式领导,领导、管理工作从没有专业知识的老板手里转到生产技术高超、具有专业知识的"硬专家"身上;另一次是财产所有权与经营权的分离导致领导、管理工作的专业化和知识化,具有领导、管理专业知识的职业"软专家"开始逐步成为领导人和管理者。

2. 领导、管理工作专业化的意义

准确地认识领导、管理工作专业化有着重要的实际意义和理论意义。

(1) 在实际工作方面,准确地认识领导、管理工作专业化的意义在于:① 领导、管理工作健康发展的需要。② 纠正被扭曲的领导、管理工作专业化标准,科学选才用人的需要。③ 有利于"岗上"的领导、管理者专业素质的提高。

(2) 在理论方面,准确地认识领导、管理工作专业化有利于领导、管理学科的建设和发展。从泰勒、法约尔创建科学管理伊始,领导、管理科学迄今还不到一个世纪的历史,在我国兴起也不过20多年。相对于传统学科来说,她还年轻,学科基础建设和全面繁荣的任务还很重,路子还长。而学科产生和发展的原动力在于领导、管理实践的发展及其专业化的程度。

3. 领导、管理工作专业化的实现途径

实现领导、管理工作专业化的途经是多种多样的。现在的关键是各级干部要树立起实现第二个专业的转型意识,实现由有专业知识与技术的"硬专家"领导、管理,向具有战略决策、组织指挥、教育与激励及协调与控制能力的"软专家"领导、管理的转变。

(三) 行政领导的含义、特点及其地位、作用

1. 行政领导的概念

行政领导是指在行政组织中,经选举或任命而享有法定权威的领导者依法行使行政权力,为实现一定的行政目标所进行的组织、管理、决策、

指挥等的社会活动。

2. 行政领导的特点

行政领导是国家行政管理活动中的领导活动，它具有一般领导的共同特点，又有自身的特点。主要表现为：

（1）行政领导是发生在行政管理的特定环境中。
（2）执行性是行政领导的重要特征。
（3）从行政领导活动的社会属性来看，其具有鲜明的政治性。

3. 行政领导在行政管理中的地位和作用

（1）行政领导是行政管理协调统一的保证。
（2）行政领导是行政管理过程的战略核心。
（3）行政领导是行政管理成败的关键。

二、行政领导者的职位、职权和责任

（一）行政领导者的职位

1. 行政领导者职位的含义

行政领导者的职位是指国家权力机关或国家人事行政部门根据法律与行政规程，按规范化程序选择或任命行政领导者担任的职务和赋予其应履行的责任。职务和责任是构成行政领导者职位的两个不可缺少的要素。

2. 行政领导者职位的特点

（1）职位是以"事"为中心确定下来的。
（2）职位的设置有数量的规定性。
（3）职位本身具有相对的稳定性。

（二）行政领导者的职权

1. 行政领导者职权的含义

法律规定的与职位相当的行政权力，就是行政领导者的职权。行政领导者的职权，是其行使指挥与统御过程的支配性影响的实质条件。职权对行政领导者而言，既是他们的权利，又是他们的义务，职权是权利与义务的共同表现。

2. 行政领导者的职权与职位的关系

从职权的特点看，职权是与职位联系在一起的，职权是由职位衍生出来的,职位的性质决定职权的性质;职权与职位有对称关系,职权的大小与职能的高低、责任的轻重相适应;职权是法律认可与确认的权力。

从职权的范围看,行政职权是有限度的权力,它由国家权力机关因社会公共管理分工的不同而进行功能性划分,并由国家依据划分做出授予,被授予者需对权力有明确的认识,从而掌好权、用好权。行政领导的权限范围包括人事权、物权(即对物质资源的配置与使用权)、财权、组织权。

(三) 行政领导者的责任

1. 行政领导者责任的含义

行政领导者的责任是指行政领导者违反其法定的义务所引起的必须承担的法律后果。

2. 行政领导者责任的内容

行政领导者的责任有多方面的内容,主要由政治责任、工作责任、法律责任三个层面构成。

(四) 行政领导的权威

1. 行政领导权威的含义

行政领导的权威是指建立在法定规范或领导者自身人格魅力基础之上的对领导对象的影响力。它是领导权力与自身风格的综合反映,对领导活动的效果具有重要作用或影响。

2. 行政领导权威的意义

坚强有力的行政领导权威,是整合多元利益,调动一切积极因素,实现四化建设的重要保证。在管理决策高度科学化、现代化的现实社会实践中,肩负广泛社会管理职能的各级行政领导,不仅需要科学的、现代化的决策和管理水平,而且需要具有坚强有力的权威性。

3. 维护行政领导权威的原则

(1) 维护行政领导权威,首先取决于党中央和国务院的权威。

(2) 维护行政领导权威,必须加强组织纪律建设,形成下级服从上级、全党及地方政府服从中央的高效领导体制。

(3) 维护行政领导权威,必须在各层领导集体内加强团结、密切配合并形成坚强领导核心。

（4）维护行政领导的权威必须与维护国家法律的权威统一。

（5）维护行政领导的权威必须建立科学有序的权力分配体系，做到合理放权。

三、行政领导制度

行政领导制度从整体上说可以划分为三个层次：一是从根本性上制约行政活动的制度安排；二是足以保障领导者个人与组织协调行动的制度，以使领导者个人的能量与组织的能量最大限度地发挥；三是足以保证日常行政领导活动顺畅开展的制度性措施，使行政活动富有成效，不致无的放矢。

（一）民主集中制

1. 民主集中制的含义

民主集中制是民主制和集中制有机结合的一种制度。

2. 民主集中制的主要内容

民主集中制是我国根本的行政领导制度。我国宪法把民主集中制作为人民民主专政国家政权的组织原则和国家的根本领导制度确立下来。

（二）集体领导、个人分工负责与行政首长负责制

1. 集体领导与个人分工负责制的含义

（1）集体领导是集体决策、共同负责的制度，即对重大问题，由领导集团全体成员讨论，做出决策和决定，一经决定，必须共同遵守。

（2）个人分工负责制就是行政领导集团内各成员为执行集体领导的意志而密切配合，各司其职，各尽其责。

2. 集体领导与个人分工负责制的关系

集体领导和个人分工负责是辩证的统一，是不可偏废或分割的。集体领导是个人分工负责的前提，个人分工负责是集体领导的基础。集体领导的决策是个人分工负责的方向、目标，个人分工负责是集体领导意志实现的途径。离开集体领导的个人分工负责就是无政府主义和自由主义；离开个人分工负责的集体领导，只能是"清谈馆"。坚持集体领导与个人分工负责相结合，就要反对个人说了算和不敢负责的官僚主义倾向。

3. 行政首长负责制

行政首长负责制是相对于委员会制而言的，是民主集中制和集体领导与个人分工负责制相结合制度的一种具体形式。它是指重大事务在集体讨论的基础上由行政首长定夺，具体的日常行政事务由行政首长决定，行政首长独立承担行政责任的一种行政领导制度。

(三) 日常的具体行政领导制度

（1）处理行政领导者与行政活动参与者关系的制度。
（2）上下级行政领导者之间联系的制度。
（3）协调行政领导班子内部关系的制度。

四、行政领导的方法、方式与艺术

(一) 行政领导方法的含义

行政领导方法是指行政领导者在行政活动过程中，为实现行政领导目标而采取的各种手段、办法和程序的总和。行政领导方法可以分为两类：领导制度和领导方式、艺术。

(二) 根本的行政领导方法

（1）实事求是的方法。
（2）群众路线的方法。
（3）矛盾分析的方法。

(三) 行政领导方式

1. 行政领导方式的含义

行政领导方式是领导方法的一种表现，是在领导过程中领导者、被领导者及其作用对象相结合的形式。领导方式的中心问题是正确处理上下级关系。

2. 几种主要的领导方式

从行政领导的工作侧重点的角度进行划分，行政领导方式可划分为以事为中心式、以人为中心式、人事并重式；从行政领导者作用于行政人员的方式角度进行划分，行政领导方式可划分为强制式、说服式、激励式、示范式。

(四) 行政领导艺术

1. 行政领导艺术的含义与分类

行政领导艺术是行政领导者领导方法的个性化、艺术化,是行政领导者在工作中结合普遍经验和个人体会而形成的,它属于行政领导方法中创造性、随机性、权变性较强的部分。行政领导艺术的类型,从范围影响上进行区分,可划分为总体性、局部性、专业性的领导艺术;从领导事务的类别上进行区分,可划分为授权艺术、用人艺术、运时艺术、处事艺术。

2. 行政范围影响意义上的行政领导艺术

(1) 把握好总体性领导艺术。

(2) 专业性的领导艺术。

3. 行政领导事务类型上的领导艺术

(1) 授权艺术。

(2) 用人艺术。

(3) 处事艺术。

(4) 运时艺术。

五、行政领导者的素质及其结构优化

(一) 行政领导者的素质

1. 行政领导者素质的含义

所谓领导者素质有双重含义:首先是指构成领导者的各种内在要素,即使领导者之所以成为领导者的生理、心理、文化、思想、政治、道德等因素,以及由这些因素综合而形成的本质性能力,亦即领导能力;其次是指这些要素、能力的现实状态,即发展程度或实际水平。

2. 行政领导者素质的重要性

公共行政领域运作和发展的活力,归根结底取决于其工作人员,特别是公共行政部门领导者的素质。要建立办事高效、运转协调、行为规范的公共行政管理体系,完善国家公务员制度,建设高素质的专业化国家行政管理干部队伍,素质建设是其中的重要问题,领导者素质尤其是重中之重。一位领导者,特别是优秀的领导者应具备什么样的素质,如何据此去识别、选拔和培训领导者,包括领导者本人怎样据此有意识地发展自己,是素质理论的核心内容。

3. 行政领导者素质的特点

领导者素质具有时代性、层次性的突出特点。

(二) 行政领导者个人素质结构

(1) 政治素质。

(2) 知识素质。

(3) 能力素质。

(4) 心理素质。

(三) 行政领导班子素质结构及其优化

1. 合理的静态结构

行政领导班子是一个有机的整体，从静态意义上说，其素质结构包括四个方面：年龄结构、知识结构、智能结构、气质结构。

2. 合理的动态结构

领导班子的动态结构，是指在动态领导过程中，行政领导班子所形成的合力，包括合力关系和合力状态。

六、公共领导：行政领导的发展趋向

公共领导由"公共"和"领导"两部分构成。公共领导就是强调具有"公共性"的领导，具体而言，是指公共部门，特别是政府职能部门在公共管理过程中，为了实现公共利益，体现公共精神而进行的高层次管理活动。

(一) 公共领导是具有"公共"精神的领导

公共领导是为了实现公众利益而进行的社会活动，应成为组织本身与组织活动对象的公共性的领导和指引，即有公共精神的领导。这种公共精神不是虚幻的称谓，它表现为公共领导行为赖以实施的基本权力来源于公众，公共领导以实现组织的公共利益而不是以私利为宗旨，公共领导是公共部门的领导而不是私人部门的领导，等等。

(二) 公共领导是政治或政策型领导

从这一角度出发，公共领导又被看作是政治或政策领导。鲁克（Luke，1998年）认为：政策领导是一个在多样化的利益中间激发公共政策制定与实施的活动，具体地说，政策领导涉及这样一些活动：激发人们对于有问题环境的注意，进而在各种竞争的多样化的利益中间就恰当的政策解决方案达成共同的认识，并能在公共政策的实施中不断地维持该公共政策。

(三) 公共领导是战略型领导

公共管理特别是公共领导比一般领导更加具有前瞻性和宏观驾驭力，它是完成公共管理重大任务不可或缺的资源条件。公共领导战略涉及如何运用智慧和指挥能力来引导公共组织去实现既定方针或目标，如何制定并控制良好政策使其达到最佳效果。公共领导的战略管理区别于私人管理的战略性，这是由公共管理的本质特征决定的。一般而言，公私部门的管理在管理层面和执行层面上都大体相似，但在领导层面，由于公共管理是建立在公共权力强制力之上，它受政治权威和合法强制力的双重限制，所以公共领导的战略有独特内涵，如权力（利）的不可让与性、绩效测评的困难等特点。这显然是私人部门领导在进行战略管理时无须考虑的。

第二部分　相关知识拓展

行政领导涉及战略管理、政策管理和意识形态管理，而且，行政领导的战略管理区别于一般管理的战略管理。

和其他行政管理工具一样，公共部门的战略管理是源自私营部门的管理工具，而战略管理在公共部门的运用成为了公共管理区别于传统行政管理的典型特性，正如博兹曼和斯特斯曼所指出：第一，本书研究的内容是战略、外部环境的处理以及组织的广泛使命和目标。"公共管理"一词涉及的范围似乎比内部行政的范围更广泛。第二，公共管理不一定……只发生在组织机构内部。持有同样看法的欧文. E. 休斯也指出，公共管理对外部环境和管理策略的关注完全不同于行政管理对内部事务的关注。战略着重于"一种根本性的观点：即给组织以正确的定位，以面对未来日益增长的不确定性"。正是如此，战略管理适用于宏观层次，特别适用于公共管理所讨论的领导，战略管理是公共领导的核心内容。

通过对公共领导的进一步分析，可以看出公共领导中的战略管理区别于私人管理中的战略管理，两者之间的区别源自于公共管理与私人管理的区别。综合而言，有关"公共性"内涵的观点主要集中在以下几个方面：在伦理价值层面上，"公共性"必须体现公共部门的公正和正义；在公共权力的运用上，"公共性"要体现人民主权和政府行为的合法性；在公共部门的运作过程中，"公共性"体现为公开和参与；在利益争取上，"公共性"表明公共利益是公共部门一切活动的最终目的，必须克服私人或部门利益的缺陷；在理念表达上，"公共性"是一种理性与道德，它支撑公民社会及其公众舆论的监督作用。

总之，倾向于把"公共性"作为公共部门管理活动的最终价值观，在此之下，才有公正、公平、公开、平等、自由、民主、正义和责任等一系列的价值体系。公共性构成了公共管理与私人企业管理的区别，也是公共领导的主要特点。公共管理环境因素、交易因素、内部程序方面都与私人工商管理不同。

把私营部门的战略管理运用到公共管理学界是存在着争议的。奥尔森和伊迪列举了批评者意见，如"正式的战略计划过程被描述为比它的实际情况或所能做到的更具有逻辑性和分析性。……正式的战略计划过于呆板……正式的过程与创新性和革新相违背"。有些批评者还提出了公共管理目标设定的困难以及公共责任问题。上述这些批评有合理之处，公共管理确实不能照搬私营企业管理中的战略管理。因此，在公共领导问题上，对战略管理的运用更要结合公共领导的其他特性，特别是政治领导或政策领导。

对于公共管理中政治领导的讨论又回归到对政治—行政关系问题的争论中。在政治—行政问题上，我们无法摒弃公共管理的政治性。上文指出，公共管理是为了实现公共利益而对公共事务进行社会管理的活动过程。可见，公共管理本质上涉及公共利益，而对公共利益的讨论归根结底是政治或公共政策的范畴。甚至在公共管理的基层实践执行中，基层官僚的政治性仍然存在。因此，对公共领导的更为深入的探讨应该从政策领导入手，特别是分析在复杂不确定的环境中，公共领导如何做得更好。

第三部分 练习题及答案

练习题

一、单项选择题

1. 领导活动的主体是(   )。
   A. 被领导者　　　　　　B. 环境
   C. 领导者　　　　　　　D. 体制
2. 强制性领导方式经常采用的方式是(   )。
   A. 说服命令　　　　　　B. 激励命令
   C. 示范命令　　　　　　D. 强制命令
3. 行政领导者将已经确定的执行计划通过命令、引导、沟通、监督等方式，切实落实到执行实践中去，实现执行活动目标的过程是(   )。
   A. 指挥活动　　　　　　B. 沟通协调活动
   C. 监督活动　　　　　　D. 控制活动
4. 行政领导方式的中心问题是正确处理(   )。
   A. 人与环境之间的关系　　B. 领导班子内部与外部之间的关系
   C. 同级领导之间的关系　　D. 上下级之间的关系
5. 行政领导者应该具备迅速处理突发事件的能力，这种能力属于(   )。
   A. 决断的能力　　　　　B. 应变的能力
   C. 洞察的能力　　　　　D. 把握全局的能力
6. 某县税务局长违反规定指令下属滥收费，从行政领导者责任的角度看，该局长应承担(   )。
   A. 政治责任　　　　　　B. 行政道德责任
   C. 法律责任　　　　　　D. 玩忽职守责任
7. 在抗洪救灾斗争中许多行政领导者总是出现在最危险的地方，这属于(   )。
   A. 激励式领导方式　　　B. 强制式领导方式
   C. 示范式领导方式　　　D. 启发式领导方式

8. 美国学者罗伯特·卡茨提出的领导者必备的三种技能是(   )。
   A. 技术、人际和概念技能
   B. 授权、用人和处事技能
   C. 组织、宣传和决策技能
   D. 激励、沟通和协调技能
9. 领导者平时尊重工作人员的人格，注意积极的鼓励和奖赏，授予部属应有的权责，这种领导方式属于(   )。
   A. 以事为中心的领导方式   B. 以人为中心的领导方式
   C. 人事并重的领导方式   D. 放任自流的领导方式
10. 我国根本的行政领导制度是(   )。
    A. 民主制   B. 集中制
    C. 民主集中制   D. 行政首长负责制

二、多项选择题

1. 构成领导系统要素的有(   )。
   A. 领导者   B. 被领导者   C. 环境
   D. 利益   E. 法规
2. 行政领导的根本方式有(   )。
   A. 实事求是   B. 矛盾分析法
   C. 群众分析法   D. 强制方法
   E. 说服方法
3. 按行政领导者作用于下属的方式，行政领导方式具体有(   )。
   A. 强制式   B. 说服式
   C. 激励式   D. 示范式
   E. 重人式
4. 在管理方格理论中，介绍了几种典型的领导方式，分别是(   )。
   A. 贫乏性管理   B. 乡村俱乐部性管理
   C. 任务型管理   D. 团队型管理
   E. 中庸之道型管理
5. 领导权变理论认为，影响领导有效性的环境因素有(   )。
   A. 政治环境   B. 经济环境
   C. 领导者与被领导者关系   D. 职位权利
   E. 任务结构

6. 从行政领导工作侧重的角度划分，行政领导方式具体有(   )。
   A. 强制命令式   B. 激励示范式
   C. 以事为中心式   D. 以人为中心式
   E. 人事并重式
7. 我国行政领导制度包括(   )。
   A. 民主集中制
   B. 民主协商制
   C. 日常的具体行政领导制度
   D. 人事制度
   E. 集体领导与个人分工负责制
8. 按照行政领导事务类型分，领导艺术主要有(   )。
   A. 总体艺术   B. 授权艺术
   C. 用人艺术   D. 处事艺术
   E. 运时艺术
9. 行政领导者个人素质主要包括(   )。
   A. 政治素质   B. 知识素质
   C. 能力素质   D. 心理素质
   E. 创新素质
10. 行政领导班子素质的静态结构主要有(   )。
    A. 年龄结构   B. 知识结构
    C. 智能结构   D. 气质结构
    E. 性别结构

三、概念辨析题
1. 领导与管理。
2. 行政领导者职权与职位。
3. 行政领导者职位与责任。
4. 公共领导的战略管理与私人管理的战略管理。
5. 公共领导与公共管理。

四、简述题
1. 简述行政领导的含义与特点。
2. 简述集体领导与个人负责制的含义及其辩证关系。

3. 简述维护领导权威的原则。
4. 简述领导、管理专业化的意义。
5. 合理的行政领导群体结构应包括哪几个方面。

五、论述题
1. 试述行政领导者职位、职权、职责三者的统一及其意义。
2. 论述公共领导的内容

练习题答案

一、单项选择题

1. C   2. D   3. A   4. D   5. B
6. C   7. C   8. A   9. B   10. B

二、多项选择题

1. ABC   2. ABC   3. ABCD   4. ABCDE   5. CDE
6. CDE   7. ACE   8. BCDE   9. ABCD   10. ABCD

三、概念辨析题

1. 参考答案：在广义或外延层次上二者具有相等性。广义的领导包括决策及其实施的领导；广义的管理存在包括决策执行与决策制定，这里的广义"领导"与广义的"管理"是一回事。换言之，在广义层面上作比较，领导与管理是等同的。

在狭义上两者具有本质差异性。领导是高层次的管理。高层次的管理是宏观管理，也可称为战略管理。主要处理带有方针性、原则性的重大问题，独立性较强，因此，我们把高层次的管理称为领导。

2. 参考答案：行政领导者的职位指国家权力机关或国家人事行政部门根据法律、法规，按规范化程序选择或任命行政领导者担任的职务并赋予其应履行的责任的统一体。行政领导者职权是由法律规定与职位相当的行政权力。职位是以"事"为中心确立的，其设置有数量规定。职权是行政领导者发挥作用的实质条件，同时意味着责任。职权与职位密切联系在一起，并具有对称关系。

3. 参考答案：职务和责任是构成行政领导者职位的两个不可缺少的要素。只有担任了某一职务，才负有与其相应的指挥与统御权；担任某一行政领导职务就意味着必然要承担相应的领导责任。①行政领导者的职位指国家权力机关或国家人事行政部门根据法律、法规，按规范化程序选择或任命行政领导者担任的职务并赋予其应履行的责任的统一体。②行政领导者的责任是指行政领导者违反法定的义务所引起的必须承担的法律后果。行政领导者的责任有多方面的内容，主要由政治、工作、法律三个层面构成。可见，职位与责任两者密不可分，职位包含了责任，责任的履行则是职位的具体体现。

4. 参考答案：一般而言，公私部门的管理在管理层面和执行层面上都大体相似，但在领导层面，由于公共管理是建立在公共权力强制力之上，它受政治权威和合法强制力的双重限制，所以公共领导的战略管理有其独特内涵，如权力（利）的不可让与性、绩效测评的困难等特点。这显然是私人部门领导在进行战略管理时无须考虑的。

5. 参考答案：公共管理是公共组织以实现公共利益为根本目的，运用公共权力对社会事务进行管理的社会管理活动。公共领导由"公共"和"领导"两部分构成。公共领导就是强调具有"公共性"的领导，具体而言，是指公共部门特别是政府职能部门在公共管理过程中，为了实现公共利益，体现公共精神而进行的高层次管理活动。

公共领导与公共管理有所区别，也有所联系。首先，公共领导是高层的公共管理，它与决策、政治的联系更多，因此公共管理不仅要讲效率，更要讲政治。公共领导是高层次的领导，表明公共领导区别于一般管理的领导，又区别于公共管理的执行层面和具体操作层面。其次，公共管理是公共领导的基础与依托。公共领导是公共管理系统中的有机组成部门，并非独立于公共管理，公共领导是公共管理的核心与灵魂，起到统筹全局的作用，把握方向的作用。并且，公共管理是公共领导实现其目标的途径，公共领导的目标、规划要通过具体的公共管理活动来实现。

四、简述题

1. 参考答案：行政领导是指在行政组织中，经选举或任命拥有法定权威的领导者依法行使权力，为实现行政管理目标所进行的组织、决策、指挥、控制等活动的总称。

特点：

（1）行政领导发生在行政管理活动中。在特定的行政环境约束下，为实现行政目标，行政领导者依据法律，对纳入行政活动的被领导者进行指挥与统御，从而保证国家政策目标得以顺利实现。

(2) 执行性。执行性是行政领导的重要特征。

(3) 政治性。从行政领导活动的社会属性来看，行政领导具有鲜明的政治性。

2. 参考答案：

(1) 集体领导和个人分工负责相结合是我国行政组织普遍实行的一种领导制度。集体领导是集体决策共同负责的制度，即对重大问题，由领导集团全体成员讨论，作出决策和决定。分工负责制就是领导集团内各成员为执行集体领导的意志而密切配合，各司其职，各尽其责。

(2) 两者为辩证统一关系。集体领导是个人分工负责的前提，个人分工负责是集体领导的基础。集体领导的决策是个人分工负责的方向、目标，个人分工负责是集体领导意志实现的途径。离开集体领导的个人分工负责是无政府主义和自由主义；离开个人分工负责的集体领导，只能是"清谈馆"。

(3) 坚持集体领导与个人分工负责相结合，要反对个人说了算和不敢负责的官僚主义倾向。

3. 参考答案：

(1) 维护行政领导权威，首先取决于党中央和国务院的权威。

(2) 维护行政领导的权威，必须加强组织纪律建设，形成下级服从上级、全党及地方政府服从中央的高效领导体制。

(3) 维护行政领导权威，必须在各层领导集体内加强团结、密切配合并形成坚强领导核心。

(4) 维护行政领导的权威必须与维护国家法律的权威统一。

(5) 维护行政领导的权威必须建立科学有序的权力分配体系，做到合理放权。

4. 参考答案：

(1) 在领导、管理工作实际方面，准确认识专业化的意义在于：第一，是领导、管理工作健康发展的需要。第二，纠正被扭曲的领导、管理工作专业化标准，是科学选才用人的需要。第三，有利于提升领导、管理者的专业素质。

(2) 在理论方面，准确认识领导、管理工作专业化有利于领导、管理学科的建设和发展。

5. 参考答案：合理的行政领导群体结构包括合理的静态结构与合理

的动态结构。在合理的静态结构中，行政领导者素质结构包括四个方面：

（1）年龄结构。是根据不同领导层次，由老年、中年和青年干部按合理的比例构成的综合体。

（2）知识结构。是指领导班子应有较高文化知识水平，强调各类人才的合理搭配，只有将各种"专才"很好地组合，构成整体的"全才"或"通才"，才能胜任综合而复杂的行政领导工作。

（3）智能结构。是指领导班子成员不同智能的合理构成。

（4）气质结构。是指行政领导班子成员在不同气质类型方面的合理构成。在动态结构上，领导班子的动态结构指在动态领导过程中，行政领导班子所形成的合力，包括合力关系和合力状态。

五、论述题

1. 参考答案：

（1）职位是人事行政部门根据有关法律或规定，按程序选举或任命行政领导者担任的职务。职权是行政领导者担任一定职位而获得的有法律效力的权力。责任是行政领导者基于职权在行政上应负有之责任。它包括政治、工作、法律三方面的责任。

（2）职位、职权和责任三者是紧密联系、互相统一的。职位是行政领导者获得权、责的依据；职权由职位派生出来，职权必须与职位相称。职位、职权与责任又是密切联系的，职位越高，职权越大，责任就越重。

（3）强调职位、职权、责任三者统一的重要意义，可更好地履行职权，负起责任。

2. 参考答案：公共领导由"公共"和"领导"两部分构成。公共领导就是强调具有"公共性"的领导，具体而言，是指公共部门，特别是政府职能部门在公共管理过程中，为了实现公共利益，体现公共精神而进行的高层次管理活动。

第一，公共领导是具有"公共"精神的领导。对公共管理来说，公共领导是为了实现公众利益而进行的社会活动，应成为组织本身与组织活动对象的公共性的领导和指引，即有公共精神的领导。这种公共精神不是虚幻的称谓，它表现为公共领导行为赖以实施的基本权力来源于公众，公共领导以实现组织的公共利益而不是以私利为宗旨，公共领导是公共部门的领导而不是私人部门的领导等等。

第二，公共领导是政治或政策型领导。

第三，公共领导是战略型领导。公共领导比一般领导更加具有宏观性、驾驭性，涉及到如何运用智慧和指挥能力去引导公共组织实现既定目标。

第四，公共领导更加关注组织的外部管理而不是内部管理。由于公共管理的社会性，公共领导更加关注组织内外的变化，关注和解决更为宽阔的外部世界的问题。

第四部分 案例分析

【案例一】 重庆官员问责制

一、背景

责任政府作为现代民主政治的产物，意味着政府及其工作人员对于其承担的任务必须履行一定的职能和义务，并对其行为负责，没有履行或不适当履行其应当履行的职能和义务就是失职，必须为由此而引起的不利后果承担相应的责任。可以说，一个政府只有充分保障社会公共利益，积极回应社会公众的要求并采取有效措施加以实现，即真正履行其职责时才是合乎理性的。特别是随着我国行政改革的深入和服务型政府、责任型政府建设的推进，公民导向的观念逐步深入，行政官员必须对公民负责，对所制定和执行的政策负责已成为政府治理的基本观念。

二、内容

从2003年下半年开始，全国各地陆续出台了各种各样的《行政问责暂行办法》、《行政过错追究暂行办法》。2004年4月，中央又批准实施了《党政领导干部辞职暂行规定》，对"因公辞职"、"自愿辞职"、"引咎辞职"、"责令辞职"作了严格规定。

重庆市政府常务会议通过了《重庆市政府部门行政首长问责暂行办法》。这一《暂行办法》通过18种问责情形和7种追究责任，对行政首长追究其不履行法定职责的责任，小到诫勉、批评，大至停职反省、劝其辞职。问责的情形主要包括5种：效能低下，执行不力；责任意识淡薄；

违反法定程序，盲目决策；不依法行政或治政不严，监督不力；在商务活动中损害政府形象或造成重大经济损失的。

"官员问责"制给中国 4000 多万名各级干部的仕途平添了风险，使为官变成了一种风险职业。

三、分析

官员问责制是对行政领导者责任的规定，行政领导者的责任主要有三个方面：政治责任、工作责任和法律责任。行政领导者的工作责任是指行政领导者自己的岗位责任即行政领导者担任某一职务所应承担的义务和应尽的责任。政治责任即领导责任，是指行政领导者因违反特定的政治义务或没有做好分内之事而导致的政治上的否定性后果，以及所应受到的谴责和制裁。法律责任是指行政领导者在行政管理活动过程中因违反法律规范所应承担的法律后果或应负的责任。

在案例中，问责的内容主要是行政官员工作效率、工作方式上的问责。重庆官员问责制通过制定相关规定，将行政问责制制度化、规范化。问责制要求建立严密的责任追究体制，既要落实行政首长负责制以明确其领导责任，又要各司其职、各有其权、各负其责；要完善决策失误责任追究、行政执法过错责任追究、监督失察责任追究等制度，切实做到行政权力与责任紧密挂钩、与利益脱钩。

对行政官员进行问责，有利于增强官员的责任心；促进干部作风转变；促进政府依法行政；打破干部"能上不能下"的陋习；有利于整肃吏治。

行政问责制的建立最终目的是建立责任政府，政府的权力是人民赋予的，必须对人民负责，接受人民监督。对行政官员进行问责，政府同样要接受责任的约束。

四、结论

行政领导是职权与职责的统一，没有责任监督的权力就失去了约束。我国行政改革的目标之一是建立责任型政府，责任型政府是对政府权力归属的回归，政府权力来自人民，必须对人民负责，受人民监督。建立以行政领导为主的问责制度，将行政官员对人民负责这一思想落到实处。

【案例二】 行政领导决策盲目性导致的后果

一、背景

行政领导者被赋予了职位，因而具有了相应的权力。行政领导者为实现行政管理目标而进行的组织、决策、指挥、控制等活动，其领导活动具有权威性，领导决策影响到公共利益。近些年来，有的地方时有因决策失误给当地经济文化发展造成损失的教训：明明属于贫困县，却要打造"天字号工程"，追求"世界最大"；明明没必要修建机场，硬是花巨资倾力兴建，结果每年亏损数千万元；明明文物保护专家和广大市民极力反对，却置若罔闻，打着"旧城改造"的名义拆毁古城搞商品房开发；等等。政府决策失误给地方发展造成的巨大损失，特别是在决策"科学化、民主化"已成为普遍原则的今天，出现重大"决策失误"，理应引起高度重视并受重处。

二、内容

《新京报》消息：出席"两会"的一些人大代表和政协委员认为，目前全国各地竞相上马轿车整车项目，掀起了一场风起云涌的"造车运动"，是盲目投资、低水平重复建设的一个典型，国家应该采取措施，坚决予以遏制。据国家统计局的统计表明，轿车整车厂家中，年产量超过10万辆的只有8家。全国120多家整车生产企业，1/3产量不足千辆，甚至不少企业为零。

国内汽车业在轿车领域的竞争已经十分激烈，盲目上马可能导致血本无归，这样一个事实本来就不应当竞相投资。但前景不妙却阻挡不住决策者的决心，可能在较大程度上也与当前的经济工作决策机制有关。本来经济项目的决策角色应当由企业家来承担，或者应当多听取企业家、经济学家的意见。但不少领导干部总是习惯于想当然，喜好自作主张，盲目拍板。

盲目决策与投资造成损失不会像贪污、受贿那样被视为是犯罪，甚至还不会被视为是错误，而至多只是一种"失误"，因而决策者不会因此而受到什么追究。这就为一些领导干部在决策上"有恃无恐"打开了"放心之门"。而如果"碰巧"决策正确呢，决策者的个人政绩簿上就又多了"浓墨重彩的一笔"。在这样一种追究与奖赏不对等情形下，一些领导干部在决策上的"冒险"意识就被激发起来了。冒的是政府与百姓而非自己个人的险,正是一些领导干部敢于在决策上"挺而走险",拥有极强"心理承受力"的缘由所在。

三、分析

行政领导是政府公共管理中的指挥和统领,行政领导者所作的决策具有全局性、战略性,对公共利益的影响极大,因此要完善行政领导决策科学化、民主化,首先要建立以行政领导为重点的行政问责制,其次要完善公共决策机制。

行政领导者的责任有多方面的内容,主要由政治、工作、法律三个层面构成。领导干部要正确对待人民给予的权力,认清权力与责任的有机融合和相互制约,尤其要重视责任对于权力的影响和制约,认真履行自己的责任,对关系党和人民群众利益特别是关系到人民群众生命财产安危的事情,必须极端负责,极端认真,一丝不苟,精益求精,不能有半点的马虎和敷衍。但是,领导责任不是一句空话,不能成为搪塞责任、逃避处罚的挡箭牌。而一旦出了问题,依法依纪追究起来,有些领导往往拿出"集体决定"、"不是自己直接负责"等种种借口推卸责任。领导不负责任、出了问题推卸责任的不良习气,不仅不利于做好工作,而且还会引起人民群众的强烈不满。

在该案例中,各地政府行政领导不顾地方的实际情况,"非理性决策",对地方经济造成了严重后果,对行政领导的决策失误,不能仅仅是伦理上的责备,而要采用行政问责制,对行政领导的决策进行监督,才能避免行政决策的盲目性。同时,在进行公共决策时,要严格按照行政决策科学化、民主化的原则进行。对政府所要展开的公共项目,要引入项目可行性论证,引入公民听证会,对重大的公共项目进行事前审查。同时建立决策责任制度,并依法对公共决策监督。通过完善公共决策制度有利于化解决策风险,并制止行政领导者的"非理性决策"。

四、结论

党的十七大报告指出要加快行政管理体制改革,必须做到权责一致。有权必有责,决策失误就应当由相关责任人承担起相应责任。当然,任何决策都有风险,不能要求所有决策万无一失。我们反对的是盲目决策、轻率决策、武断决策、不负责任决策。事实上,只要善于广泛听取群众意见,自觉接受种种监督,严格履行决策程序,很多失误是完全可以避免的。

第六章 人事行政

第一部分 知识点阐述

一、人事管理、人事行政和人力资源管理

(一) 人事管理

所谓人事管理,是指组织运用一定的手段和方法,有效地把人的因素与物的因素合理地组合在一起,从而发挥出他们各自的作用,实现组织的管理目标。它既指的是一种管理实践活动,即如何让人做事和事得其人,所谓人事两宜或适人适事;又指的是一门科学,即研究人事管理活动的科学。

人事管理的出现是资本主义发展到一定历史阶段的产物,是现代化的机器大生产的必然结果。现代化大生产所造成的高度专业化分工使招聘、培训、责任分工和工资制度设计等工作需要拥有专门知识和技术的人员才能胜任。泰勒、法约尔和韦伯的古典管理理论,梅奥的人际关系理论和马斯洛等的行为主义理论都对人事管理科学的产生和发展起到了重要的作用。

人事管理的职能主要包括招聘、调配、培训、考核、薪酬管理、劳动关系管理等方面。

(二) 人事行政

人事管理是对社会各类组织的人事职能实施管理的统称。事实上,社会上存在不同类型的组织,也存在不同的分类办法,其中被人们最广泛接受的分类是把组织分为公共部门组织和私营部门组织。而公共部门人事管

理中政府机关（行政机关）的人事管理，一般就被人们称为人事行政。与其他领域的人事管理特别是企业的人事管理比较起来，人事行政具有自己的特点：管理对象不同、管理权来源不同、权威性不同、性质不同、复杂性不同、法律规范程度不同。

（三）人力资源管理

人事管理这门学科是随着时间的推移而不断变化和发展的，从过去的劳动管理，到现代的人事管理，再到当代的人力资源管理，是这一变化的总体轨迹。人力资源管理的出现是与第二次世界大战以后经济增长方式的转型和社会形态的变化以及由此出现的新的理论的必然结果。第二次世界大战以后，发达国家总体上而言经济增长方式实现了从传统的粗放型向集约型的转变，从而使人类自身所蕴含的资源特性所具有的能量越来越被人们所发现，人力资源是第一资源这一对人自身价值的认识得以确立，在此基础上诞生了人力资本理论。其代表人物是美国经济学家西奥多·舒尔茨和加里·贝克尔等。人力资本理论使人力资源管理建立在更加坚实的基础上，而具有了强大的实证解释力。

促使传统的人事管理向人力资源管理过渡的另一动力是社会形态的发展，即20世纪60年代开始的信息化浪潮。传统的人事管理与倡导标准化的工业社会相适应，它重物不重人，实行命令式管理，人员没有自主权。而信息时代是个性化的社会，人们渴望拥有更多的自主权、高质量的产品和服务、个性化的选择空间。这一切要求我们的管理更多地依靠说服和激励而不是命令，给予人们更多的自主权而不是简单的服从，还要求简化工作流程以增强组织对社会的反应力。

所谓人力资源管理是指对人力资源进行有效开发、合理配置、充分利用和科学管理等活动的总和。人力资源管理与人事管理两个概念并没有截然分开的界限，在实践中两者之间常常替换使用，无论在管理体制、管理功能、管理原理和方法等方面，两者都有许多共通之处。但两者之间仍然存在一定的差别，包括：①工作性质和地位不同；②内容不同；③传统的人事管理以物为中心，而人力资源管理则强调以人为中心；④传统的人事管理的职责主要由人事部门承担，造成管人与管事的脱节，而人力资源管理则强调各部门主管承担人力资源管理的主要责任，实现管人与管事的合理统一；⑤管理方式和手段不同。

二、国家公务员制度

(一) 西方国家公务员制度

在西方国家,政府人事管理领域的典型制度是公务员制度。西方国家通常把通过非选举程序产生而被任命担任政府职务的国家工作人员称为公务员,管理这类人员的制度被称为公务员制度(又称为文官制度)。

西方国家的公务员制度是资本主义发展到一定阶段的产物,它源于中国古代科举制度,始于英国的文官制度。它的确立和发展存在两种不同的类型:一类是英美类型,是在同恩赐官爵制和政党分赃制的斗争过程中确立的;另一类是德、法、日等国,主要是在原有的帝国官僚制和封建制的基础上演变而来。

西方各国的公务员制度主要有以下一些特点:①严格区分政务官与事务官;②强调政治中立;③公开考试,择优录用;④实行功绩制原则;⑤强调官风官纪和职业道德,重视公务员队伍的廉洁。

(二) 中国公务员制度

我国的公务员制度是在改革传统的干部人事制度和借鉴西方国家的公务员制度的经验的基础上,适应经济体制改革和政治体制改革的需要而逐渐建立和完善起来的。1987年10月,党的十三大正式提出了建立国家公务员制度的目标。1993年8月14日,《国家公务员暂行条例》颁布,并于1993年10月1日起生效,我国的公务员制度进入正式实施阶段。2005年4月27日,第十届全国人大常委会第十五次会议审议通过了《中华人民共和国公务员法》,该法于2006年1月1日起生效实施。《中华人民共和国公务员法》是我国第一部属于干部人事制度管理总章程性质的法律,是我国50多年来干部人事管理工作历史上的一个重要里程碑,对于贯彻依法治国方略和推进社会主义民主政治建设都具有重要的意义。

我国公务员制度的特点包括:

(1) 不搞政治中立。

(2) 分类管理与统一领导相结合。

(3) 我国公务员是指"依法履行公职、纳入国家行政编制、由国家财政负担工资福利的工作人员"。根据这一规定,我国的公务员不仅包括行政机关的工作人员，而且还包括中国共产党机关、人大机关、政协机关、审判机关、检察机关和民主党派机关的工作人员，这一范围界定体现了我国现行政治制度的基本特点。

（4）在我国，公务员的根本宗旨是为人民服务。我国公务员没有、国家也不允许其为了自身的利益形成所谓的"利益集团"。

《中华人民共和国公务员法》内容丰富，涉及到中国公务员制度的主要方面。其内容包括：公务员的义务与权利；职位分类；公务员录用；考核、奖励、纪律与惩戒；职务任免与升降；培训、交流与回避；工资、保险与福利；公务员辞职辞退、退休与申诉控告；职位聘任。

三、当代人事行政的变革

（一）当代西方国家人事行政的变革

从20世纪70年代末80年代初开始，西方国家掀起了一场规模浩大的政府改革运动，又称为新公共管理运动，其基本精神就是借鉴工商企业和市场化方法，有人甚至提出建立"企业家政府"。在这场运动中，政府人事管理也发生了很大的变化，现代意义的人力资源管理模式逐渐被引入到政府部门：①政治中立原则的动摇；②弹性化的任用制度；③谈判工资制；④绩效管理和绩效工资出现；⑤放松规制；⑥注重人力资源开发。

（二）中国人事行政的变革

中国人事行政的改革实践可以说与当代西方的改革在某种程度上具有殊途同归的性质，其基本趋势也是借鉴市场化方法和当代人力资源管理的原理和技术，近年来这种趋势更为明显：①政府雇员制；②竞争上岗和公开选拔领导干部；③绩效考核创新；④大力进行人力资源开发。

第二部分 相关知识拓展

人事行政的核心问题是"人"的问题，即如何管理人的问题，为此，必须对人的内在需求进行深入的了解，才能使管理行为具有针对性，本部分中的第一个材料从 5 个方面阐述了人的需要，阅读它可以帮助我们更好地理解人。人事行政除涉及"人"的问题外，还涉及"事"的问题，而"事"是与岗位联系在一起的。因此，科学的人事行政必须做到人事两宜。

材料二中的彼得原理却告诉我们现实生活中往往出现人与事之间的脱节，值得我们深思。

而材料三则显示不同官僚等级中人的因素的功能的差别，即不同层级之间的人事会存在较大的差别。20 世纪末，西方国家掀起了一场声势浩大的政府改革运动，又称为新公共管理运动，它对传统人事行政的价值产生巨大的冲突。

材料四对新公共管理运动前后的价值进行了概括和分析。

材料五则告诉我们传统人事行政的弊端，说明了变革的必要性。

社会科学家并不否认当今工业组织中人的行为同管理人员的设想大致相同。事实上，社会科学家已看到了并相当广泛地对它进行了研究。但是，他们相当肯定地认为，这种行为不是人的本性的后果；而是工业组织的性质、管理哲学、政策和措施的后果。传统的 X 理论的做法是以错误的因果概念为依据的。

一、需要层次理论[①]

（一）生理需要

人是一种不断地有需要的动物——一旦他的某种需要得到满足时，另一种需要就起而代之。这是个永远没有终结的过程，从人的出生持续到死亡。

人的各种需要是按一系列等级组织起来的——一种按其重要性排列的等级制度。在最低等级的是生理上的需要。但当它没有得到满足时，却极为重要。当人没有面包时，面包就是他生活的一切。除非情况特殊，当他肚子空的时候，他对爱情、地位、得到承认的需要都不起作用。但是，当他定期地得到足够的东西吃时，饥饿就不再成为一种重要的动力。人的其他需要——休息、锻炼、住房、免受自然力的伤害——也是这样。

[①] 节选自道格拉斯. M. 麦格雷戈：《企业中人的方面》，载孙耀君主编：《西方管理学名著提要》，江西人民出版社 1995 年版。

一种已经得到满足的需要不再是行为的一种激励因素。这是一种经常被传说的对人进行管理的做法所忽视的有深刻意义的事实。想一想你自己对空气的需要，除非你缺乏空气，它对你的行为不会有明显的激励影响。

（二）安全需要

当生理的需要得到合理的满足以后，下一个等级较高的需要就开始控制人的行为——激励他。这叫做安全的需要。它们是要求得到免遭危害、威胁、剥夺的保障的需要。有的人错误地把它们看成是保障的需要。但是，除非人处于一种害怕遭到横蛮剥夺的从属地位中，他并不需要保障。这是一种对"尽可能最公正的机会"的需要。当他确信有此机会时，他是很愿去冒险的。但是，当他感受威胁或处于附属地位时，他的最大需要就是得到保障、保护和保卫。

由于工业中的每一个雇员都处于一种附属地位，所以安全的需要具有相当的重要性。这一事实无需予以着重指出。专横的管理行动，使人对继续受雇没有把握或反映着偏爱和歧视的行为，难以预料的管理政策——这些在雇佣关系的每一层次（从工人到副总经理）都可能成为对安全的需要的有力的激励因素。

（三）社会需要

当人的生理的需要得到满足以后而不再为其物质福利担心时，他们的社会需要就成为他们的行为的重要激励因素——这些是归属的需要、交际的需要、被他的同伴接受的需要、给予和接受友谊和爱情的需要。

管理人员目前知道这些需要的存在，但常常极为错误地认为它们是对组织的一种威胁。许多研究报告都证明，在合适的条件下，组织严密的、内聚力强的工作组织能够远较同等数量的单独的个人更为有效地实现组织目标。

但是，管理人员由于担心团体敌视管理目标，常常采取很多手段和采用妨碍自然的"合群性"的方式来控制和指挥人的努力。当人的社会需要——也许还有他的安全需要——这样受到阻碍时，他就会用一种有损于组织目标的方式来行事。他成为抵制的、敌对的、不合作的。但是，这种行为是一种结果，而不是原因。

(四) 自我的需要

在较低级的各种需要合理地得到满足以前，社会需要是不会成为激励因素的。而超过社会需要的则是对管理人员和职工本人都有极大重要意义的需要，即自我的需要。它们有两种：

(1) 与一个人的自尊有关的需要——自给、独立、取得成就、追求能力、追求知识的需要。

(2) 与一个人的名誉有关的需要——对地位、得到别人的承认、得到别人了解、得到同伴们应有的尊重的需要。

同较低级的各种需要不同，这些需要很少能够得到充分的满足。当人们一旦感到这些需要的重要性以后，他就无限制地追求更多地满足这些需要。但是，在生理需要、安全需要、社会需要全都合理地得到满足以前，它们并不具有重要意义。

典型的工业组织很少为处于等级制度中较低阶层的人提供满足这些自我需要的机会。传统的对工作进行组织的方法，特别是在进行大规模生产和工业中，很少注意人的激励的这些方面。如果科学管理措施有意识地要阻碍这些需要的满足，它也不能比它现在所做到的更好地实现这一目的。

(五) 自我实现的需要

最后，可以说在人的需要的等级制度中处于顶端的是可以称之为自我实现的需要。这些是实现自己的潜在能力的需要、持续的自我发展的需要、在最广泛的意义上具有创造性的需要。

显然，现代生活条件使得这类需要只有极少机会以较弱的方式表现出来。绝大多数人的其他较低级的需要未能得到满足，使得他们把精力用于为满足那些需要而努力，自我实现的需要则处于休眠状态。

1. 管理和激励

当一个人严重缺乏食物时，我们很快会认识到那会使他生病。生理的需要得不到满足会在行为上表现出后果。较高级的需要得不到满足，也会产生同样的后果——虽然较少为人注意到。在安全、交际、独立或地位等方面的需要得不到满足的人，也是一种病人，正像得软骨病的人是病人一样。他的病态也会在行动上表现出后果。如果我们把他由此而形成的消极行为、被动和敌对态度、拒绝承担责任等归结为是他天生的"人的本性"，那就错了。这些行为方式是病态——他的社会和自我需要未得到满足的——症状。

对于较低等级的需要已得到满足的人，已不能用满足这些需要来加以激励。这些需要已不再有什么实际激励作用。管理人员常常问："人们为什么不能生产得更多些呢？我们付给高工资，提供良好的工作条件，优厚的福利待遇和稳定的工作，但人们似乎只想尽可能地少工作一些，而不愿多干一点。"

2．"胡萝卜加大棒"的做法

胡萝卜加大棒的激励理论在一定的环境中能够合理发挥作用（正好像牛顿的物理理论一样）。管理人员可以提供或不提供用以满足人的生理需要以及（在一定程度上）安全的需要的各种手段。雇佣与否本身就是这样一种手段。工资、工作条件、福利也是这样的手段。当个人在为其生存而奋斗的情况下，能够通过这些手段对之进行控制。

但是，当人一旦已经达到了相当的生活水平而主要由较高级需要来激励时，胡萝卜加大棒理论就完全不起作用了。管理人员不能给一个人提供自尊，同样对他的尊重或满足其自我实现的需要。他们只能创造出一些条件来鼓励他并使他便于为自己寻求这些满足，也可以用不提供这些条件来使他不能得到满足。

但是，这种条件的创造却并不是"控制"。控制不是对行为进行引导的好办法。这样，管理人员就发现自己处于一种奇特的处境。我们现在的专门技术知识所创造的高度生活水平，使得生理的需要和安全的需要得到了较好的满足。唯一的重要例外是，管理措施没有造成一种对"公正机会"的信心——因而使安全的需要未能得到满足。但是，管理人员由于使得职工的较低级需要得到了满足，就使得自己再也不能应用传统理论所讲的各种方法——报酬、语言、刺激、威胁或其他强迫手段——作为激励因素。

指挥和控制的管理哲学——不论它是严厉的或温和的——已不适合于作激励之用。因为管理哲学所依据的人的需要目前已不是重要的行为激励因素。对那些以社会需要和自我需要为重要需要的人来说，指挥和控制基本上不起激励作用。严厉态度和温和态度目前都不起作用了。因为它们根本不适应目前的情况。

那些在工作中没有机会满足目前对他们已成为重要需要的人，他们的所作所为正如我们预料的那样——懒惰、消极、反对变革、不负责任、易于受人煽动、对经济利益提出不合理的要求。我们似乎陷入了我们自己编织的罗网之中。

二、彼得原理[①]

彼得原理是理解任何等级制度的关键，因此，也是理解整个文明结构的关键。一些行为古怪的人试图避免与等级制度牵连在一起，但是，企业、工业、工联主义、政治、政府武装部队、宗教和教育等方面的任何人都和等级制度有牵连。他们所有的人都受彼得原理的支配。

无疑，他们中的许多人在从一个有能力胜任工作的等级转移到一个有能力胜任工作的较高的等级时，会获得一两次晋升机会。但是，胜任新晋升的职位使他们有资格进一步获得晋升。对于你，对于我，或对于每一个人来说，最终会从一个有能力胜任工作的等级晋升到一个不能胜任工作的等级上。引人注意的升华现象（一般被人们称为"明升暗降"）和"横向伸展"现象并非像偶然的观察者所想象的那样是彼得原理的例外。它们只是一种虚假的晋升……。

当然，人们极少能够发现这样一种等级制度，其所有雇员都已达到不胜任工作的等级。在大多数情况下，人们所做的某些事情是为了促进等级制度存在的显而易见的目的。

许多工作是由那些至今还没有达到其不胜任的等级的雇员来完成的。

三、官僚等级层次中个人关系性质的差异[②]

虽然大多数社会学家相信官僚组织是被次级关系支配的，我们仍然相信官员之间的个人关系倾向于不断深化和紧密化，包括他们接近或进入官僚等级组织的高层时。出现这种转变的原因如下：

第一，官员越是接近等级制的顶层，他对重要政策的直接影响就越大而且越明显。影响重要政策的渴望，对许多官员而言是一种强大的动力。因此，增加自身对政策影响力的可能性的需要，促使官员加大努力的力度，从而使官僚组织对其生活的影响增强。

---

① 节选自劳伦斯．J．彼得和雷蒙德·赫尔：《彼得原理》，载彭和平、竹立家等编译：《国外公共行政理论精选》，中共中央党校出版社1997年版。
② 节选自安东尼·唐斯著：《官僚制内幕》，中国人民大学出版社2006年版。

第二，已经处于等级组织上层的官员，通常会把官僚组织的工作看作是他整个计划中特别重要的事情。忠诚于官僚组织的官员，常常把制定重要的关键性的政策委托给那些他们认为值得信任的人。这意味着他们只会提升对官僚组织工作有强烈兴趣的下属（或外部人员）。

　　第三，官僚组织中的许多高层决策不受现有规则的限制。这些决策包括大规模的政策、规则的变化、高层人事问题以及官僚组织主要目标的转变。因此，组织高层工作需要大量的个人判断、个人经验、与其他官僚组织和外部机构交涉的艺术。这些决策常常对官僚组织的运作和未来产生深远影响。因此，与低层决策相比，高层决策需要个体更加全面和更加深入地参与官僚组织的事务。

　　第四，与低层官员相比，高层官员的工作量比较大。这种现象之所以发生，是因为上层职位管理的范围比较大，并且在位者发现下级官员会把重大的决策任务向上级传送。即使上层官员向其下属大量授权，除非进行强烈的抵制，组织工作就会对其产生重要影响。

　　第五，官员通常需要一定数量的直接下属的忠诚。这种需要对官僚组织的高层官员更强烈。决策者与他人密切协调的能力，是上层官员的一项重要能力，因为正如上面提到的那样，此类能力是非程序化的。这些因素使个人关系在上层工作中发挥着重要的作用。

　　大量的实践经验证明了这一点。众所周知，在官僚组织和公司中的高层官员或行政总裁倾向于非常努力地工作。事实上，对大型组织负责的人常常发现他们的所有生活都由那些组织所支配。

　　这些结论对我们的理论构建是非常重要的，原因有两个：一是它们表明在官僚组织中不是所有的程序都是严格的非人格化，在组织高层更是如此。二是它们表明高层官员之间的目标一致的程度可能会比那些低层官员之间的目标一致更加深刻（即扩展目标层次），也更加强烈（在任何层次上）。这意味着高层需要特别的雇用、教化，甚至需要更多的意识形态教育。

四、公共人事管理的价值[①]

　　公共人事管理的四个传统价值：政治回应性、组织效率、个人权利和

[①] 节选自罗纳德·克林格勒、约翰·纳尔班迪著：《公共部门人力资源管理：系统与战略》，中国人民大学出版社2001年版。

社会公平。

政治回应是这样一种理念：政府能够积极反应并回答通过民选官员表达出来的公民意志。对民选官员的忠诚通过任命过程得到最好的证明。在任命过程中，政治忠诚以及教育和资历被看作是衡量其功绩的标准。通常，为了推进政府组织的回应性，甄补众多公共职位的任务，就成为有权威的民选官员的一种特权。

组织效率（效能）表现了在任何管理过程中产出与投入比率力图达到最大化的期望。这一价值被"花钱获得最大效果"的思想所统治。在人事领域，效率意味着有效地作出人事雇用、工作再分配和人事晋升等政策决定，而这一过程应该建立在工作申请者或雇员是否拥有相应的知识、技能和能力的基础上。功绩制传统上就是通过知识、技能和能力三项标准来界定的，它倡导雇员的业绩导向而不是政治忠诚导向。

个人权利强调公民个人免受政府官员不公正行为的侵害，它受到了美国权利法案以及宪法第14条修正案的保护。除了这些法律保护外，公共雇员的权利还可以通过工作安全和正当程度（公务员制度）等保障，通过功绩制原则和规章，以及通过保护公共雇员免受不适当的政党政治压力（例如要求公共雇员参与竞选或要求以薪水向竞选活动捐助；如果他们拒绝介入，就会冒失去工作的风险等）的规定得到维持。与此相适应，那些属于某个工会的公共雇员们，在集体谈判中也拥有一定影响规则的资源，以保证他们自己免受专断性管理决定的侵害。

社会公平价值是这样一种信念：公民个人基于先前的牺牲（例如退伍军人）和社会歧视（例如少数族裔与妇女）等原因，应在公共职位选择录用和晋升中享有法定的优待或优先权，使其免受在公平竞争公共职位的过程中受到的损害。如同个人权利一样，社会公平关注的是公正。但与个人权利价值不同的是，它体现公平的社会性，即向社会集团提供的公平。它强调给予妇女、少数民族、残障人士、退伍军人等社会弱势群体以公平待遇，而这些群体在合法享有雇用与薪酬权利的市场经济体系中，往往是处于弱势或被歧视地位的。

新近凸显的反政府价值：个人责任、有限的与分权的政府和社区提供公共服务的责任。

个人责任价值的拥护者希望，人们可以作出与自己的目标和谐一致的个人选择，也可以对自我选择的结果承担责任，而不是被动地推诿其责任，让社会来承担。从集体的角度讲，我们有责任彼此提供平等的机会，以及发展我们个人的知识、技能和能力，但是，归根到底，这种发展（或缺少发展）的责任，最终要落在个人的身上。

有限与分权政府价值的支持者相信，从根本上讲，人们害怕政府运用它的权力专断地、随意地剥夺公民个人权利。正是这种自由主义信仰，引发了宪法中的人权法案，它寻求将中央政府的权力，限制在保证个人言论、新闻、集会和隐私等基本权利自由的界限上。这一价值的倡导者还相信，在小型政府中，公共政策的制定、公共服务的提供，以及支出安排要比大型组织来得容易，后者往往难以很好实现这些任务。在小型政府中，政策制定者为公民熟知，开支可以预测，而服务是直接的与可见的。一些人凭借他们所看到的政府效率缺失现象，通过对个人自由、责任、职责等价值的认同，通过不愿将更多的个人收入缴纳赋税的期望，作出了缩小政府规模和范围的判断。

有限的与分权的政府和个人责任价值由第三个价值，由社会服务的社区责任价值得到进一步补充和完善。即使市民主义者和倡导自由竞争的资本主义者也会承认，不管制度是否具有激励性，由于一些个人缺乏必要的知识、技能、能力以及适应社会的性格，他们没有能力参与经济的或政治的竞争。对这个分配问题的解决，不应是靠政府的"施舍"，而是应该通过政府的一些社会服务机构与非政府的社会机构共同努力，提供一个社会安全的网络。

目前，一个重要的发展趋势是非营利性的非政府组织的出现，它们承担了社会服务、娱乐和社区发展活动的职责。这些包括教堂、市民行动组织、社区中心、共管协会、居民邻里协会等以社区为基础的组织，它们在布什总统1992年"万家灯火"的演讲中受到高度的赞扬，并由此带来深远意义：仅就公共人事管理而言，它们是创造了多种形式的组织形式，替代了传统单一的、由政府提供的社会服务。如果没有这些成千上万的非营利组织，依靠税收、使用者付费和慈善捐助提供地方社会公共服务，那么，缩小政府规模与分权政府的发展将肯定是不完全的。

五、美国公务员制度改革[①]

在用规则控制人力资源管理方面，美国比任何国家更明显。管理这些规则的组织和个人——政府人事办公室和人事专家——最终确定了一种真实可见的服从文化。在这种文化之中，评估什么，人们就做什么，规则变得比结果更重要。这一前景对比集中化、标准化为特点的美国体制来说是致命的。想象一下起草一系列规章（这些规章要适应在美国海军船坞、国家公园、税务部门工作的公务员的需要）有多么麻烦。所有这些规则都出于崇高的目的，在许多场合下这些规则确实防止了权力的滥用。但总的来看，它已产生了如下非预期的后果：降低了政府组织的绩效，提高了运作成本，并且在许多场合下减少了公务员就业和职业发展的机会。

（1）不灵活的任命规则使联邦机构难以雇佣临时工作人员从事非长久性的工作。工作完成之后，又迫使这些机构削减常任公务员。

（2）僵化而又无所不在的资格标准妨碍用人机构对求职者进行自主判断，在录用大学毕业生时尤为如此。此外，集中化评估和评价程序使用人机构不能"当场拍板"（只有极少数例外）。

（3）复杂而又神秘的工作分类制鼓励和奖励狭窄的技术专业化，导致工作的"部门化"，削弱了机构发展和利用多技能人才去应付挑战、冲破瓶颈的能力。

（4）公式化的工资规则奖励的是年资或工作年限，基本工资的定期增加几乎是自动和不可改变的，奖金数目限制很严，相对而言无足轻重。

（5）强制裁员或把雇员调往那些不能胜任的工作岗位。"最后进入者最先出去"的裁员规则影响到雇员队伍的多样性。

[①] 节选自罗纳德·桑德斯：《美国的公务员队伍：是改革还是转型》，载国家行政学院国际合作交流部编译：《西方国家行政改革述评》，国家行政学院出版社1998年版。

第三部分 练习题及答案

练　习　题

一、单项选择题

1. 人事管理作为一门科学诞生于(　　)。
   A. 18世纪　　　　　　　　B. 19世纪初
   C. 19世纪末20世纪初　　　D. 20世纪40年代以后

2. 提出管理五要素（即计划、组织、指挥、协调、控制）理论的是(　　)。
   A. 泰勒　　B. 法约尔　　C. 韦伯　　D. 梅奥

3. 下列哪些人事管理属于人事行政的范畴(　　)。
   A. 企业的人事管理　　　　B. 高等院校的人事管理
   C. 行政机关的人事管理　　D. 医院的人事管理

4. 人力资源管理这一新的人事管理形态产生于(　　)。
   A. 第二次世界大战以后　　B. 18世纪
   C. 19世纪　　　　　　　　D. 20世纪初

5. 西方国家公务员制度始于(　　)。
   A. 中国的科举制　　　　　B. 英国的文官制度
   C. 封建时代的恩赐官爵制　D. 美国的政党分肥制

6. 奠定英国近代文官制度基础的是哪个文件(　　)。
   A.《富尔顿报告》　　　　B.《彭德尔顿法》
   C.《文官制度改革法》　　D.《诺斯科特——屈维廉报告》

7. 标志美国公务员制度诞生的是(　　)。
   A.《富尔顿报告》　　　　B.《彭德尔顿法》
   C.《文官制度改革法》　　D.《诺斯科特——屈维廉报告》

8. 中国公务员制度正式实施的时间是(　　)。
   A. 1987年　　B. 1990年　　C. 1993年　　D. 2006年

9. 2006年开始实施的规范我国公务员制度的重要法律文件是(　　)。
   A.《中华人民共和国公务员法》

B.《国家公务员暂行条例》
　　C.《国家公务员职务任免暂行规定》
　　D.《国家公务员录用暂行规定》
10. 下列各项对我国公务员制度特征的表述中哪项是不正确的(　　)。
　　A. 不搞政治中立　　　　　B. 分类管理与统一领导相结合
　　C. 宗旨是为人民服务　　　D. 区分政务官与事务官

二、多项选择题
1. 下列哪些人物为人事管理科学的产生和发展起了重要作用的(　　)。
　　A. 泰勒　　B. 法约尔　　C. 韦伯　　D. 梅奥　　E. 马斯洛
2. 人事管理的职能包括(　　)。
　　A. 招聘　　B. 调配　　C. 培训　　D. 考核　　E. 薪酬管理
3. 与其他领域特别是企业的人事管理比较，人事行政有哪些特点(　　)。
　　A. 管理对象不同　　　　　B. 管理权来源不同
　　C. 权威性不同　　　　　　D. 性质不同　　E. 复杂性不同
4. 人事管理与人力资源管理之间的区别有(　　)。
　　A. 工作性质和地位不同　　B. 内容不同
　　C. 任务不同　　　　　　　D. 责任分担不同
　　E. 管理方式和手段不同
5. 西方各国公务员制度的特点有(　　)。
　　A. 严格区分政务官与事务官　　B. 强调政治中立
　　C. 公开考试，择优录用　　　　D. 实行功绩制原则
　　E. 宗旨是为人民服务
6. 下列哪些人员属于我国的公务员(　　)。
　　A. 中国共产党机关工作人员　　B. 行政机关工作人员
　　C. 人大机关工作人员　　　　　D. 政协机关工作人员
　　E. 司法机关（含审判机关和检察机关）工作人员
7. 我国《公务员法》规定，职位分类按照公务员职位的性质、特点和管理需要，公务员划分为哪些类别(　　)。
　　A. 综合管理类　　　　　　B. 专业技术类
　　C. 高级管理类　　　　　　D. 基层执法类
　　E. 行政执法类

第六章 人事行政　103

8. 我国公务员考核的内容包括(　　)。
   A. 德　B. 能　C. 勤　D. 绩　E. 廉
9. 我国公务员定期考核结果的等次有哪些(　　)。
   A. 优秀　B. 良好　C. 称职　D. 基本称职　E. 不称职
10. 我国公务员奖励的形式有哪些(　　)。
    A. 嘉奖　　　　　　　　B. 记三等功
    C. 记二等功　　　　　　D. 记一等功
    E. 授予荣誉称号

三、概念辨析题
1. 人事管理与人事行政。
2. 人事管理与人力资源管理。
3. 政务官与事务官。
4. 公务员义务与公务员权利。
5. 选任制与委任制。

四、简述题
1. 与其他领域特别是企业的人事管理比较，人事行政有哪些特点？
2. 简述西方国家公务员制度的特点。
3. 中国公务员制度有哪些特点？
4. 简述我国公务员职位分类制度的主要内容。
5. 简述我国公务员交流制度的主要内容。

五、论述题
1. 试述 20 世纪 70 年代末 80 年代初以来西方国家人事行政变革的主要特点。
2. 试述近年来我国人事行政变革的主要内容（不少于 3 项）。

练习题答案

一、单项选择题
1. C　2. B　3. C　4. A　5. B
6. D　7. B　8. C　9. A　10. D

二、多项选择题

1. ABCDE 2. ABCDE 3. ABCDE 4. ABCDE
5. ABCD   6. ABCDE 7. ABE   8. ABCDE
9. ACDE   10. ABCDE

三、概念辨析题

1. 参考答案：所谓人事管理，是指组织运用一定的手段和方法，有效地把人的因素与物的因素合理地组合在一起，从而发挥出他们各自的作用，实现组织的管理目标。它既指的是一种管理实践活动，即如何让人做事和事得其人，所谓人事两宜或适人适事；又指的是一门科学，即研究人事管理活动的科学。

而公共部门人事管理中政府机关（行政机关）的人事管理，一般就被人们称为人事行政，它与其他领域的人事管理一样，都需要遵循人事管理的基本规律和原则，其职能也包括上述已经提到过的那些内容，但与其他领域的人事管理特别是企业的人事管理比较起来，它又具有自己的特点：管理对象不同、管理权来源不同、权威性不同、性质不同、复杂性不同和法律规范程度不同。

2. 参考答案：所谓人事管理，是指组织运用一定的手段和方法，有效地把人的因素与物的因素合理地组合在一起，从而发挥出他们各自的作用，实现组织的管理目标。

所谓人力资源管理是指对人力资源进行有效开发、合理配置、充分利用和科学管理等活动的总和。人力资源管理与人事管理两个概念并没有截然分开的界限，在实践中两者之间常常替换使用，无论在管理体制、管理功能、管理原理和方法等方面，两者都有许多共同之处。但是，如果从学科的高度去理解，两者之间却存在着很多不同之处。从发展的趋势来看，人事管理必将过渡到人力资源管理，后者是人事管理发展的新阶段。人事管理与人力资源管理之间的区别主要表现在：

（1）工作性质和地位不同；

（2）内容不同；

（3）传统的人事管理以物为中心，而人力资源管理则以人为中心；

（4）传统的人事管理的职责主要由人事部门承担，造成管人与管事的脱节，而人力资源管理强调各部门主管承担人力资源管理的主要职责，实现管人与管事的合理统一；

(5) 管理方式和手段不同。

3. 参考答案：西方国家一般对公务员实行分类管理，划分政务官与事务官。政务官通过选举产生，承担政治责任，任期随着选举的胜负而进退；而事务官通过公开考试、择优录用产生，不随政党进退而进退，实行职务常任，一个人一旦进入公务员队伍，就像端上了"铁饭碗"，"无过失不受免职处分"。

4. 参考答案：公务员的义务是指法律关于公务员在执行国家公务的活动中必须作出一定行为或不得作出一定行为的约束。根据公务员法的规定，我国公务员的义务包括：模范遵守宪法和法律；按照规定的权限和程序认真履行职责，努力提高工作效率；全心全意为人民服务，接受人民监督；维护国家的安全、荣誉和利益；忠于职守，勤勉尽责，服从和执行上级依法作出的决定和命令；保守国家秘密和工作秘密；遵守纪律，恪守职业道德，模范遵守社会公德；清正廉洁，公道正派；法律规定的其他义务。

公务员的权利是指法律关于公务员可以享受某种利益或可以作出一定行为的许可和保障，它与公务员的义务是有机统一的关系。根据公务员法的规定，我国公务员的权利内容包括：获得履行职责应当具有的工作条件；非因法定事由、非经法定程序，不被免职、降职、辞退或者处分；获得工资报酬，享受福利、保险待遇；参加培训；对机关工作和领导人员提出批评和建议；提出申诉和控告；申请辞职；法律规定的其他权利。

5. 参考答案：选任制是指按照有关法律、章程的规定，通过民主选举方式来确定任用对象的任用方式。在我国，选任制适用的职务主要有以下几种：中国共产党机关按照《中国共产党党章》产生的职务；人大机关按照法律选举产生的职务；政协机关按照《中国人民政治协商会议章程》选举产生的职务；民主党派机关按照民主党派章程选举产生的职务。选任制公务员在选举结果生效时即任当选职务；任期届满不再连任，或者任期内辞职、被罢免、被撤职的，其所任职务即终止。

委任制是指由任免机关在其任免权限内，直接委派特定工作人员担任一定的职务的任用方式。我国公务员制度规定，公务员中非政府组成人员的任用实行委任制，部分职务实行聘任制。

四、简述题

1. 参考答案：与其他领域的人事管理特别是企业的人事管理比较起

来，人事行政主要有以下特点：①管理对象不同；②管理权来源不同；③权威性不同；④性质不同；⑤复杂性不同；⑥法律规范不同。（回答上述要点后，应对各要点进行简要的展开。）

2．参考答案：西方各国的公务员制度主要有以下一些特点：①严格区分政务官与事务官；②强调政治中立；③公开考试，择优录用；④实行功绩制原则；⑤强调官风官纪和职业道德，重视公务员队伍的廉洁。（回答上述要点后，应对各要点进行简要的展开。）

3．参考答案：与西方国家的公务员制度比较，我国公务员制度的主要特点有：①不搞政治中立；②分类管理与统一领导相结合；③公务员法的适应范围不同；④宗旨是为人民服务。（回答上述要点后，应对各要点进行简要的展开。）

4．参考答案：我国《公务员法》规定："国家实行公务员职位分类制度。"我国公务员职位分类制度主要包括两个方面：一是划分职位类别，二是职位设置。职务与级别的设置一般也可归入职位分类制度。

我国《公务员法》规定，职位类别按照公务员职位的性质、特点和管理需要，划分为综合管理类、专业技术类和行政执法类等类别。此外，《公务员法》还规定："国务院根据本法，对于具有职位特殊性，需要单独管理的，可以增设其他职位类别。"目前，法官、检察官职位由于在性质、特点等方面与其他职位存在明显区别，事实上已经被划分为单独的类别。

关于职位设置问题，《公务员法》规定："各机关依照确定的职能、规格、编制限额、职数以及结构比例，设置本机关公务员的具体职位，并确定各职位的工作职责和任职资格条件。"我国公务员的职务设置领导职务和非领导职务序列。

我国《公务员法》规定："公务员的职务应当对应相应的级别。公务员职务与级别的对应关系，由国务院规定。"目前，我国公务员共分为27个级别。

5．参考答案：公务员交流是指有关机关根据工作需要或者公务员个人的愿望，通过法定形式，在公务员机关内部变换公务员的工作职位，或者把公务员调出公务员机关任职，或者将公务员机关以外的工作人员调入到公务员机关担任公务员职务的活动。

交流的方式包括调任、转任和挂职锻炼。

调任是指公务员机关根据工作需要，从其他机关或企事业单位选调工作人员到公务员机关担任领导职务或副调研员以上非领导职务，以及公务员调出公务员机关任职的活动，它涉及公务员职务关系的产生或消失。

转任是指公务员因工作需要或者其他正当理由在公务员机关系统内跨地区、跨部门的调动，或者在同一部门内的不同职位之间进行转换任职。

公务员挂职锻炼是指公务员机关有计划地选派在职公务员在一定的时间内到下级机关或者上级机关、其他地区机关以及国有企业事业单位担任一定的职务，经受锻炼，以丰富经验，增长才干。

五、论述题

1. 参考答案：从20世纪70年代末80年代初开始，西方国家掀起了一场规模浩大的政府改革运动，又称为新公共管理运动，其基本精神就是借鉴工商企业和市场化方法，有人甚至提出建立"企业家政府"。在这场运动中，政府人事管理也发生了很大的变化，现代意义的人力资源管理模式逐渐被引入到政府部门。这些变革主要有：①政治中立原则的动摇。②弹性化的任用制度。③谈判工资制。④绩效管理和绩效工资出现。⑤放松规制。⑥注重人力资源开发。（回答上述要点后，应对各要点进行适当展开。）

2. 参考答案：中国政府人事管理的改革实践可以说与当代西方国家的人事管理改革在某种程度上具有殊途同归的性质，其基本趋势也是借鉴市场化方法和当代人力资源管理的原理和技术，近年来这种趋势更为明显。这些变革主要有：①政府雇员制。②竞争上岗和公开选拔领导干部。③绩效考核创新。④大力进行人力资源开发。（回答上述要点后，应对各要点进行适当展开。）

第四部分 案例分析

【案例一】 政府雇员制——一种新的政府用人制度

2006年3月，媒体报道了这样一则新闻：中国内地年薪最高的政府雇员颜兵面临下岗的命运。两年前，颜兵受聘为无锡市对日招商首席代表，其税后年薪50万元。然而，在第二任期即将结束之际，他因未能完成5000万美元的招商任务，可能无法与无锡市政府继续签约。这一报道让人想起了政府雇员制缘起的背景和推广进程。

2002年6月，吉林省出台了《吉林省人民政府雇员管理试行办法》，成为国内首个"吃螃蟹"的地区，开始了政府雇员制的探索。随后，上海、武汉、无锡、长沙、珠海、青岛、芜湖、深圳、广州等地纷纷效仿试行，吸引了社会各界广泛关注。

政府雇员制在国外比较普遍，德国早在20世纪50年代就开始推行政府雇员制。随后，英国、澳大利亚、新西兰、美国等国都广泛推行。目前，这些国家的政府雇员在政府工作人员中的比例占到20%~40%之间。因此，中国推行的这种用人制度可以说是从西方舶来的。

目前，我国政府雇员制的适用范围主要在专业技术领域。现代社会，信息技术在政府管理中的运用越来越广，许多国家和地区原来的公务员难以胜任相应的技术支持工作。但由于公务员的薪酬刚性强，不能随意给他们加薪，而这部分人才在社会上又比较吃香，他们很容易在社会上找到待遇较好的工作，如果仅囿于传统的公务员制度，就有可能难以吸引这部分人才进入公务员队伍，因此，需要打破公务员制度的框框，以较高的报酬雇用他们，这就是政府雇员制施行的初衷。

政府雇员制没有全国性的统一部署，采取的形式各不相同。但大多数都有相似之处，是作为现行公务员制度的一种补充形式。政府雇员主要在以下5个方面有别于公务员：

(1) 适用的法律规范不同。国家公务员受公务员法的调整，而政府雇员制则是依照劳动合同来规范政府和雇员双方的权利和义务，即按照劳动法来约束双方的行为。

(2) 用人方式不一样。无论是选任的公务员还是委任的公务员，其任用方式都是刚性的，一旦任用，无重大过错就不被免职。而政府雇员制的用人模式与企业一样，是市场化的，其任期按照合同的规定，都有一定的期限。

(3) 管理方式不一样。对公务员的管理，如录用、考核、奖惩等都有法律法规作为依据，而雇员则完全按照合同进行管理，是一种企业化的管理模式。

(4) 薪酬待遇不一样。公务员制度有一套完整的工资体系，按照职务、级别的不同，享有不同的工资，是刚性的薪酬体系。政府雇员制则是按岗定薪，并参照人才市场行情和职业风险程度上下浮动。在我国，政府雇员的薪酬收入是公务员的2~15倍。

（5）法律地位不同。公务员行使行政权力，占行政编制，而政府雇员不行使行政权力，也不占行政编制，主要从事一些专业性和技术性工作。

在各地政府雇员制实践中，深圳市的做法与其他地方都不一样。深圳市把政府雇员分为高级雇员和普通雇员两类，其中，高级雇员可以担任行政领导职务，行使行政管理权力，占编制。而普通雇员同吉林等地的做法是相同的。另外，深圳市政府雇员的服务范围不仅包括政府，还包括其他政权机关和事业单位。工作范围也覆盖到一般的管理和服务性工作，和公务员在分工上有交叉。

有人认为，政府雇员制的推广，会对公务员队伍产生"鲶鱼效应"，即一条鲶鱼一旦进入了一大群沙丁鱼中，经过鲶鱼的一番搅动，整个船舱的沙丁鱼都将被激活。传统公务员制度的一大弊端就是缺乏竞争，容易导致公务员安于现状，工作得过且过，混日子、熬年头，进而导致官僚主义的低效率。而政府雇员制引入市场竞争机制，会对正式的公务员形成一种压力，至少是心理上的压力。他们会担心一旦政府尝到了这种新的用人机制的甜头，会逐步在其他岗位上推广开，使自己受到"牵连"。

而深圳模式更是直接对公务员制度形成冲击，原来由公务员或事业单位职员担任的服务性、管理性工作，被拿出来竞争，公务员也面临着竞争后被淘汰的困境。压力之下，公务员的工作作风也会随之改变，加之，政府雇员本来就没有公务员的那种官员色彩，他们的加入，有利于淡化政府机关的衙门作风。政府雇员这种"泥饭碗"正在向公务员的"铁饭碗"发起挑战。

目前，我国还没有关于政府雇员制的法律法规，相关法律如劳动法等的规定也很不完善，政府雇员的聘用、考核、晋升等环节，都还没有建立起科学的标准和程序，存在着对政府雇员的评价由领导个人说了算、各地不顾实际盲目跟风、通过推行政府雇员制变相提高公务员的待遇、扩大政府机关人员编制等方面的风险。此外，政府雇员制如何实现与公务员制的衔接，政府雇员的职业生涯发展等问题也亟待解决。因此，如何深化政府雇员制，进行大胆的创新和改革，仍然任重而道远。

讨论参考题：
1. 传统的公务员制度有什么缺点？为什么要实行政府雇员制？
2. 与传统的公务员制度相比，政府雇员制有哪些优点？

分析要点：

传统公务员制度的一个重要特点是法制化管理，要求公务员管理的各个环节都必须严格按照法律规定办事；这虽然有利于管理的规范化、严肃性和权威性，也有利于维护公务员的权利，但在实际操作过程中就可能出现灵活性不足的问题，使对某些领域的人员录用出现困难，如一些技术性强且任职者属于社会紧缺的人才，由于公务员薪酬的刚性强，按传统的公务员制度办事可能难以吸引这部分人才进入公务员队伍。另外，由于很多公务员实际上存在的职务常任的特点和"铁饭碗"现象，导致一些公务员不思进取，安于现状，工作得过且过，混日子、熬年头，进而导致官僚主义的低效率等弊端。

而政府雇员制度是一种市场化的用人制度，它与传统的公务员制度相比，具有以下的优点：①弹性化的任用方式有利于解决政府部门一些技术性岗位的任职空缺；②由于引进了竞争机制，容易在公务员与政府雇员之间、政府雇员之间形成工作压力，从而克服惰性，提高工作效率；③有利于解决人事制度短缺问题；④有利于消减"官本位"思想；⑤恰当运用政府雇员制度有利于减少政府人工成本。

【案例二】 广州公务员首次双向选择①

2005年9月，适逢广州市行政区划调整之际，广州市在公务员职务调整上施行了一次大胆的尝试举措，即借鉴人才市场的竞争机制，对拟调整的公务员职位实行双向选择，原东山、越秀、芳村、荔湾4区数千名公务员，不管你是处长还是普通科员，都要在内部的人才市场上自己寻找工作，就有点像大学毕业生参加招聘会一样。

虽然是公务员的内部双向选择，现场的紧张气氛并不亚于应届毕业生供需见面会：公务员们同样要递简历、现场面试，有的单位还要当场进行一些常识小测试。广州市人事局有关负责人表示，人事部门并不会硬性规定各单位的用人标准，主要是单位根据自己的需求决定。但大多数单位都要求应聘者要有本科以上学历，市属单位的要求尤为高，要求英语达到6级以上，有的甚至还对性别、身高设限。萝岗、南沙等新区对公务员的门槛相对较低，但有关人士称，由于有意入职的公务员很多，一些职

---

① 本案例根据新华网2005年9月7日的相关报道整理而成。

位投档与录用的比例甚至高达 6∶1，所以也会从学历、经验等方面择优选取。

这次可供公务员选择的，包括市属单位及新区政府各部门所提供的职位约为 350 个，上至处级领导下至普通科员。但按规定有资格进行选择的公务员有几千名，仅原越秀区就发了逾千张入场券，而现场聚集的公务员更有数千名。在招聘现场，一些记者对求职人员进行了采访。"唉，我的年龄超了两岁"。"我的英语只有 4 级水平"。"生平第一次这样'找工作'，感觉还真紧张，有点不适应"。原越秀区某局的办公室主任感叹道。

第一次面对这种竞争，大部分公务员认为是好事。

"有能力就有好工作，这是应该的！"一位硕士毕业的原芳村区公务员说，他就在短短 20 分钟内与一家市属机关达成了初步意向。不过，也有一部分年龄偏大的公务员选择留在原区、听从分配。"我们年纪大、学历低，没办法在新区和年轻人竞争"。一位 47 岁的公务员说。

为了参加"双选"，四区的公务员要提前将填好的《意向表》交到了各区的组织、人事部门，表明选调新区、留在本区等意向。这次双选会，正是给各公务员与用人单位创造了直接沟通的机会。"双选"会后，将由各个单位确定人员，如果双方达成意向，就由单位直接跟"应聘者"联系。如果在这次双向选择后没有选定新的岗位的公务员将由原区进行调配。也有部分公务员将提前退休、自主创业等。

讨论参考题：
1. 广州市公务员职位双向选择与传统的委任制有什么不同？
2. 广州市这种在公务员系统内部引入人才市场机制选择任职者的尝试有哪些利弊？

分析要点：

传统的委任制是由任免机关在其任免权限内，直接委派特定工作人员担任一定职务的任用方式，很多情况下被委任者个人没有选择的权利。而广州市公务员职位双向选择则不同，它是用人单位与被任人选之间双向选择的过程，要求尊重被任者个人选择的权利。另外，委任制主要是利用行政权力进行人力配置，而职位双向选择则在一定程度上是一种类似于市场人力资源配置的方式。

公务员职位双向选择的优势主要表现在：①由于尊重个人选择的权

利，是一种比较人性化的人力配置方式，有利于发挥个人的工作积极性；②有利于减少人员配置过程的信息不对称性，提高人与岗位之间的适配性，从而促进工作效率的提高；③有利于提高人力资源配置的效率，减少配置成本；④有利于在公务员之间形成竞争氛围，克服论资排辈的弊端；⑤有利于制约用人中的腐败现象。

职位双向选择可能存在的弊端：①不利于强化个人服从组织的传统价值观，助长个人与组织之间讨价还价的行为；②如果过于强调个人选择的权利，可能导致一些岗位出现任职空缺；③操作不当时可能会出现新的用人问题和腐败现象。

第七章 公共预算

第一部分 知识点阐述

一、公共预算的基本问题

公共预算的基本问题包括：第一，明确公共预算的总额控制（有多少钱可以分）；第二，科学预测配置效率，如何把有限的资金分配到具体事项上从而产生最大的经济效益和社会效益，也就是在什么基础上决定将某一数量的资金分配给活动 A 而不是活动 B；第三，运行效率，如何有效地组织与管理财政交易；第四，预算问责，强化公共部门的责任，包括强化资金的分配和运用是否有立法控制和透明度，强化公共部门的"纳税人意识"。

二、公共预算的功能

公共预算的功能主要包括以下 5 个方面：

（一）计划功能
计划的功能包括确定组织目标、测算为了实现这些目标所需要的资源，以及决定怎样获取、使用这些资源，主要回答"做什么"的问题。

（二）管理功能
管理的功能包括确定了组织目标后，项目管理者确保有效地获得和利用资源以实现组织目标的过程，是解决"怎么做"的问题。

（三）控制功能
控制的功能主要是对具体的人、财、物的控制，是建立在对预算支出的详细分类基础上的。早期的线性预算（line-item budget，也叫分项列之预算）就是为了满足这个目的而产生的。线性预算也是现代预算的编制基础。

（四）优先性排序功能

优先性排序和资源的稀缺性有关，公共支出只能满足部分公共需求，这就需要对预算申请进行优先性排序。优先性排序反映了决策者的政策偏好和利益倾向，具有政治性，决定了预算分配的结果。

（五）预算问责功能

预算问责功能包括4个方面的内容：第一，对上负责，指一级政府预算要符合上级政府的相关政策法规；第二，对公众负责，要及时向公众全面公开；第三，要对预算的结果负责，主要指预算官员而言；第四，保证公民对预算分配过程和结果的直接影响或控制。

三、预算决策效益的分析

预算决策效益是指财政分配活动中成本与收益的对比关系。成本即预算支出，由政府集中支配；收益是通过财政分配活动取得的结果（包括数量与质量）。对政府预算决策效益的分析，主要从两个方面进行。一是从宏观的角度：就整体的预算决策对社会资源配置的影响进行分析。常常使用机会成本分析法。二是从微观的角度：就某一项目或方案的预算决策对社会资源配置的影响进行分析，常常使用成本—效益分析法。

（一）机会成本分析

通过预算程序所作出的有关公共收支的决策，实质上就是将民营部门的部分资源转移到公共部门，并由政府部门加以集中使用的决策。只有当资源集中在政府手中使其能够发挥比在民营部门中更大的效益时，政府占用资源才是对社会有益的、有效率的。这样，公共预算决策的效率评估就变成了同样一笔资金由公共部门或者由民营部门使用所能达到的效益比较了：前者大于后者，资金的预算决策就是有效率的；前者小于后者，资金的预算决策就是没有效率的；前者等于后者，整个社会的资源（资金）配置就会处于最佳状态。

(二) 成本—效益分析

对预算决策进行成本—效益分析,就是把预算资金的使用划分为若干项目或方案,分别就每个项目或方案核算其成本和效益,通过比较确定优先采用方案的次序。成本效益分析的步骤如下:

第一步,确定一系列可供选择的方案,计算各个项目或方案的收益和成本,包括直接的收益和成本、间接的收益和成本;第二步,计算各个项目或方案的收益和成本的比率,确定每种方案的最终结果,每种方案所需要的投入量和将会实现的产出量;第三步,对每一种投入和产出进行估价;第四步,加总每个项目的所有成本和收益,以估计项目总的获利与能力,确定各个项目或方案的优先次序,进行各个项目或方案的选择与决策。

第二部分 相关知识拓展

一、公共预算的民主政治基础

公共预算是政府部门的基本财政收支计划,它通过列出政府开支来描述政府行为,即政府该做什么、不该做什么、做到什么程度。公共预算把政府将要实行的任务与达成这些任务所必须的资源联系起来。公共预算不仅是技术性的,而且是政治性的,它反映以下方面:

(1) 公共预算反映政府应该做什么、不应该做什么、先做什么、后做什么的选择。体现了公众的普遍共识——政府应该提供哪些服务以及哪些人有资格享有这些服务;

(2) 公共预算反映了支出上的优先权,预算过程在对政府有着不同需求的集团和个人之间进行调节,并最终决定由谁获得;

(3) 公共预算反映了服务于不同目标的各种决策的相对比例,包括以效率为目标的决策、以公平为目标的决策,反映立法者对于满足其选区选民的重视程度和倾听公众或集团需求的意愿程度;

(4) 公共预算向公民提供了一个强有力的可靠性工具,使公民了解到政府是如何进行支出的,预算将公民的需求与政府的产出联系起来。

因此,公共预算是反映政府财政活动的一面镜子,是一个重要的立法文件，也体现了国家权力机关和全体公民对政府活动的制约、监督。财产权也是一种重要的宪法权利，公共预算以宪政为基础。

现代公共预算产生于 17 世纪的英国和 18 世纪的法国。1215 年 6 月，约翰王和贵族代表签下限制王权的著名的《自由大宪章》，确立了征税必经被征者同意的税收法定原则，开创了英国君主立宪的宪政开篇。其中第 12 条、第 14 条的规定成为后来的"无代表不征税"的源头。《自由大宪章》是一份限制统治者的权力、保障被统治者的权利和自由的法律文件，构成统治者与被统治者之间的契约，并宣示了法律高于王权的原则。从 14 世纪末起，英国开始了把财政权一步一步地移交给下议院的进步过程，到 17 世纪末，上议院明确认可了下议院对"财政法案"（money bills）所享有的排他性权力。

1791 年宪法开篇的《人权宣言》在第 14 条中明确宣布："所有公民都有权亲身或由代表来确定赋税的必要性，自由地加以认可，有权注意其用途，决定税额、税率、客体、征收方式和时期。"即"无代表则无税"——如果无国民代表—议会制定的法律为依据，则不得课税。宪法第五篇以"赋税"为名确认了议会的财政权。

《独立宣言》将英王"未经我们同意就向我们征税"作为一条重要的罪恶来控诉。后来制定的宪法则多处涉及对征税权的限制。美国在 19 世纪末期始征收个人所得税和公司所得税，但被最高法院判为违宪。直到 1913 年宪法第 16 条修正案"国会有权对任何来源的收入规定和征收所得税"才确认了所得税的合法性。

英、美、法等原生的资本主义国家的宪法几乎无一例外地把财政制度作为权力分立的关键内容写进宪法，并将此权力仅仅赋予给议会。英国 1911 年《议会法》是这样，其他国家的宪法也是如此。美国《宪法》第 1 条第 7 款将"规定和征收"税收的权力赋予国会，"一切征税议案应首先由众议院提出"。国会主要通过立法对财政权的行使才得以获致与总统分权制衡的地位。1789 年 9 月国会通过《组织法》建立财政部，1802 年建立了常设的众议院筹款委员会。法国第五共和国《宪法》在第五章"议会和政府的关系"第 34 条规定，各种性质的赋税的征税基础、税率和征收方式的准则及相关法律规定，议会投票通过。

因此，在民主政治制度下，政府的财政行为由不受监控或由上级监控转化为"纳税人监控"。纳税人监控必须通过某种形式，这就是国家权力机关。国家权力机关代表着纳税人的利益，反映着纳税人的呼声。纳税人通过国家权力机关对要不要征税、向谁征税、征什么税、征多少税、怎样征税，以及如何安排财政支出、支出效果如何评价等问题直接作出原则性决定和对政府的具体实施行为进行监控，并有权对政府的财政部门或主管官员进行惩处，通过投票表决决定国家财政资源的来源及其分配的流向，这就是公共财政的国家权力机关中心主义。

也就是说，政府的一切财政活动都必须经过国家权力机关的审议批准，是由国家权力机关说了算而不是由政府自己说了算。政府处理财政事务的权限必须依据国家权力机关的决议和法律行使，国家权力机关通过的预算和有关政府财政活动的限定性文件，都是国家的法律，政府必须不折不扣地执行。任何未经国家权力机关的许可，借口政府首长或政府某部门的特权和利益而自行征税、收费的行为以及超出国家权力机关准许的时限和方式的财政行为，都是非法的。

国家权力机关的预算权力主要体现在以下几个方面：一是在预算批准前，具有制定中长期财政预算管理战略规划的权力、修正权、组织讨论政府预算报告的时间长短、具有足够的专业人士和技术力量来开展预算审查；二是在预算执行过程中，具有批准预算调整的权力；三是预算执行后，具有独立的预算审计权力。

二、美国公共预算的控制

在美国，行政机关的活动必须由国会（州和地方称议会）授予权力、批准经费。批准政府活动经费的法律就是预算，它决定政府在一定时期内能够使用多少经费，确定政府经费的来源和用途。美国学者认为，政府的经费取之于民，用之于民。如何取法，取多少；如何用法，用多少，必须由选民同意，这是民主政治的重要原则。选民是否同意通常表现为它的代表机关是否同意。所以，财政预算包括收税、借款、支出等都必须由国会（议会）决定，就成为理所当然的事了。国会（议会）正是凭借这个决定财政预算的权力对行政权力和行政机关的活动进行控制。联邦国会是这样，州议会也如此。

1993年国会通过的混合预算调解法案，这是预算改革方面的一个比较重要的法律。此外还有1993年佐治亚州通过的《预算责任与规划法》、加州通过的《绩效与结果法案》、1994年佛罗里达州通过的《政府绩效与责任法案》等。美国公共预算控制的方式主要有：

第一，以法案的形式决定预算。财政预算以法案形式提出、依法定程序审议通过才具有法律效力,人们把它称为预算法。行政机关只能执行,无权更改,如果更改了,就被视为违法。国会对于总统提出的预算案可以任意修改,不仅可以减少或增加行政机关请求的拨款,而且可以取消行政机关请求的拨款项目,或增加行政机关没有请求的拨款项目。

第二,委员会经常性的监督。经常性的、连续不断的监督,主要依赖国会或议会常设委员会。在国会或议会编制预算中负主要责任的委员会,以及为了辅助编制预算而设立的专门机构,都是预算控制的机关。美国有权控制预算的机构有:预算委员会、拨款委员会、拨款小组委员会和预算处。

第三,审计机关的辅助控制。美国审计机关是一个非政治的非党派的附属于议会的机构,代表议会审核行政机关的财务活动,并向议会提出审计报告和改进财务管理的建议。其职能包括:计划评判、审核与检查、法律服务和报告服务。

三、绩效预算

(一) 各国绩效预算的成功经验与做法对推进中国绩效预算改革的启示

科学、规范的预算绩效评价体系正是公共财政管理体系中不可缺少的组成部分。在当代国际社会,绩效预算归纳为两种模式:一种是绩效评价与预算分配之间没有直接联系的模式,美国、荷兰、澳大利亚等国家采用这种体制,这种模式赋予部门更多的自主执行权和灵活性;另一种是绩效评价与预算分配之间有直接联系的模式,新西兰的契约式模式和马来西亚的问责制模式都是采用这种体制,这种模式赋予部门更多的责任。建立绩效预算管理的约束机制与激励机制及面向公众披露的绩效报告制度,是绩效预算有序推进的重要保证。

瑞典是绩效预算改革的先行者,瑞典政府通过建立规范的绩效评价制度,推行权责发生制,政府会计,全面、完整地反映政府预算信息和支出成本,广泛接受社会公众的监督,经过多年的努力和实践,瑞典基本形成了一套比较完善的绩效管理体系。加拿大通过创新绩效预算编制方法,实施稳健的预算规划,建立有效的咨询和交流机制,财政及经济状况大为改善。在经历了 27 年预算赤字后,到 2004 年度已经连续 7 年实现财政盈余,经济也实现了持续、稳定增长。OECD 成员国在绩效预算管理方面,建立了规范统一的绩效预算评价体系,完善绩效信息与预算编制有效结合机制及正确划分绩效管理职责是绩效预算改革稳步推进的重要保证，而绩效信息超载及绩效评价的逆向激励效应，是绩效预算改革需要着力解决的难点问题。

在20世纪70年代以前，澳大利亚是"支出式"预算，不太重视绩效。在80年代到90年代，澳大利亚通过引入支出审议委员会程序，发布4年预算展望，提高了预算透明度和问责度；通过引进权责发生制会计制度，实行财政管理改善计划及业务评估计划，将绩效评价结果融入预算决策；通过制定《预算诚实宪章》和《财政管理及问责法案》等预算法律和财政管理法规，将财政管理责任移交各机构。1999—2004年，澳大利亚通过引入机构财政，进一步下放权限，并在各机构引入预算评价绩效目标制度，完成了从支出预算到绩效预算的转变。

各国绩效预算的成功经验与做法对推进中国绩效预算改革的启示：

第一，绩效预算是市场经济条件下政府管理模式发展到一定阶段，进一步加强公共支出管理，提高财政资金有效性的客观选择。绩效预算不仅是预算方法的一种创新，而且是政府管理理念的一次革命。绩效预算将政府预算建立在可衡量的绩效基础上，强调的是"结果导向"，或者说强调的是责任和效率，增强了预算资源分配与政府部门绩效之间的联系，有助于提高财政支出的有效性。对于政府部门，公众对政府提供公共服务的质量与成本的关注，有助于促进政府决策程序规范化和民主化；绩效目标的确立，绩效考评的执行及绩效评价结果的公开，有助于强化政府部门的责任；绩效预算赋予了部门更大的预算执行权，有助于促使政府部门按照成本效能原则优化配置资源，提高财政资金的有效性。对于财政部门，绩效预算改革有助于促使财政管理方式创新与变革，有助于提高财政资金的有效性。

第二，绩效预算的核心是建立起一套能够反映政府公共活动效能的指标体系、评价标准和计量方法。在衡量财政支出绩效时，既要考虑支出的经济效益和社会效益，也要考虑支出的短期效应和长期效应、直接效应和间接效应。为此，必须建立定性与定量相结合、统一性指标与专业性指标相结合的多层次的绩效评价体系，并以大量的有效样本为基础，测算出评价指标的标准样本，按照科学的计量方法，对预算绩效结果进行衡量和评价。在制定绩效指标体系时，要充分听取各方面专家和社会公众的意见，要避免出现绩效指标对被评估者产生逆向激励效应。

第三，推进权责发生制政府会计与预算改革，真实、完整、全面地反映政府绩效。权责发生制的政府会计制度，能够比较全面、准确地反映一些长期项目或有债务的信息，有助于增加预算信息的完整性、可信度和透明度，加强预算成本计量与政府业绩考核。目前，澳大利亚、新西兰及英国、瑞典、美国等国家已经在政府预算会计中使用权责发生制，或部分采用权责发生制。为了真实、完整地反映政府活动的成本和绩效，应在政府会计及预算中引进权责发生制，更为准确、全面地反映政府部门的真实绩效。

第四，创新预算编制方法与编制过程，逐步引入绩效评价内容，建立起绩效评价结果与预算编制紧密结合的预算约束机制。建立这种新的预算分配和考评机制，首先，要建立起体现部门战略规划的滚动预算制度，增强预算的前瞻性和连续性，为编制部门年度预算和实施绩效考评创造条件。其次，建立体现部门年度绩效计划的部门年度预算制度，提出明确的绩效目标，并将年度预算置于滚动预算的约束之下，真正形成滚动预算计划的分年度实施预算。最后，运用绩效指标对年度预算进行绩效评价，并根据考评结果，安排、调整下一年度预算，强化绩效评价结果对预算的约束。

（二）建立中国特色的绩效预算体系应做好的重点工作

绩效预算是部门预算深化改革的必然要求，部门预算深化改革就是要建立完善的绩效预算管理体系，切实提高政府管理效能和财政资金有效性。绩效预算在中国的推行不可能一蹴而就，近期的工作重点应当是在继续推进部门预算各项改革的基础上，初步建立起完善的绩效评价体系，逐步将绩效预算的理念引入到我国的财政支出管理中，为建立中国特色的绩效预算体系夯实基础。具体说应做好以下几方面的工作：

第一，抓紧制定统一规范的绩效评价管理办法，明确绩效评价的范围、对象和内容。为了保障绩效评价工作的顺利开展，针对目前绩效评价工作中存在着制度建设薄弱、缺乏统一操作规范的问题，应抓紧制定统一规范的绩效评价管理办法，为绩效评价工作的开展提供制度保障。要改变目前对具体的财政支出项目进行绩效评价的做法，逐步将绩效评价的范围扩大到包括消耗性支出、公共工程支出等所有政府公共支出。绩效评价的内容应包括业务考评和财务考评，不仅要考评项目的资金落实、资金使用及财务管理状况等，更要考评项目绩效目标的合理性及项目目标完成情况。

第二，探索建立绩效评价指标体系和绩效预算基础资料数据库。绩效评价首先要求建立完整的公共支出绩效评价指标体系和基础资料数据库，使项目的绩效目标能够量化、具体化，为评价各类项目的绩效提供技术支持。因此，要按照定性与定量相结合、统一性指标与专业性指标相结合的原则，在试点的基础上，逐步探索建立起一套绩效评价指标体系和绩效预算基础资料数据库。

第三，为进一步推动绩效评价工作的深入开展，应按照"积极试点，先易后难，分步实施，逐步推进"的原则，深化绩效预算改革，在总结各部门预算绩效评价工作经验的基础上，适当扩大试点范围，尝试将绩效评价的结果与部门预算编制的结合方式，逐步建立起与社会主义市场经济体制相适应的公共财政管理体系，科学、规范的预算绩效评价体系正是公共财政管理体系中不可缺少的组成部分。

第三部分 练习题及答案

练 习 题

一、单项选择题

1. 中国的预算年度为(　　)。
   A. 6个月　　B. 12个月　　C. 3个月　　D. 9个月
2. 公共预算的审计作为预算循环的最后一个阶段，它的承担者是(　　)。
   A. 省人大预算监督/工作委员会　　B. 财政厅
   C. 发展改革委员会　　D. 审计厅
3. 省级预算执行的组织领导机关是(　　)。
   A. 审计厅　　B. 中央政府　　C. 财政厅　　D. 省政府
4. 对政府决算进行审查和批准的部门是(　　)。
   A. 司法部门　　B. 行政部门　　C. 立法部门　　D. 监督部门
5. 政府决算审查的具体形式不包括(　　)。
   A. 自审　　B. 联审互查　　C. 上级部门审查　　D. 公审
6. 以下不属于基层单位决算报告按数字内容进行划分的是(　　)。
   A. 决算数字　　B. 预算数字　　C. 会计数字　　D. 基本数字

二、多项选择题

1. 阿伦·希克把政府预算的职能划分为（　　）。
   A. 计划　　　　B. 管理　　　　C. 控制
   D. 协调　　　　E. 指挥
2. 阿伦·希克认为公共预算包括的要素有（　　）。
   A. 资源发现　　B. 资源申请　　C. 资源分配
   D. 资源保护　　E. 资源利用
3. 中国的一个完整的预算周期包括哪些阶段（　　）。
   A. 预算编制　　B. 批准　　C. 执行　　D. 审计和评估
4. 政府预算支出的三个主要组成部分是（　　）。
   A. 人员支出　　B. 公用支出　　C. 办公费
   D. 项目支出　　E. 资源支出
5. 预算收入征收部门包括（　　）。
   A. 税收部门　　B. 海关　　　　C. 中国人民银行
   D. 各专业银行　E. 农业部门
6. 地方政府收入预算的执行部门主要是（　　）。
   A. 税务部门　　B. 财政部门　　C. 社保部门
   D. 审计部门　　E. 海关

三、概念辨析题

1. 公共预算。
2. 预算编制。
3. 预算执行。
4. 政府决算。

四、简述题

1. 简述我国省级人民代表大会对省级政府预算行使最高决定权所包含的内容。
2. 简述我国地方政府运用的"两上两下"的典型预算过程。

五、论述题

1. 如何正确认识我国人大审查与监督政府预算的基本特征。
2. 试述我国政府预算编制的基本原则及主要依据。

练习题答案

一、单项选择题

1. B　2. D　3. D　4. C　5. D　6. A

二、多项选择题

1. ABC　2. BCD　3. ABCD　4. ABD　5. ABCD
6. ABE

三、概念辨析题

1. 参考答案：公共预算是指经法定程序批准的政府年度财政收支计划，以及政府的资金筹集、使用计划及相关的一系列制度等。

2. 参考答案：预算编制是公共预算过程的第一步，是指各支出部门在财政部门的指导下进行收入支出预测，编制本部门预算的过程。

3. 参考答案：预算执行是实现预算收入支出平衡和监督过程的总称，主要包括预算收入执行、预算支出执行和预算变更。

4. 参考答案：政府决算是指经法定程序批准的年度政府预算执行结果的会计报告，是政府年度内预算收入和支出的最终结果，也是国家经济活动在财政上的集中体现。

四、简述题

1. 参考答案：我国省级人民代表大会对省级政府预算行使最高决定权所包含的内容如下：

（1）审查本级总预算草案及本级总预算执行情况的报告。

（2）批准本级预算和本级预算执行情况的报告。

（3）改变或者撤销本级人民代表大会常务委员会关于预算、决算的不适当的决议。

（4）撤销本级政府关于预算、决算的不适当的决定和命令。

2. 参考答案：我国地方政府运用的"两上两下"的具体过程如下：

（1）"一上"。支出部门在收到财政部门的年度预算编制通知之后，对部门下一年度的支出进行测算，然后报送财政部门。

（2）"一下"。财政部门收到各个部门的预算后，由职能处室对各个部门的预算进行审查，然后将审查意见反馈给各部门。在下达反馈意见的同时，财政部门根据往年的预算情况和对未来年度收入的预测，给各个部门下达一个控制数，要求各个部门在控制数内修改部门预算。

（3）"二上"。各个部门在财政部门下达的控制数内重新编制本部门的预算。然后报送财政部门。财政部门审查各个部门的预算后，汇总编制政府预算。然后，报政府常务会议讨论。财政部门根据政府常务会议的意见修改预算，然后报同级党委审查。最后，财政部门将政府预算草案报人大常委会初审。最后，人大常委会初审后形成的政府预算在人大会议召开时提交大会审议通过。

支出部门根据财政部门下达的控制数和审查意见重新修改预算，然后上报给财政部门。"二上"后，财政部门审查部门的预算后，通常提交政府常务办公会，通过后提交党委常务会，然后，政府预算必须提交给地方人大财经委员会的预算工作委员会进行初步审查，初步审查通过后，提交每年的人民代表大会审查。

（4）"二下"。人大通过预算后，由财政部门批复给各个部门，开始预算执行。

五、论述题

1. 参考答案：我们可以从如下方面认识人大审查与监督政府预算的基本特征：

（1）目前我国地方人民代表大会的预算审查与监督工作的主要侧重点：第一，以部门预算为基础开展预算审查监督，而不是以预算支出的功能来进行审批；第二，加强人大预算监督立法，各地纷纷出台各自的预算审查监督条例，依法进行审查监督；第三，加强组织能力建设，夯实人大常委会预算工作委员会的人员编制，并加强工作委员会的专业技术力量；第四，确立人大审查政府预算的基本程序，即包括初审和大会审两个主要阶段。积极探索改进和加强人大预算监督的方式和方法；第五，重视初审，虽然大会审直接影响到代表的投票，因而更具有决定性，但是事实上，初审比大会审更重要。

（2）在实践中，一些地方开展了一系列创新活动，加强预算工作委员会的工作力度，激活人大代表的作用，具体做法包括：第一，扩大预算草案发放范围，提高人大代表的知情权和参与度；第二，要求政府预算真正遵守预算的全面性原则，将所有的政府收支纳入部门预算；第三，要求预算调整和追加报人大审批；第四，加强人大预算工作委员会与政府财政部门的预算信息沟通；第五，由于时间、人力有限，开展以部门或专题为主、百姓关注的重点领域进行审查；第六，开展多种形式的培训，提高人大的专业技术力量，同时也针对普通百姓进行宣传教育，提高他们对政府预算的认识。

(3) 我国立法机构的预算审查监督权仍然有待进一步明确和细化，具体表现在：

第一，人大初审的权力与责任定位不明确。①预算初审的职能定位和性质不明确，一些地方的预算审查属于形式审查，而非实质性审查；②初审的对象和标准不明确。《预算法》及其实施条例都没有明确人大的预算初审到底是审查所有的预算项目，还是只是部门预算中列出的项目；③《预算法》没有具体规定初审的程序、方式，也没有规定初审应该形成一个什么样的结果，初审结果到底具有什么样的法律效力。

第二，预算修正权尚未落实。现代预算体系中，因为很少使用否决权来否定整个政府预算，所以预算修正权是立法机构最重要的权力。但是，《预算法》并没有对预算修正权的行使范围、程序、方式做出具体的规定。这使得立法机构最重要的权力无法落实。

第三，对预算调整进行审查的权力不明确。①虽然《预算法》规定在预算执行中因特殊情况需要增加收入和减少支出时人大有权监督政府的预算调整，但是，它没有进一步明确定义"特殊情况"的内容，也没有明确说明哪些特殊情况需要通过预算调整来解决，哪些需要动用特殊用途的预备费来解决；②对于预算调整的审核程序没有确定。

第四，收入权也没有落实。具体表现在：①预算外收入并没有纳入人大的审批范围；②人大无法审查和监督政府间转移支付收支；③地方政府的债务预算并没有纳入政府预算的范畴；④政府各个部门的经营性收益也是在地方人大的预算监督之外的；⑤国有企业资产收益是脱离人大预算监督的。

2. 参考答案：

(1) 我国政府预算编制的基本原则有：我国《预算法》第28条明确规定："地方各级公共预算按照量入为出、收支平衡的原则编制，不列赤字。"部分地方政府为了有效控制支出，在年初的预算指导中，还加上了"收支平衡、略有节余"的要求。

(2)《预算法实施条例》具体规定了各级政府编制预算的依据，具体包括：

第一，国家相关法律、法规，例如《义务教育法》、《科技进步法》，这些法律、法规成为地方政府安排法定支出的主要依据。

第二，国民经济和社会发展计划、财政中长期计划以及有关的财政经济政策。

第三，本级政府的预算管理职权和财政管理体制确定的预算收支范围。

第四，上一年度预算执行情况和本年度预算收支变化因素。

第五，上级政府对编制本年度预算草案的指示和要求。

各部门、各单位编制年度预算的依据是：相关法律、法规；本级政府的指示和要求以及本级政府财政部门的部署；本部门、本单位的职责、任务和事业发展计划；本部门、本单位的定员定额标准；本部门、本单位上一年度预算执行情况和本年度预算收支的变化因素。

第四部分　案例分析

【案例】　浙江温岭市新河镇预算民主恳谈①

一、背景

随着管理民主化、科学化趋势的日益发展，随着行政管理体制改革日益深入的发展，我国公共财政体制改革也更加深入。浙江温岭市新河镇预算民主恳谈就是我国公共财政体制改革中的一个缩影。

民主恳谈是温岭市基层政府扩大民主参与、提高公共决策科学性、有效性的创新。从1999年开始，温岭人就开始了公共事务的民主恳谈。民主恳谈的核心内容就是在公共事务决策的过程中，把公共事务的利益相关人召集到一起，通过多种形式的沟通、讨论充分表达各利益群体和个人的意见和建议，政府的最终决策要充分考虑这些意见和建议。温岭市自从开展民主恳谈以来，公众通过恳谈形式参与的公共决策领域包罗万象，涉

---

① 案例来源于牛美丽编写的《公共预算管理》。参见王乐夫、蔡立辉主编：《公共行政学》，中国人民大学出版社2008年版。

教育、国企改革、城镇规划等多个方面。但是,集中在预算问题上的民主恳谈(预算民主恳谈)还是一个新的尝试。

二、内容

温岭市新河镇从 2005 年开始推行预算民主恳谈。但是,由于是第一次尝试,新河镇 2005 年的预算民主恳谈并没有相应的制度来规范和指导。在 2005 年预算民主恳谈的基础上,2006 年新河镇预算民主恳谈的主要任务有两个:一是从程序上规范预算民主恳谈,既要充分发挥民主恳谈的优势,又要符合现有的《预算法》框架;二是把预算民主恳谈制度化。专家设计好的预算民主恳谈的程序要拿到镇人民代表大会上表决,通过后即成为一项正式的制度,长期遵照执行。本文所研究的主要是新河镇 2006 年预算民主恳谈的情况。

(一) 做好预算民主恳谈的准备工作

为了提高预算民主恳谈的效果,在民主恳谈之前,新河镇政府做了如下几方面的准备工作:

(1) 由专家起草《新河镇财政预算民主恳谈实施办法(草案)》。这个草案是新河镇预算民主恳谈的指导性文件,具体规定了预算民主恳谈和预算的执行与监督的原则、程序、形式、内容。

(2) 对人大代表和公民进行培训。镇政府邀请了高校教授和其他地方政府人大相关人员对新河镇人大代表和老百姓进行了为期半天的培训。培训的主要内容包括政府预算和百姓之间的关系、政府预算的编制、执行和监督、公民参与和政府治理、地方人大代表的权利和义务等。

(3) 在各村发布预算民主恳谈的告示,广邀百姓参与。

(4) 向镇人大代表和各村的村委会发布民主恳谈的消息,邀请他们参加。

(5) 重新组织镇人大的财经小组,在原有的三名成员的基础上,又吸收三位新成员,具体负责初期预算民主恳谈的组织工作,并在人代会期间向全体代表报告初期预算民主恳谈的情况。

2006 年新河镇预算民主恳谈的一个突出的特点就是把民主恳谈和人大对预算的审查结合起来。中国地方人大对预算的审查分为两个阶段:预算初审和大会审。前者由人大的预算工作委员会在每年人代会召开前的一个月左右对各部门的预算进行初期审查;后者指每年人代会期间全体代表对预算的审议,并最终投票对预算草案进行表决。与之相对应,这次的预算民主恳谈分为两个阶段：预算报告初审民主恳谈和人民代表大会财政预算民主恳谈。

预算报告初审民主恳谈安排在人大的预算初审阶段，但是和正常的人大预算初审有很大的不同。首先，正常的预算初审是人大预算工作委员会（乡镇一级是财经小组）组织召开，对政府预算报告草案的初稿进行审查，如果预算工委或者财经小组对预算有疑义，财政部门和支出部门负责做出解释，必要时要对预算报告进行修改。其次，温岭的预算报告的初审民主恳谈虽然是由人大财经小组主持召开，但是对所有对政府预算感兴趣的人士敞开大门，自由表达他们的意见。再次，政府在这个阶段并不介入，不对预算做出任何解释或者更改。人民代表大会财政预算民主恳谈和正常的预算审查的第二个阶段（大会审）相结合，参与者主要是人大代表和列席代表。下面的内容介绍了这两个阶段的预算民主恳谈的详细情况。

（二）预算报告初审阶段的民主恳谈

预算报告初审民主恳谈由镇人大财经小组在 2006 年 3 月 6 日组织召开。预算初审民主恳谈分 4 个步骤进行（请参考图 7-1）：

首先，根据参与者的职业，预算初审恳谈分为 3 个小组分别进行，包括工业组、农业组、社会发展组。工业组成员是私营企业老板。农业组成员是村长、村党支部书记。所有其他参与者被安排在社会组。人大财经小组 3 名成员分别担任 3 个小组组长。

然后，小组长宣读《新河镇 2005 年财政收支预算执行情况和 2006 年财政预算（草案）的报告》和《2006 年度新河镇财政预算细化说明》。

接着，所有参会者自由发表意见，小组长及时记录每一项意见和建议。

最后，在每个小组成员充分表达他们的意见后，小组长向小组成员宣读初审意见，以确保初审意见全面、真实反映小组成员的意见和建议。

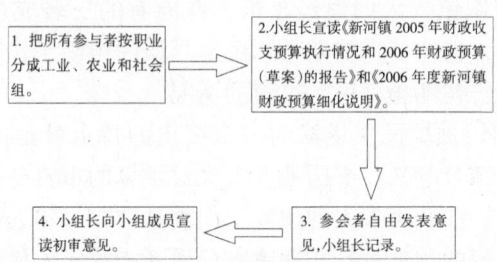

图 7-1 2006 年新河镇预算初审民主恳谈流程图

(三) 人民代表大会期间的财政预算民主恳谈

预算初审民主恳谈后的第二天，即 2006 年 3 月 8 日，新河镇第十四届人民代表大会第七次会议正式召开，按照大会的日程，预算民主恳谈从 3 月 8 日下午开始。自此，预算民主恳谈进入到第二阶段——人民代表大会期间的预算民主恳谈，这个过程实际上就是人代会的预算审查，所以参加恳谈的人都是人大代表。为了从程序上对这一过程进行规范，并使这个过程制度化，人代会首先对《新河镇财政预算民主恳谈实施办法（草案）》审议表决。代表表决通过后，接下来的预算审查和修正都是按照这个办法来进行，这个过程具体如下（请参考图 7－2）：

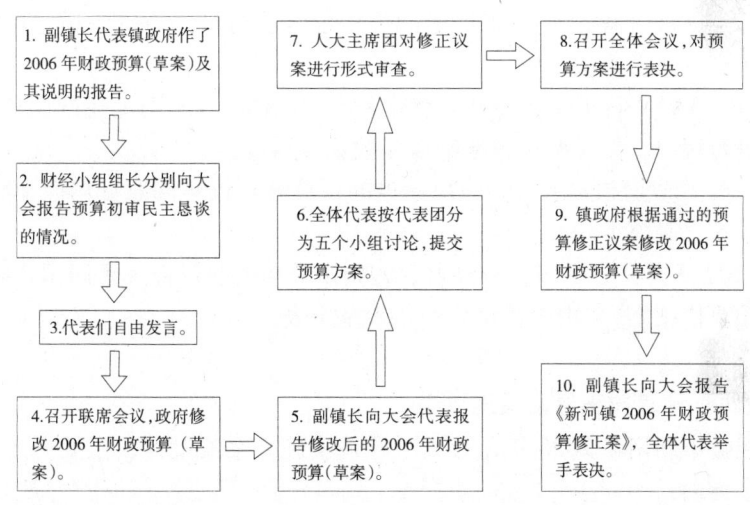

图 7－2　2006 年新河镇人民代表大会财政预算民主恳谈流程图

（1）首先由分管财政的副镇长代表镇政府作了《新河镇 2005 年财政收支预算执行情况和 2006 年财政预算（草案）的报告》和《2006 年度新河镇财政预算细化说明》的报告。

（2）财经小组农业、工业、社会发展组小组组长分别向大会报告 3 月 6 日预算初审民主恳谈的情况。

（3）代表们自由发表意见，对 2006 年预算草案提出疑问、意见和建议。镇长和分管副镇长现场解答。

（4）2006年3月8日晚，镇人大主席团成员和镇政府代表召开了联席会议。联席会议的目的主要是根据预算初审报告和3月8日下午的预算恳谈会上代表们提出的意见和建议，政府对《新河镇2005年财政收支预算执行情况和2006年财政预算（草案）的报告》作了部分修改，提出《新河镇2006年财政预算（草案）报告的修改方案》。

（5）2006年3月9日上午，分管财政的副镇长向大会代表报告了《新河镇2006年财政预算修改方案》。主要的目的是让代表们了解政府对预算报告的修改情况，为下一轮的分代表团讨论做准备。

（6）全体代表按代表团分为5个组分组讨论。在分组讨论的基础上，代表们对《新河镇2006年财政预算（草案）报告的修改方案》不满意的部分，联名提出预算修正议案。

（7）人大主席团对代表提出的修正议案进行形式审查，通过的议案可以提交人代会表决。

（8）3月9日下午，召开人大代表会的全体会议，对上述的两项预算议案进行表决，结果两项议案都以多数获得通过。

（9）镇政府根据人代会表决通过的预算修正议案的意见修改2006年财政预算（草案）。

（10）3月9日下午，分管财政的副镇长向大会报告《新河镇2006年财政预算修正案》，由全体出席的代表举手表决。

（四）预算民主恳谈实施方案

温岭市新河镇2006年预算民主恳谈实施方案的设计，主要考虑了以下几个方面：

（1）确保普通百姓参与的机会。这是实现预算民主化的核心内容之一。在预算初审民主恳谈阶段，所有公民都有平等的机会参与讨论。而且在人代会期间，他们的意见通过财经小组的汇报，如实地反映到大会上，供代表们讨论和投票表决时作参考。

（2）激活人大代表的作用。在中国地方政府的预算过程中，人大好似一直沉睡的狮子，一直没有发挥应有的作用。在历时两天的人代会期间，有一天半的时间是在讨论政府的预算报告。所有的代表可以在大会上自由发言，也可以通过分组讨论表达他们的意见。最重要的是，他们可以联名提出预算议案，要求政府必须对部分预算作出修改。我国的《预算法》虽然赋予地方人大在预算决策中的最高权力，但是并没有对预算的修正权作出任何的规定。而修正权是人大在预算过程中的最重要的权力。新河镇的做法在中国的预算管理史上还是第一次。

（3）确保人大在预算决策过程中的权威地位。首先，在3月8号下午的人代会讨论期间，所有代表提出的问题，镇长和副镇长必须现场回应。其次，如果代表对修改后的预算草案仍不满意，可以联名提出预算议案，一旦议案由全体代表表决通过，政府必须遵照执行。再次，确保人大主席团在恳谈过程中的主导地位。例如，由人大主席团负责召集联席会议，负责形式审查代表提出的议案。

（4）增进公众、人大代表和政府官员之间的相互沟通和理解。公众、人大代表通过参与恳谈增加了对国家政策和政府工作的了解。政府官员的参与使得他们更加了解百姓的需求。民主恳谈的最终目的是加强各参与方之间的沟通和理解，从而提高预算决策的科学性，同时减少不同利益群体之间的矛盾。

三、分析

通过浙江温岭市新河镇预算民主恳谈从准备、具体内容、实施过程，我们可以发现：

（1）公共财政预算决策是行政管理中最重要的决策活动之一，公共财政预算从来都不是一个单纯的技术问题，而是一个政治问题。提高财政与预算管理水平是提高政府治理水平的重要内容。

（2）我国目前的预算管理还处在起步阶段，从20世纪90年代开始的一系列预算改革，包括综合预算改革、政府采购制度改革、国库集中支付制度改革，特别是部门预算改革，以及由此拓展的人民代表大会在预算审查监督方面的一系列努力，构建了建立现代预算管理制度的基本框架。浙江温岭市新河镇预算民主恳谈是我国地方政府近年来开展的参与式预算（是一种创新的预算模式和政策制定方式，它以民主投票的形式，拓宽公众对公共支出提出建议的途径和渠道，使得社会公众参与分配资源，决定各种社会政策优先次序等政策制定过程，并对这个过程实施社会公众监督）的代表，在具体过程、内容及其实施等方面都借鉴了国际上先进的公共预算管理的经验。

（3）预算改革是一项非常复杂的系统工程，公共预算活动实质上是一系列资源的分配决策过程。正如瓦尔达沃夫斯基所说，预算改革必然涉及到预算权力的重新调整。我们在不断追求预算管理技术创新的同时，不能忽略公共预算过程中的利益问题、民主参与机制的完善问题,特别是国家权力机关预算审查监督机制、人民参与机制的建立和完善问题。

四、结论

在预算民主恳谈会后,作者做了一份民意调查。我们发放了221份问卷,收回了149份,回应率达67.4%。根据这份调查,新河镇2006年预算民主恳谈的成果主要包括以下几方面:

首先,从参与率上看,两次民主恳谈的人数加起来,共有410人。其中61人参与了联名提出议案,占调查人数的40.9%。

其次,从参与的效果上看,39.6%的人在恳谈会上发了言。没有发言的人当中,有56.6%的人认为自己想说的已经被别人说过了。只有4.8%的人认为说了也没用。

再次,从对预算的影响上看,根据民主恳谈的意见和建议,镇政府调整预算支出项目13项,调整预算资金828万元,约占当年预算支出总额的8.9%。其中,调减7项,数额414万元;调增6项,数额404万元;新增1项,数额10万元。而且最具历史意义的是,人代会通过了两项预算修正案。这在中国的预算史上还是第一次。此外,从满意率上看,调查人数中的95.7%的参与者对这次的民主恳谈表示满意。

最后,这次预算民主恳谈增强了公众的参与意识,92.5%的反应者认为公民应该参与政府的预算过程。从问卷本身来看,我们的最后一道题是自由发挥题,问大家对将来的预算民主恳谈的意见和建议。61个人写下了他们的意见,占回应人数的40.9%。只有一人认为预算民主恳谈是"只见阳光不见雨,多此一举"。

第八章 行政信息

第一部分 知识点阐述

一、行政信息资源采集管理

行政信息资源采集,是指政府部门在各自的职责范围内根据行政信息用户的需求,从有关信息源或载体内对各种形态的信息选择、采集、提取并加以聚合和集中的活动过程。行政信息采集是实现行政信息资源交换共享、提高行政信息资源开发利用水平的前提和基础。

行政信息采集的过程主要包括:

(1) 行政信息采集准备阶段:进行行政信息资源需求分析、明确采集目标、确定行政信息采集源、选择采集方法和采集工具、制定行政信息资源采集策略。

(2) 行政信息采集的实施阶段:识别信息,根据采集的要求、目标,先予以识别、筛选;提取信息,将采集所需要的行政信息运用不同的方法、采取不同的途径从行政信息源中提取出来;汇集信息,将提取的行政信息进行汇合、集中。

(3) 行政信息采集的评估阶段:对行政信息采集成败得失进行全面评估,评估的核心是确定评估指标体系,一般主要包括采全率、采准率、采集的及时率、费用率和劳动耗费等。采全率、采准率用于衡量采集的质量和水平;及时率、费用率、劳动耗费则用于衡量信息采集的效率和效益。

二、加强行政信息资源交换共享

行政信息资源交换共享是指一个部门为其他部门履行行政职能的需要而提供行政信息资源,以及为履行行政职能的需要从其他部门获取行政信息资源的行为。行政信息资源交换共享包括两个阶段:数据抽取汇集阶段和数据整合共享阶段。

实现行政信息资源交换共享的管理措施,主要包括:

第一,编制行政信息资源交换共享目录体系。主要包括:科学构建行政信息资源目录体系框架;科学构建目录体系服务模型;明确行政信息资源交换共享目录的具体内容。

第二,健全与完善行政信息资源交换共享标准规范。标准规范为信息资源一致性和技术平台的互联互通互操作提供了基本保证。行政信息资源交换共享标准规范具体包括:信息资源相关规范、技术平台对外服务接口规范、前置交换环境相关规范、交换中心环境相关规范、技术平台内部各模块接口规范和编码规范。

第三,健全与完善行政信息资源交换共享管理制度。行政信息资源交换共享管理制度包括行政信息资源管理维护制度、技术平台管理维护制度和行政信息资源分级管理制度和行政信息资源交换共享目录管理制度。

第四,加强行政信息资源共享交换平台和共享库的建设。行政信息资源共享交换平台是实现行政信息资源共享共用、形成跨部门网络化协同办公环境和提供及时有效的便民服务的基础和技术支撑。加强行政信息资源共享交换平台建设,应本着"资源整合、集约建设"的原则,统筹建设。

三、行政信息资源开发利用的框架

行政信息资源开发利用的框架包括机制框架、经济框架、建设工程框架和建设内容框架。

(一) 机制框架

合理的机制是推动行政信息资源开发利用的动力。行政信息资源开发利用机制是指行政信息资源开发利用各主体之间相互作用的方式。如图8-1所示。

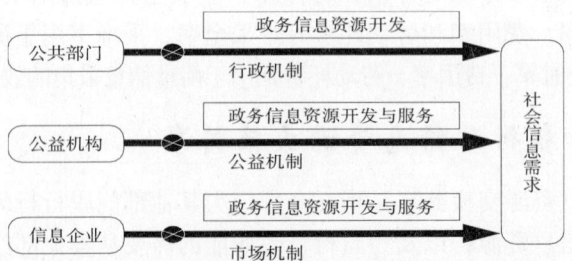

图8-1 行政信息资源开发利用的机制框架

(二) 经济框架

行政信息资源开发利用所包含的行政信息资源开发和行政信息资源利用两个相互联系、辩证统一的方面,从经济学角度看,行政信息资源开发是行政信息的生产,行政信息资源利用是行政信息的消费。而推动信息资源开发和利用的实质是提高全社会信息资源的开发水平和利用程度,保障信息产品的供给,满足全社会不断增长的信息需求。"保障供给"就是要不断开发出丰富的、高质量的行政信息产品;"满足需求"就是要满足全社会对行政信息资源的需要,如图8-2所示。

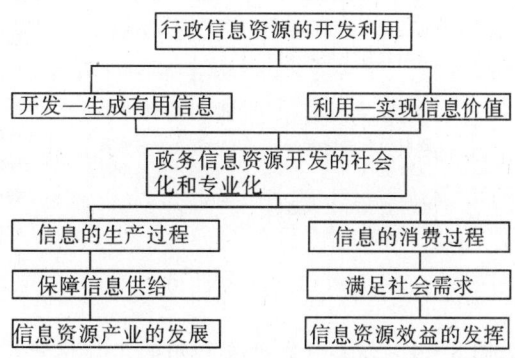

图8-2 行政信息资源开发利用的经济框架

(三) 建设工程框架

从工程建设角度看,行政信息资源开发利用建设框架包括6个体系:行政信息技术支撑体系、行政信息开发与维护体系、行政信息资源目录与定位体系、行政信息资源交换与服务体系、行政信息资源管理制度体系以及行政信息资源安全保障体系。如图8-3所示。

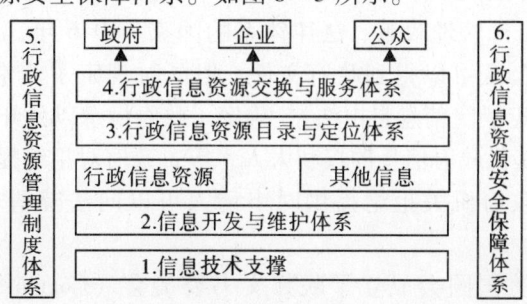

图8-3 行政信息资源开发利用的工程框架

(四) 建设内容框架

建设内容框架表明的是现阶段行政信息资源开发利用工作的重点。行政信息资源公开与交换共享、公益性信息开发服务、信息资源产业以及宏观保障环境，是现阶段行政信息资源开发利用工作的重点领域，各个领域又有其工作重点，如图8-4所示。

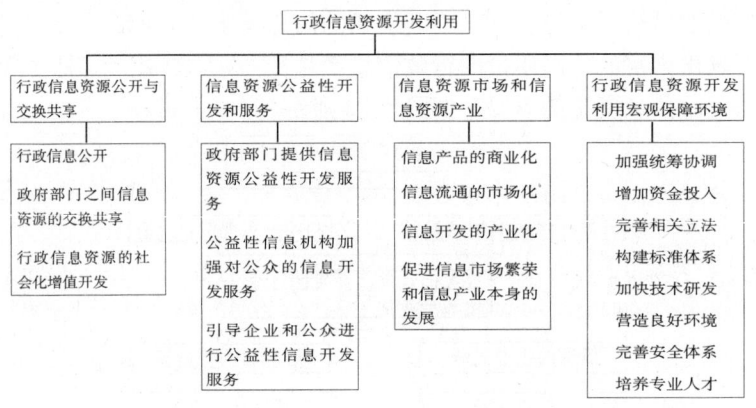

图8-4 信息资源开发利用的工作框架

第二部分 相关知识拓展

一、美国 A—130 号通告

美国是世界上最早形成行政信息公开（openness in government）等完善的行政信息资源管理政策、法律体系的国家。1946年，美国《行政程序法》规定了公众可以得到政府文件，但同时规定了非常广泛的限制。1966年美国制定了《信息自由法》，确定了政府信息以公开为原则、以不公开为例外，获得政府信息的权利人人平等，政府对拒绝提供的信息应当负举证责任，政府机关拒绝提供时申请人可以向法院请求司法救济等原则。

1975年，美国国会成立了联邦文书委员会（Commission on Federal Paperwork）。根据联邦文书委员会的报告和建议，1980年美国国会通过关于联邦政府的信息搜集、维护、使用和传递服务的《文书削减法》(Paperwork Reduction Act of 1980)，明确提出了"信息资源管理"概念和实施的具体框架，并且将记录管理的对象从记录扩展到文件、报告和记录中的信息。该法案包括信息资源管理的7个方面，即简化文书工作、数据处理和通信、统计、记录管理、信息共享和公开、信息政策和监督、组织发展和管理。

1985年12月24日，管理与预算局正式发布了A—130号通告（Circular No. A—130），即《联邦信息资源的管理》(The Management of Federal Information Resources)。该通报为联邦信息资源管理规定了一个总的政策框架，它规定联邦政府信息资源管理的总体目标是：最大限度地减轻公众的文书负担；在使政府信息得到充分利用的同时，降低政府信息活动的费用。A—130号通告首次从政府的角度将信息资源管理定义为"与政府信息相关的规划、预算、组织、指挥、培训和控制"，并且将信息资源的范围扩展到信息本身以及与信息相关的人员、设备、资金、技术等方面。

1985年A—130号通告之后，美联邦政府实施了许多涉及电子化信息收集和电子化信息发布的新计划，国会也批准了一些与此通告相关的法律。1994年、1996年和2000年，A—130号通告进行了三次修订。因此，A—130号通告是在美国联邦政府有关信息管理和信息安全的法律法规以及预算局发布的许多相关通告的基础上制定的。

A—130号通告的政策要点：A—130号通告全面阐述了联邦政府的信息资源管理政策：主要包括信息管理政策、信息系统和信息技术管理。信息管理政策包括信息管理规划、信息收集、电子化信息收集、档案管理、向公众提供信息、信息传播管理系统、避免不恰当的限制、电子化信息传播、安全保卫。信息系统和信息技术管理包括战略性信息资源管理规划、信息系统的管理和监督、信息资源的利用、信息技术的采购、监督、职责等。在"安全保障"一节中，A—130号通告明确规定："所有机构应当保证信息受到保护，以消除由于信息丢失、滥用、非法存取或非法修改而带来的危险和损害"，这就在政策上明确规定所有联邦政府机构对信息安全负有法律责任，充分体现了美国政府对信息安全的高度重视。

A—130号通告适用于所有联邦政府部门的所有机构，也是美国联邦政府信息资源管理和信息安全的政策大纲，已经形成较为系统的信息安全保障体系。

二、中国《电子政务标准化指南》

电子政务是一项系统工程，是国家信息化建设的重要领域。标准化是支撑电子政务的重要手段。为了加强电子政务标准化工作，国务院信息化工作办公室和国家标准化管理委员会成立了"国家电子政务标准化总体组"。总体组适时编写了《电子政务标准化指南》，以指导我国电子政务的建设，促进其健康发展。

(一)《电子政务标准化指南》的主要内容

《电子政务标准化指南》共分为以下6个部分：

第一部分：总则——概括描述电子政务标准体系及标准化的机制；第二部分：工程管理——概括描述电子政务工程管理须遵循或参考的标准和管理规定；第三部分：网络建设——概括描述网络建设须遵循或参考的技术要求、标准和管理规定；第四部分：信息共享——概括描述信息共享须遵循或参考的技术要求、标准和管理规定；第五部分：支撑技术——概括描述支撑技术须遵循或参考的技术要求、标准和管理规定；第六部分：信息安全——概括描述保障信息安全须遵循或参考的技术要求、标准和管理规定。

(二) 标准化在电子政务中的作用

随着信息技术在世界范围内的迅猛发展，特别是互联网技术的普及应用，电子政务正在成为当代信息化的最重要领域之一。电子政务的推进有利于加快政府职能转变，提高政府办事效率，增强政府服务能力，促进政务公开和廉政建设。标准化在电子政务中的作用主要表现为：电子政务标准化旨在有目的、有目标、有计划、有步骤地建立起联系紧密、相互协调、层次分明、构成合理、相互支持、满足需求的标准体系并贯彻实施，以支持电子政务的顶层设计和工程建设。

国内外信息化的实践证明，信息化建设必须有标准化的支持，尤其要发挥标准化的导向作用，以确保其技术上的协调一致和整体效能的实现。电子政务的建设必须坚持"统筹规划、统一标准"的方针，通过标准化的协调和优化功能，保证电子政务建设少走弯路，提高效率，确保系统的安全可靠。统一标准是互联互通、信息共享、业务协同的基础。标准化是电子政务建设的基础性工作，它将各个业务环节有机地连接起来，并为彼此间的协同工作提供技术准则。电子政务标准化工作必须服务于电子政务的总体目标，并最大程度地满足工程需求。

以电子政务建设为契机，抓住机遇，结合国情，充分利用标准化手段，以指导我国电子政务的建设与应用，促进具有自主知识产权的信息技术与产品的开发，提高我国信息产业的竞争力。

（三）电子政务标准化的指导思想与工作原则

电子政务标准化的指导思想：面向电子政务的建设，本着"统筹规划、面向应用、突出重点、分工协作"的方针，依托现有资源和信息化工作的基础，坚持自主制定与采用国际标准相结合，加强与示范应用的有机结合，适时推出与电子政务相适应的标准体系，强化标准实施与监督力度，为电子政务建设提供强有力的支持、保障和服务。

电子政务标准化的工作原则：

第一，政府主导，统筹规划。电子政务涉及各级政府和部门，为确保其建设的有序性，少走弯路，必须加强政府主导，做好统筹规划。制定电子政务标准化总体规划，搞好顶层设计。分析工程对标准化的需求，研究国外标准化成果，借鉴国内外成功的标准化工作经验，形成并不断完善与电子政务相适应的标准体系。

第二，面向工程，满足需求。标准化工作的目标、内容、广度、深度与电子政务的建设必须密切结合，围绕我国电子政务建设的实际，从特殊到一般，又从一般到特殊，解决工程急需解决的标准化问题。

第三，突出重点，狠抓关键。按照"有所为，有所不为"的思路，重点研究解决电子政务建设所需的共性、基础性标准化问题，集中力量抓互联、互通、信息共享和安全方面的关键性标准项目。

第四，急用先上，循序渐进。按轻重缓急合理安排标准研究和开发项目。把握技术驱动和需求牵引的统一，提出"技术要求"、"技术规范"，直至"国家标准"。

第五，借鉴世情，自主开发。认真研究国际标准和国外先进标准，对适合我国电子政务建设的标准积极采用。坚持标准的自主开发，从电子政务建设的实际出发，注重以自有技术或自主知识产权支持标准的制定。鼓励企业、科研院所和高等院校等单位的积极合作与参与。

第六，强化实施，提供服务。制定标准实施措施，开发标准应用辅助工具，搞好标准应用试点，强化标准符合性检测。为工程提供必要的标准化咨询和服务,在工程项目立项与验收时将是否符合标准作为考核依据之一。

(四) 电子政务标准化的总体目标与工作任务

总体目标:第一,建立并不断完善电子政务标准体系,为电子政务建设提供支持与服务;第二,制定一批电子政务关键标准,为系统实现互联互通、信息共享、业务协同、信息安全打好基础;第三,建立电子政务标准贯彻实施机制,为标准的实施提供有效服务。

工作任务:第一,进行标准化总体设计。包括确定电子政务标准化目标、确定电子政务标准体系框架、建立电子政务标准化管理机制和制定电子政务标准化指南;第二,建立和完善标准体系。包括确定工程可用的我国标准、研究确定拟采用的国际标准和国外先进标准、制定所需的共性、基础性、关键性标准以及适时调整标准体系及重点标准修订项目;第三,加强标准贯彻实施。包括制定标准贯彻措施、加强贯彻的管理与检查,开发相应的标准应用辅助工具,与工程应用紧密结合来推行试行标准并根据试行情况对标准进行完善,建立标准符合性评定机制以确保标准实施的有效性,完善标准咨询与服务体系。

(五) 电子政务标准体系

电子政务标准体系是电子政务标准化工作的核心,也是电子政务总体设计的重要内容,它为电子政务标准化工作勾画了一幅整体"蓝图"。

第一,电子政务标准技术参考模型。标准技术参考模型是制定标准体系的基础,它是从系统工程的角度抽象概括出电子政务标准的技术框架。电子政务标准技术参考模型由网络基础设施层、应用支撑层、应用层组成,信息安全与管理贯穿于各个层面中。

网络基础设施层位于整个技术体系结构的底层,为各类电子政务应用提供必要的网络基础环境和有效、可靠的信息传输服务通道,是各类行政信息的最终承载者。

应用支撑层为电子政务应用层提供信息交换服务、事务处理服务和流程控制服务等各种通用服务,能有效地简化电子政务应用系统的设计和实现。应用层包括在应用支撑层上构造的各种电子政务应用,是整个电子政务面向最终用户的层面。它主要包括各类办公自动化系统、业务处理系统、公文流转处理系统、公众服务系统以及其他电子政务应用系统。

信息安全在各层面为电子政务提供机密性、完整性、可用性、鉴别、抗抵赖等安全服务,主要涉及安全管理、安全协议、加密、签名与认证、密钥管理、安全评测、公钥基础设施等方面。

管理涉及网络基础设施、应用支撑、电子政务应用各个层面的技术和运营管理。

第二,电子政务标准体系。电子政务标准体系是指电子政务建设所需标准按其内在联系构成的科学有机整体。标准体系由结构图和明细表两部分组成。它是电子政务所需标准的结构化蓝图。

电子政务标准体系结构:按照电子政务标准技术参考模型和标准体系的定位体系的纵横关系,给出电子政务标准体系结构。电子政务标准体系结构由两个层面的6个部分组成:①总体标准,包括电子政务总体性、框架性、基础性的标准和规范;②应用标准,包括各种电子政务应用方面标准,主要有数据元、代码、电子公文格式和流程控制等方面的标准;③应用支撑标准,包括为各种电子政务应用提供支撑和服务的标准,主要有信息交换平台、电子公文交换、电子记录管理、日志管理和数据库等方面的标准;④信息安全标准,包括为电子政务提供安全服务所需的各类标准,主要有安全级别管理、身份鉴别、访问控制管理、加密算法、数字签名和公钥基础设施等方面的标准;⑤网络基础设施标准,包括为电子政务提供基础通信平台的标准,主要有基础通信平台工程建设、网络互联互通等方面的标准;⑥管理标准,包括为确保电子政务工程建设质量所需的有关标准,主要有电子政务工程验收和信息化工程监理等工程建设管理方面的标准。

第三部分 练习题及答案

练 习 题

一、单项选择题

1. 下列信息资源管理的标准中,不在中国目前划分行列的是( )。
   A. 国际标准　　B. 国家标准　　C. 行业标准　　D. 地方标准
2. 行政信息资源管理主要目标不包括( )。
   A. 实现行政信息资源的科学管理
   B. 实现行政信息资源的有效利用

C. 实现行政信息资源的合理开发

D. 对社会及时发布大量有价值的行政信息，引导企业自主走向市场

3. 下列选项中，不属于行政信息资源管理标准化方法的选项是( )。
   A. 简化法　　B. 统一法　　C. 排列法　　D. 组合法

4. 认为信息资源管理是一种管理过程的学科理论是( )。
   A. 管理哲学说　　　B. 系统方法说
   C. 管理过程说　　　D. 管理活动说

5. 下列选项中，不属于西方国家行政信息资源开发利用战略的选项是( )。
   A. 加强政府宏观调控，有效利用资源
   B. 推行市场化的政策取向
   C. 重点建设数据库资源，促进网络信息资源的开发
   D. 完善行政信息政策法规

6. 主要工作是汇集信息，将提取的行政信息进行汇合、集中，这属于行政信息资源采集的( )。
   A. 准备阶段　　B. 综合整理阶段　　C. 实施阶段　　D. 评估阶段

二、多项选择题

1. 行政信息公开原则包括( )。
   A. 合法性原则　　B. 及时性原则　　C. 真实性原则
   D. 利益平衡原则和不收费原则　　E. 责任原则

2. 信息资源管理具体业务工作等活动的行政信息资源管理专业人员，主要包括( )。
   A. 人力资源管理专业人才　　B. 信息技术专业人才
   C. 财务管理专业人才　　　　D. 信息管理专业人才
   E. 行政管理专业人才

3. 行政信息资源采集的渠道包括( )。
   A. 行文渠道　　　B. 媒体渠道　　　C. 机构性渠道
   D. 制度性渠道　　E. 个人渠道

4. 行政信息资源开发利用的框架包括( )。
   A. 机制框架　　　B. 经济框架　　　C. 建设工程框架
   D. 建设内容框架　E. 建设工程验收评估框架

5. 行政信息采集的基本方法是(　　)。
   A. 调查法　B. 实验法　C. 检索法　D. 与会法　E. 观察法
6. 行政信息资源管理法制建设的内容框架包括(　　)。
   A. 行政信息资源管理法律制度
   B. 行政信息机构组织管理法律制度
   C. 行政信息安全法律制度
   D. 行政信息保密法制制度
   E. 国际信息合作与交流法律制度

三、概念辨析题
1. 信息资源与行政信息资源。
2. 信息资源管理与行政信息资源管理。
3. 行政信息公开。
4. 行政信息资源开发与利用。

四、简述题
1. 简述行政信息资源管理的目标。
2. 简述行政信息资源公开的原则。
3. 简述如何构建行政信息资源库。

五、论述题
1. 论述行政信息资源法制化建设的内容。
2. 论述我国行政信息资源开发利用战略。

练习题答案

一、单项选择题
   1. A　2. D　3. C　4. C　5. A　6. C

二、多项选择题
   1. ABCDE　2. BD　3. ABCDE　4. ABCD　5. ACDE
   6. ABCDE

三、概念辨析题

1. 参考答案：狭义的信息资源仅指记录在载体上的信息内容，是指限于信息本身的文献资源或数据资源，或者说各种媒介和形式的信息集合，包括文字、声像、印刷品、图形、图像、电子信息等。广义的信息资源是与信息内容产生、利用有关的一切资源，包括与信息相关的人员、设备、技术、资金和信息资源管理体制等各种要素的总称。

行政信息资源是指公共行政活动所涉及的、对公共行政活动产生影响作用的信息资源的集合，它包括行政信息内容资源以及与信息采集、处理、储存、分级分类、交换共享和开发利用活动有关的信息人员、信息设施、信息技术、信息资金和信息管理体制。

2. 参考答案：信息资源管理是一种系统的管理思想和方法，是一种基于信息技术的、为满足信息需求而实施的集约化管理活动，包括对信息活动要素（信息、人员、技术设备、资金等）的规划、组织、控制和协调，以实现资源的最佳配置和提高信息资源的开发利用水平。

行政信息资源管理（GIRM，Government Information Resources Management）是一种集成性和综合性的管理活动，是公共部门为了实现特定的目标，以现代信息技术为手段，对行政信息进行采集、加工、存储、交换共享、开发利用和服务，对信息活动各要素（信息、组织机构、人员、设施、资金、技术等）进行规划、预算、组织、协调、指导、培训和控制，以实现行政信息资源的合理配置、有效地满足公共部门自身和社会信息需求的活动过程。

3. 参考答案：行政信息公开是指政务部门以及法律法规授权的具有管理公共事务职能的公共组织主动或根据公众的申请公开行政信息，并方便社会公众获取的各种活动与制度的总称。

4. 参考答案：狭义的行政信息资源开发是与狭义的行政信息资源概念相联系，仅仅是指对行政信息内容资源的开发，主要包括行政信息的生产、表示、搜集、整序、组织、存储、检索、重组、转化、传播、评价、应用等。通过这些环节来提升行政信息资源的质量、完善信息服务、方便行政信息资源利用、有效挖掘行政信息资源的潜在价值和显在价值。

行政信息资源利用是公共部门、企业、其他社会组织和个人有意识地利用行政信息资源实现自身的需求，解决各自问题的过程。行政信息资源利用的主体非常广泛、目的非常明确，利用的结果就是实现行政信息资源的价值。行政信息资源利用的着眼点是利用效率、利用水平、利用过程的评价和维护等。行政信息资源的使用价值是由行政信息的真实度、行政信息的时效性和适用性所构成的。

四、简述题

1. 参考答案：行政信息资源管理目标包括以下 4 个方面：

（1）实现行政信息资源的科学管理，这是行政信息资源管理的基础性目标；

（2）提高行政信息资源开发利用的能力，这是行政信息资源管理的根本性目标；

（3）最大限度地降低公共部门信息活动的费用，这是行政信息资源管理的直接目标；

（4）促进公共行政正常运转、经济良性运行和社会和谐发展，这是行政信息资源管理的终极性目标。

2. 参考答案：行政信息资源公开原则包括以下方面：

（1）合法性原则。合法性原则是指行政信息公开必须是依法公开，包括行政信息公开的范围、内容、程序和途径等，都必须有法可依、有章可循，即通过具体的法律、法规、制度和规范等，对行政信息公开做出明确规定，并在实践中贯彻执行。

（2）及时性原则。行政信息公开作为公共行政活动的一个有机组成部分，也要求做到及时、迅速。

（3）真实性原则。这一原则指的是公开的行政信息必须是真实、可靠的，而不是虚假的或错误的行政信息。

（4）利益平衡原则。利益平衡原则指的是实施行政信息公开时不得侵犯包括个人隐私、商业秘密等其他个人或组织的合法权益，以及国家秘密和社会公共利益，有效处理公开与保护的关系。

（5）不收费原则。行政信息资源作为社会公共资源，它的公开，一般不收取费用。

（6）责任原则。公开行政信息是公共部门的一种责任。公众知情权的有效实现取决于对违反行政信息公开行为责任的严肃追究和对侵犯公众信息获取权的有效救济。

3. 参考答案：

（1）明确行政信息资源库构建的目标。包括：第一，要有利于实现行政信息公开和面向社会服务的原则，提高社会服务质量；第二，要有利于提高公共行政能力、回应社会需求的能力，做到科学、高效的宏观管理和决策；第三，要有利于对社会及时发布大量有价值的行政信息，引导企业自主走向市场，引导经济发展和社会进步，减少盲目性。

（2）具体措施。构建行政信息资源库，需要长期的规划和强有力的组织协调，要从国民经济和社会发展的全局出发，统筹兼顾，综合协调。具体措施包括：第一，健全和完善行政信息资源管理的统一标准和规范；第二，遵循由易到难、分步实施的原则；第三，加强对行政信息资源库的系统运行规范管理，包括建立和完善运行规范来管理和控制信息系统的运作；第四，建立高效、可操作的行政信息资源质量评价体系。

五、论述题

1. 参考答案：行政信息资源法制化建设的主要内容包括：

（1）确定信息资源法是一个独立的法律部门地位。信息资源法具有特定的调整对象，即信息资源关系。它不仅包括围绕信息技术所进行的信息活动在人们之间产生的社会关系，也包括围绕信息资源所进行的各种信息活动在人们之间产生的社会关系。因此，信息资源法的调整对象具有特殊性，不能为其他法律所调整。从这个角度而言，信息资源法完全可以独立于其他法律部门而存在于法律体系之中。信息资源法是一个独立的、新的法律部门，也就必然形成信息资源法体系。

信息资源法体系是指信息资源法的结构及分类，也就是信息资源法包括哪些法律制度，国家制定的调整信息的采集、加工处理、分级分类、交换共享、公开、开发利用等信息活动过程以及信息技术活动领域中所形成的各种社会关系、利益关系和安全问题的全部法律规范的总和。

（2）行政信息资源管理法制建设的内容框架。信息法体系决定行政信息资源管理法制化建设的内容。为此，行政信息资源管理法制建设的内容框架，主要包括：①行政信息资源管理法律制度；②行政信息机构组织管理法律制度；③行政信息安全、保密法律制度；④国际信息合作与交流法律制度。

2. 参考答案：依据《国家信息化发展战略》，我国行政信息资源开发利用战略主要包括以下方面：

（1）完善有关行政信息资源开发利用政策法规。国家应制定行政信息资源开发利用的法规和条例，对行政信息公开原则、开发信息资源的组织机构及职责、行政信息的发布和行政信息的保密等涉及行政信息资源管理的各个环节，都作详细全面的规定，以确保行政信息资源的开发利用遵循统一的规定，确保行政信息资源开发利用工作的健康进行。

（2）完善管理体制，建立行政信息资源管理机构。根据中国行政信息化建设和应用的发展阶段，实现从技术导向到管理导向、政务导向的转变，强化行政信息资源管理；完善管理体制，建立一个全国性的行政信息资源管理体系和从上到下的综合性管理机构；在部门内部设立 CIO 职位并明确其地位与作用。

（3）重视行政信息内容的完善和服务。重视行政信息资源的开发，重视网上行政信息的发布和更新维护，在内容和服务上取得突破，包括强化行政信息内容的筛选、明确标准和进行分类分级，挖掘信息内在潜力，拓展政府信息内容的深度与广度等。这是实现行政信息资源开发目的的重中之重。

（4）进一步改进行政信息资源基础建设。行政信息资源基础建设，包括加快信息资源的数字化建设，对现有各种资料进行数字化、网络化改造，逐步实现行政信息传输的网络化；搞好行政信息资源网络建设，完善政府机关的内部办公网、政府办公业务资源网和政府公众信息网；加强数据库建设，对原有数据库进行规范化、标准化和内容完善，强化行政信息资源目录体系建设；围绕网络环境下的行政信息采集、处理、管理和服务，加强行政信息资源应用系统建设。

（5）强化行政信息资源的标准化建设。行政信息资源标准化是行政信息资源开发利用的基本战略决策。行政信息资源标准化的建设有助于提高行政信息管理、电子政务管理和服务的水平。为此，行政信息资源管理要设立数据管理部门来集中控制和统一管理数据的定义和结构的规范化，指导、协调信息系统开发和使用人员执行标准和规范。

（6）重视人才的开发利用。行政信息资源开发利用的主体是人，人才的开发利用是行政信息资源开发利用战略中的关键。因此，实现行政信息资源开发利用战略，必须强化人才培养、人才资源发掘、人才使用和人才配置。

第四部分 案例分析

【案例】 马骋诉求政府信息公开案①

一、背景

近年来，随着社会改革步伐的加快，社会控制型政府向公共服务型政府转型成为普遍的共识；依法治国思想逐渐深入人心，信息公开也开始提上议事日程。为了推动立法，2002年国家已启动有关行政法规的起草工作。继广州市政府2003年初率先实施《广州市政府信息公开条例》之后，上海、湖北、吉林、江苏等省市以及国土资源部、国家食品药品监督管理局等中央部委也先后制定颁布政府信息公开方面的法规、条例、办法等。2006年，制定《政府信息公开条例》更是被列入国务院一类立法。

2006年6月2日，《中国青年报》上刊登了一篇题为《屡次采访申请被拒绝，上海一记者起诉市规划局信息不公开》的报道，从而将这一原告旨在让有关部门重视记者的"新闻采访权"和"信息公开"的案件推向了全国。2007年1月17日国务院第165次常务会议通过了《中华人民共和国政府信息公开条例》，自2008年5月1日起实施。这标志着我国政府信息公开走上了法制化和规范化的道路。

二、内容

原告：马骋，原上海某报资深政法记者。

被告：上海市城市规划局。

为了对一项新闻事件进行深入采访，马骋于2006年4月18日上午到上海市城市规划局（以下简称上海市规划局）要求对其进行采访，但被拒之门外。该局宣传处项处长在门卫拨通的电话中告诉马骋，事先未经过批准不符合其条件，必须提出书面采访申请，要求马骋写一个书面申请传真给他们。当天马骋回报社便将书面采访申请传真给了该局，并与项处长

---

① 根据《记者诉政府信息不公开案》（载自新华网：http://news.xinhuanet.com，2006年6月3日）整理而成。

通过电话确认她已经收到。电话中项处长告诉马骋，他的书面申请已转该局有关业务处室。而上海市规划局之后并没有答复，原因是马骋的采访提纲上没有加盖报社公章，并说报社并没有委托马骋采访。

2006年4月23日，马骋又以挂号信形式向上海市规划局寄送了书面采访申请，请该局按照《上海市政府信息公开规定》提供应当公开的政府信息，并在15个工作日以内给予答复。上海市规划局在收到挂号信后发现没有报社公函，于是他们与马骋所在单位联系，要求转告马骋他们不接受采访。上海市规划局某负责人后来在接受《检察日报》记者采访时表示，对像马骋这样第一次要求采访的记者，规划局的常规做法是，不仅要求记者出示证件，还要提供所在报社公函，并有采访提纲。他们并没有故意给马骋的采访设卡。之所以这样做，主要是考虑到城市规划信息，保密安全是第一位的。政府信息公开制度中，也不是什么信息都要公开的。现在记者很多，他们很难判定是否用于报道。要求出示相关单位公函，在客观上把个关，这也是政府部门的常规做法。现行的法律并没有这方面的具体规定。多年来规划局都是这样处理的，并没有发生过什么问题，这次是第一次遇到。而马骋认为记者采访不需要提供公函，再次遭到拒绝后，他以公民身份向法院提起诉讼。

2006年5月18日马骋起诉上海市规划局信息不公开案被上海市黄浦区人民法院正式受理。马骋在他的行政诉讼状中称，根据《上海市政府信息公开规定》，政府部门对与经济、社会管理和公共服务相关的政府信息，应当主动公开或者应申请公开；公民、法人和其他社会组织有权依据该规定，要求政府机关向其提供有关政府信息。该规定还制定了政府新闻发言人制度，代表各级政府向社会发布政府信息，那么，对新闻记者的采访申请，各级政府部门也应依申请公开政府信息。马骋在行政起诉状中，要求法院判决上海市规划局按照《上海市政府信息公开规定》向其提供由他申请应当公开的政府信息。当天，马骋还向中国记协发出一封信，题为"新闻采访权司法救济的一次尝试"。

"最后的结果并不重要，关键是要让有关部门重视记者的新闻采访权"。近日，上海某报记者马骋起诉上海市城市规划管理局信息不公开一案，已被上海市黄浦区人民法院正式受理，这也是国内首例新闻记者起诉政府部门侵犯新闻采访权的案件。

2006年6月2日，《中国青年报》最先对马骋起诉上海市规划局一案进行报道，从而引起了国内众多媒体的关注。就在媒体兴奋地高调追踪、连续报道这起被冠以"国内首例新闻记者起诉政府部门侵犯新闻采访权"

案件，探讨诸如"个案推动政府信息公开的司法意义"、"如何实现新闻采访权的法律保障"等问题时，作为"寻求新闻采访权司法救济"的尝试者马骋，迫于其不愿透露的原因，突然以"放弃对被申请人的采访申请"为由，于6月7日撤回了诉状。最终这起引起业界和学界广泛关注的案件以"息讼"的方式结束。特别值得一提的是，马骋的诉讼是继70岁的上海市民董铭就因申请查阅一处房屋原始产权资料被拒，进而状告上海市徐汇区房地产局"政府信息不公开案"[①]的第二例"政府信息公开案"。而在董铭诉上海市徐汇区房地产局案中，董铭最终败诉。

三、分析

本案例从某种程度上说明公共部门负有公开公共信息的义务，而与之相对应的是公民有对公共信息合法的知情权。

公共信息公开一般来说有两个方面的含义：一是公共权力运作的过程和结果向社会公开；二是国家机关拥有和掌握的信息向社会和公众公开。与公共信息公开相对应的则是公民的知情权。所谓公民的知情权，简而言之，就是公民对于国家的重要决策、政府的重要事务以及社会上当前发生的与普通公民权利和权益密切相关的重大事件，有及时、准确地了解和知悉的权利。知情权是在现代民主法制社会中公民的一项基本权利。知情权的内容不仅局限于知道和了解国家的法律、法规以及执政党的大政方针，还应当包括政府掌握的一切关系到公民权利和利益、公民个人想了解或者应当让公民个人了解的其他信息。知情权是民主政治发展到现代阶段所产生的一项重要的公民权利，是公民实现和维护自身其他权利和利益的重要条件。

对于采访权，法律并没有明确规定，理论上通常认为采访权是一种权利而不是一种权力，因此，记者的采访通常需要被采访者的同意。但是，例外的是，对于与公共利益有关的信息，公民理当有权知晓，记者也有权利和义务去报道。

针对案件中的阐述，应该说马骋的起诉是合理、合情，也是合法的。2004年5月实施的《上海市政府信息公开规定》中规定，城市总体规划、其他各类城市规划以及土地利用总体规划等规划信息，属于政府机关应当主动向社会公开的政府信息。那么，马骋在不能查询到上述信息的情形下，有理由向上海市城市规划管理局查询和采访，如果采访被拒绝，他可以根据该条例中的规定："公民、法人和其他组织认为政府机关违反本规

---

① 详见《上海市民诉政府信息不公开案》，《东方早报》2004年6月22日。

定的具体行政行为,侵犯其合法权益的,可以依法申请行政复议,对行政复议决定不服的,可以依法提起行政诉讼;公民、法人和其他组织也可以依法直接向人民法院提起行政诉讼。"

一方面马骋的诉讼是在争取公民的知情权。尽管一些地方政府出台了政府信息公开条例,但截至案件发生之时国家尚未出台《政府信息公开法》,公民获取政府信息的渠道仍不完善,只有通过一个个具体的诉讼才既可以使地方条例有效运转,同时也引起公众的关注,从而促进全国性的法律制定与出台,最终使公民的知情权落到实处。

另一方面,马骋的诉讼也是在争取记者的采访权利。目前我国还没有出台保护新闻记者方面的法律,记者被拒绝采访甚至被殴打的现象也时有发生。通过此类案例的司法适用,记者采访权受保护的观念会受到社会应有的重视,促进媒体更有力的监督。

相信这些权利的争取,必将促进信息在整个社会的更加及时、畅通地公开,使公共利益免于损害,新闻报道更加公正、自由,最重要的是,公民个人也可以通过有效地获取信息,最大限度地保障自身的合法权益。

四、结论

信息公开是现代民主政治对公共部门的必然要求,也是现代政府的普遍做法。当今社会,随着公民权利意识的提高,必然要求构建完善的法律制度来保障自己的权利。政府信息公开法制化,也是我国建立法治政府的必然要求。信息公开的法制化是确保信息公开制度化、规范化的必须之举。信息公开制度应当明确赋予公民对国家机关信息公开的请求权,以及为落实这一请求权所必需的诉讼权,即对不履行法定公开义务者提起行政诉讼的权利。这样才能有力地推动社会公众监督信息公开的实施。

第九章 政策过程与政策分析方法

第一部分 知识点阐述

一、政策过程

"政策过程"这个概念是指用动态观点认识和分析行政决策,并揭示其中的复杂性的过程。政策过程大致分为政策议程建立、政策方案形成、政策决定、政策执行与政策评估阶段。

(一) 政策议程建立

议程建立是政策过程的第一阶段,决策者需要辨认什么是政策问题,并依据某种标准,对问题的轻重缓急做出排序。

1. 政策问题的确认

政策所要解决的问题是那些带有普遍性和共性的社会问题或公共问题,是人们的价值、观念、利益或生存条件遭到威胁或损害而出现的问题。但并非所有的社会问题都能成为政策问题,成为政策问题的问题必须具备一定范围和强度的影响力。问题的强度和影响力,以及渴望解决问题的强度在很大程度上决定了该问题能否进入议程和在议程中的排序。

2. 建立议程的途径

通常认为议程有两种:公众议程和政府议程。公众议程是指问题处在公众讨论阶段,政府议程指问题已经进入决策程序并被正式讨论,也称制度议程。按照问题进入议程的方式不同,议程建立途径主要有3种:①外在发动型;②政治动员型;③内在发动型。

(二)政策方案形成

政策方案的形成也称为方案规划,是指解决问题寻找一系列政策方案,从中选择最恰当的、最符合政策目标的方案,以供决策者做最终的比较和决定。它包括问题界定、目标确立、方案设计、后果预测、方案抉择5个环节。在方案制订过程中必须遵守如下原则:信息性原则、系统性原则、预见性原则、灵活性原则、可行性原则。

政策方案是按照综合目标、社会收益、执行可行性等标准择优比较,同时,方案制订过程要体现决策的科学化、民主化。

(三)政策决定

即决策者依据方案选择的标准对方案进行淘汰、选择,并对方案进行合法化的过程。在这阶段,可从技术可行性、经济可行性、政治可行性、行政可行性4个方面对方案进行比较择优。

在这阶段必须对方案合法化,使其成为真正有权威性的决策,只有获得合法性的政策决策,才能在后续的政策过程中得到切实有效的执行。

政策合法化包含两个层次:政治正当性(legitimacy)和政策合法化程序。

政治正当性包含:实质层面与心理层面。实质层面即合法性问题,是指必须在宪法架构下运作。心理层面则是指被统治者愿意接受统治者及其政策的统治与约束。

政策合法化程序是指,政策备选方案必须得到有权责的机关或个人之认可批准,才能取得合法地位。政策合法化程序也包含两个层面:一是行政机关的政策合法化;二是立法机关的政策合法化。

政策合法化就是使政策方案被公众认可、接受、遵从的过程,具体来说包括几方面的内容:一是决策者及其权力的合法化;二是政策决策程序的合法化;三是政策内容的合法化;四是政策内容法律化。

(四)政策执行

政策执行是政策过程的中介环节,是将政策目标转化为政策现实的唯一途径。具体来讲,政策执行是一个动态的过程,它是政策执行者通过建立组织机构,运用各种政策资源,采取解释、宣传、实验、实施、协调与监控等各种活动，将政策观念形态的内容转化为实际效果，从而实现既定政策目标的活动过程。

1. 政策执行的主体及其对象

政策执行的主体有各级行政部门、立法与司法机构、中介组织、社区组织。政策对象，即政策客体，每项政策都有适用的范围和对象。

2. 影响政策执行的因素

(1) 政策决定因素，也是政策本身的因素。在公共政策领域，许多政策之所以无法达到预期效果，大多是政策本身的缺陷。政策决定因素主要包括政策合法性、政策合理性。

(2) 政策资源因素。政策资源可等同于执行条件，是指政策执行中所必须具备的主客观条件。大致包括：执行经费、执行人员、执行机构、执行保障。

(3) 政策环境因素。政策环境是指除政策执行机构自身外的社会和自然因素的总和。

(五) 政策评估

政策评估是依据一定的标准和程序，对政策的效益、效率及价值进行判断的一种政治行为，目的在于取得有关这些方面的信息，作为决定政策变化、政策改进和制定新政策的依据。

1. 政策评估的主体和标准

政策评估的主体是内部评估者和外部评估者。内部评估者在政府内部，主要是政府官员。外部评估者指外部公众或者评估机构。政策评估的标准主要有生产力标准、效益标准、效率标准、公平标准和政策回应度。

2. 政策评估的类型

(1) 正式评估与非正式评估。正式评估是指采用描述性的方式来获取关于政策运行结果方面可靠而有效的信息的一种评估方式。正式评估事先制定完整的评估方案，并严格按规定的程序和内容执行，并由确定的评估者进行评估。正式评估的主要形式包括"总体评估"和"形成评估"两种。非正式评估对评估者、评估形式、评估内容没有严格规定，对评估的最后结论也不作严格要求。

(2) 内部评估与外部评估。将政策评估分为内部评估与外部评估是依据评估机构的地位而定的。内部评估主要是指政府内部行政机构的评估者对公共政策进行的评估。外部评估主要是针对非政府部门，特别指政府部门以外的诸如专业的学术研究机构、营利性或非营利性的咨询机构、专家学者等等对公共政策所进行的评估。

（3）事前评估和事后评估。事前评估和事后评估是按照评估所处的阶段划分的。事前评估又名预评估，它是在政策执行之前进行的一种可预测的评估。事后评估是在政策执行完后，针对政策施行产生的效果和影响对政策进行评估。

二、政策分析的方法

第一，定性分析与定量分析方法。

第二，专门的分析方法。

（1）过程方法。过程方法是最常见的分析方法，是把公共政策的形成、决策及实施各阶段看作循环过程，它们之间密切联系。顺序上，后一个阶段是接着前一个阶段的结果所产生的，因此形成链条式的环环相扣。

（2）实体方法。实体研究方法，和抽象的政策研究相对应，都是针对某一特定政策领域进行研究的方法。通过把握客观的、具体的政策实体来发现问题作为研究的对象。

（3）逻辑实证方法。逻辑实证方法，也称作行为主义方法或者科学方法，主要运用理论演绎、模型、假设验证、客观数据、比较方法和严谨的统计分析的方法，是一套非常清晰明了的操作方法。

（4）计量经济学方法。计量经济学方法，即公共选择理论，是以经济学理论为基础，讨论政治领域里面的"理性选择"理论。研究的起点是个体的利益计算，从此出发讨论策略的选择及其最终对整体决策的影响。

（5）后实证主义方法。后实证主义者主张以价值为基础，包含更符合直觉和意识的分析方法，再结合实证研究。他们并没有排斥实证方法，只是对主宰行为的价值因素的重新重视，是反思后的进步。

（6）参与主义路径。把既懂得利益，又有价值偏好的利益涉及者都纳入政策制定过程中，通过扩大参与，允许受政策影响者参与政策过程，从而实现拉斯韦尔所提出的政策科学的民主。

（7）规范性描述方法。

（8）意识形态方法。

（9）历史方法。

第二部分　相关知识拓展

托马斯·戴伊将公共政策定义为"政府选择做或者不做的事情",这个定义明确指出了公共政策的主体以及政策过程中的选择,但是对政府行为和公共政策的本质区别以及政策目的等关键问题没有进行讨论。威廉·詹金斯将公共政策定义为"由政治行动主体或行动团体在特定的情境中制定的一组相关联的决策,包括目标选择、实现目标的手段,这些政策原则上是行动主体力所能及的。这个定义指出公共政策是个过程,是一组相关联的决策。詹姆斯·安德森把政策描述为某一行动主体或一群行动主体解决问题或相关事务的一个有意识的行动过程。他的定义说明了政策主体的多元性,并强调公共政策的目的性。以上三种定义都从不同的角度入手,但没有对公共政策与公共利益的关系以及公共政策与政策过程的区别作相关讨论。

学者们在公共政策研究中,往往是将政策过程分解为一系列阶段或子过程,这种简化的方法也成为"政策循环",不同的研究者为了研究的需要提出了不同的政策过程。例如,拉斯韦尔将政策过程划分为7个阶段:①信息;②建议;③法令;④试行;⑤执行;⑥终止;⑦评估。这种过程理论将评估放在政策终止之后,是典型的事后评估。

20世纪70年代布鲁尔参照拉斯韦尔的模型,将政策过程分为6个阶段:①发明/开始;②预评估;③选择;④执行;⑤评估;⑥终结。布鲁尔的政策过程模型是在拉斯韦尔研究基础上进行的,更为重要的是他引入了政策过程是正在进行的周期的观念,提出多数的政策并没有严格的周期——从诞生到死亡——而是更像是重复再来。这一观点极为重要,政策过程或者政策循环,其背后的关键逻辑是实际解决问题。到了20世纪80年代,汤姆斯·戴伊的政策过程模型产生了,见下表:

实际解决问题的阶段	政策循环的阶段
1. 问题认识	1. 政策议程设定
2. 解决目标	2. 政策制定
3. 解决方案抉择	3. 政策决定
4. 使方案产生作用	4. 政策执行
5. 监控结果	5. 政策评估

在本章的政策过程论述中，我们采用这一模型，这一模型的优点是将政策过程的复杂性划分为简单的几个阶段，并对这些子阶段单独分析，清晰明了，使得政策过程简单化。

使用该模型必须注意的是，不能把政策过程误解为是按部就班、线性的过程。在实践过程中，某些阶段可以合并、压缩或重复、循环。例如，在实践中，有可能发生政策执行阶段对政策方案的不断修改完善，甚至对政策问题的重新界定。此外，该模型没有对阶段转化的动因进行分析。虽然，政策过程的变化的逻辑是实际问题的解决，但是，什么因素推动政策从一个阶段走向下一个阶段，尚需要进行深入研究。

第三部分 练习题及答案

练 习 题

一、单项选择题

1. 公共政策问题同其他问题一样都源自(　　)。
   A. 社会期望　　　　　　B. 客观社会现实
   C. 价值判断　　　　　　D. 主观愿望
2. 对政策问题的本质属性和实际范围进行界定的方法是指(　　)。
   A. 定量分析　　B. 定性分析　　C. 边界分析　　D. 规范分析
3. 在政策分析中，根据过去、现在的相关信息，探求和推测政策分析工作所关心的领域在未来的可能发展趋势，这里所遵循的是(　　)。
   A. 协调性原则　　　　　B. 系统性原则
   C. 预见性原则　　　　　D. 多样性原则
4. 在政策分析过程中，对整体利益与局部利益、内因与外因、主要目标与次要目标进行全面考虑，这里所遵循的是(　　)。
   A. 民主原则　　　　　　B. 协调性原则
   C. 系统性原则　　　　　D. 预测性原则
5. 将政策目标转化为政策现实的环节是(　　)。
   A. 公共政策执行　　　　B. 政策评估
   C. 政策制定　　　　　　D. 政策决定

6. 对各项政策方案效果进行描述分析和评价，这项工作属于(   )。
   A. 政策方案择优   B. 政策方案评估
   C. 政策方案规划   D. 政策合法化
7. 政策评估的前提与依据是(   )。
   A. 政策目标   B. 政策结果
   C. 政策执行过程   D. 评估标准
8. 运用理论演绎、模型、假设验证、客观数据、比较方法和严谨的统计分析的方法是(   )。
   A. 实体方法   B. 逻辑实证方法
   C. 计量经济学方法   D. 历史分析法
9. 公共政策制定过程最具实质性意义的阶段是(   )。
   A. 公共政策问题确定   B. 公共政策的抉择
   C. 政策方案的制订   D. 政策合法化
10. 政治系统正式讨论和认定公共政策问题的过程，称为(   )。
    A. 公众议程   B. 政府议程   C. 非公众议程   D. 正式议程

二、多项选择题

1. 政策过程包括(   )。
   A. 政策议程建立   B. 政策方案形成
   C. 政策决定   D. 政策执行
   E. 政策评估
2. 政策议程建立的途径有(   )。
   A. 外在发动型   B. 政治动员型
   C. 内在发动型   D. 系统议程
   E. 政府议程
3. 公共政策问题的提出主体包括(   )。
   A. 政治领袖   B. 民意代表
   C. 大众传媒   D. 政党组织和利益集团
   E. 政府部门
4. 政策方案制订的原则有(   )。
   A. 信息原则   B. 系统性原则
   C. 预见性原则   D. 灵活性原则
   E. 可行性原则

5. 政策执行的主体一般有（　　）。
   A. 各级政府行政部门　　　B. 立法司法机构
   C. 中介组织　　　　　　　D. 社区组织
   E. 盈利组织
6. 从评估形式的组织上看，政策评估分为（　　）。
   A. 外部评估　　　　　　　B. 正式评估
   C. 内部评估　　　　　　　D. 非正式评估
   E. 总体评估
7. 影响政策执行的因素有（　　）。
   A. 政策决定因素　　　　　B. 政策资源因素
   C. 政策环境因素　　　　　D. 政策评估因素
   E. 政策分析因素
8. 政策资源因素包括（　　）。
   A. 决策人员　　　　　　　B. 执行人员
   C. 执行经费　　　　　　　D. 执行机构
   E. 执行保障
9. 政策合法化的内容有（　　）。
   A. 决策者及其权力合法化　B. 决策程序合法化
   C. 内容合法化　　　　　　D. 内容法律化
   E. 人员合法化
10. 依据评估机构的地位来区分，政策评估可分为（　　）。
    A. 事前评估　　　　　　　B. 事后评估
    C. 事中评估　　　　　　　D. 内部评估
    E. 外部评估

三、概念辨析题
1. 公共问题与政策问题。
2. 系统议程与政府议程。
3. 政策合法化与政策法律化。
4. 公共政策评估与政府绩效评估。
5. 逻辑实证方法与后实证方法。

四、简述题

1. 简述政策过程的阶段。
2. 简述政策议程的概念及建立途径。
3. 简述政策评估的作用。
4. 简述政策分析的计量经济学途径。
5. 简述方案规划需遵守的原则。

五、论述题

1. 联系实际论述影响政策有效执行的主要因素。
2. 结合实际论述当前应如何扩展我国公民有序参与公共政策的渠道。

练习题答案

一、单项选择题

1. B 2. C 3. C 4. C 5. A
6. B 7. A 8. B 9. B 10. B

二、多项选择题

1. ABCDE 2. ABC 3. ABCDE 4. ABCDE 5. ABCD
6. BD 7. ABC 8. BCDE 9. ABCD 10. DE

三、概念辨析题

1. 参考答案：公共问题是指涉及社会上相当部分人或影响较大的社会问题。政策问题所要解决的问题是那些带有普遍性和共性的社会问题或公共问题，只有少数公共问题能被政府摆上议事日程，成为政策问题。要成为政策问题的公共问题都必须具备一定范围和强度的影响力，并要进入政策议程。

2. 参考答案：系统议程是由那些被政治社会的成员普遍认为值得公众注意，并由与现存政府权威中立法范围内的事务相关的一切问题组成。系统议程本质属于讨论议程。政府讨论议程是行动的程序，是决策机关和人员对有关问题，依据特定程序予以解决的实际活动过程。它比系统议程更具体、更详细。系统议程一般较为抽象，其概念和范围都很模糊。政府议程特定而且具体。一般情况下，社会问题进入系统议程之后再进入政府议程，成为政策问题。但是，已成为系统议程的问题不一定能成为政府议程，政府议程的问题不一定来自系统议程。

3. 参考答案：政策合法化是指法定主体为使政策方案获得合法地位而依照法定权限和程序对所实施的一系列审查、通过、批准、签署和颁布政策的行为过程。政策法律化是指政策向法律的转化，即政策立法。政策法律化是政策合法化的一种重要而又特殊的形式。但是合法化属于政策制定的范畴，是经政策规划而得到的政策方案获得合法地位的过程，是政策执行之前的过程。而政策法律化则不同，它是将已经过实践检验证明是成熟、稳定的政策转化为法律，它一般在执行阶段。而且，政策法律化不是原本地将政策法律化，它必须是成熟、稳定的，有立法必要的政策，通过仔细审议才能法律化。

4. 参考答案：公共政策评估是指定期或特别进行的对政策执行效果所进行的评估。公共政策评估和政府绩效评估的区别主要体现在：政策评估通常是间断性、一次性的，政府绩效评估则是一个持续的过程；政策评估的主体通常在于内部，政府绩效评估则较为重视外部评估；政策评估较多适用成本效益分析法，而政府绩效评估更多采用比较法。政策评估的范围更广，要在更大的情景中检验结果，而政府绩效评估重在评估是否达到了目标，更突出效果的作用。

5. 参考答案：从方法论上讲，实证主义擅长把社会现象拆分成各种系数、指标，单纯对某事件本身进行研究和预测。而后实证主义则主张理解各种社会现象，找出其背后的价值目标和变化；从社会环境中的相互联系和影响来解释现象的产生，强调互动和实例研究。总之，它们最基本的差别是对价值和意识的定位。实证主义要求价值中立，后实证主义则肯定价值前提。

四、简答题

1. 参考答案："政策过程"这个概念就是要求用动态观点认识和分析行政决策，并揭示其中的复杂性。大多数学者将政策过程分为5个阶段，即政策议程建立、政策方案形成、政策决定、政策执行与政策评估。这些阶段是逻辑上的区分。实际过程受各种环境条件的影响，不一定表现出完美的线性。阶段与阶段之间可能跳跃、重合，也可能中断。

2. 参考答案：政策议程是指有关公共问题受到政府及公共组织的高度重视并被正式纳入其政策讨论和被确定为应予解决的政策问题的过程。主要有3种建立途径：外在发动型、政治动员型、内在发动型。

3. 参考答案：政策评估作为一种对政策的效益、效率、效果及价值进行判断的一种政治行为，是政策运行过程中重要的一个阶段。政策评估的作用表现为：①政策评估检验政策效果、效益和效率；②政策评估为决定政策去向提供依据；③政策评估是合理配置资源的有效手段；④政策评估是公共决策科学化、民主化的必经途径。

4. 参考答案：政策分析的计量经济学途径也成为公共选择途径，是采用经济学的理论假设、概念框架、分析方法来看待公共问题。这种方法以理性人假设为基础，认为每个人都是追求自己利益最大化。但是个人的理性容易导致集体的非理性，因此，我们在运用此种方法分析公共问题时，需要用公共政策和权威来组织个体，同时监督个体的行为。

5. 参考答案：①信息性原则。掌握充分的信息是分析解决问题的基础。②系统性原则。任何一个政策问题都不是孤立的，与其他问题相互关联，形成相互交织的网络和系统。③预见性原则。政策是针对现实社会问题而提出的，但它产生既定的效果往往是在一定时期之后。④灵活性原则。政策方案是针对某一时期某一问题所提出的，一旦正式成为公共政策，它将具有强制约束性，即具备某种刚性。⑤可行性原则。制定政策就是为了实施，只有符合现实条件的政策方案才具有可行性。

五、论述题

1. 参考答案：影响政策执行的要素主要有3个方面：

（1）政策决定因素。所谓政策决定是指经由完整的法定程序，由法定的公共权力主体用自然语言表述出来并昭示公众的、关于某一特定政策问题的具有社会公共权威性的规定。政策决定因素即政策本身因素，政策决定的合法性、合理性、可行性直接影响政策执行的效果。

（2）政策资源因素。政策资源可等同于执行条件，是指政策执行中所必须具备的主客观条件。政策资源的运用贯穿于政策过程，从制定到执行，都面临着如何配给资金和人力资源的问题。政策执行所面临的资源主要有：执行经费、执行人员、执行机构、执行保障。

（3）政策环境因素。政策执行环境是指除政策执行机构自身外的社会和自然因素的总和，是公共政策分析研究的一个重要角度。其中，社会因素、自然因素、目标团体态度、执行机构对政策的理解等因素都会对政策执行的有效性产生影响。

2. 参考答案：在公共政策过程中，公民参与主要体现在以下几个环节：政策议程阶段、政策制定阶段以及政策评估阶段。要扩展我国公民有序参与公共决策的渠道，应从以下3个环节入手分析。

（1）在政策议程阶段，主要是确立政策问题。政策问题的确立途径有外在发动型、政治动员型和内在发动型，其中外在发动型常由政府以外的社会团体或公众提出，首先成为公众议程，引起广泛讨论或较大反响，然后以社会舆论或建议的方式被政府采纳，从而进入正式的政府议程。

（2）政策方案制订阶段，主要是通过公众参与和群众路线来拓展公民有序参与公共决策。可以通过建立民意调查制度、信息公开和新闻媒体的介入，举行公开听证会、公民投票等多种方式来扩大公民参与到公共决策中。

（3）政策评估阶段，让外部公众参与到公共政策的评估中。外部公众作为政策的目标对象或受政策影响的对象，同样有权利评估相应的政策。

第四部分 案例分析

【案例一】 《食品安全法》：出台前的博弈[①]

一、背景

《中华人民共和国食品安全法》（简称《食品安全法》）的出台历时三年，经历四审，期间中央政府内部机构，中央政府和地方政府、政府与企业、公民对该法案有不同的意见，法律制定过程中，经历多次博弈、冲突和协调。

二、内容

被公众高度关注的《食品安全法》已于2009年2月28日出台。此法跨越两届全国人大常委会，历时三年，经历四审。

期间由于涉及多方利益的重新调整，"直到最后四审之时，各种意见

---

① 案例来源：《南方周末》2009年3月4日。

仍在不停博弈"。接受《南方周末》记者采访的李援坦言。李援是全国人大常委会法工委行政法室主任、食品安全法起草负责人之一。

这其中，既有部委、地方、企业等等之间的意见权衡，亦有全国人大公开征集意见和"三鹿奶粉事件"等事故对完善立法的直接影响。"立法博弈是好事，民主立法就是要有各种观点和意见的交锋。"李说。而《食品安全法》作为一个样本，其立法过程中在全国人大平台上的博弈种种，亦是中国民主立法日益成熟的表现。

一审：避开部门之争，却使责任模糊了。

初审时，全国人大常委会委员们意见颇多。其时常委会委员们一个主要的意见是，监管体制不清，负责部门不确定。"一个原因是，相关部委的职能范围，要等到第二年全国'两会'之后，机构改革方案定下来才可以确定"。

而委员们的另一个意见，是关于各种食品安全相关标准的不统一。"农业部、卫生部、质检总局各有各的标准"。一些委员和人大代表对分段监管的弊病亦反应很大，说现在分段管理，政出多门。

二审：企业意见被合理吸纳。

提交一审后的草案，在随后的 2008 年 4 月向社会全文公布，征求意见。根据《南方周末》记者从全国人大常委会办公厅了解，公众的意见亦集中在监管体制上。

二审规定将各个标准统一为食品安全国家标准，由卫生部统一制定，统一公布。但要制定统一的标准，必须要协调"国家标准化管理委员会"和卫生部，两者对标准都有各自的观点。

另一个争议就是草案中规定的"电子监管码"，这是国家质检总局从 2008 年开始推行的，即在每件产品的包装上粘贴或打印一个由条码和数字编码组成的电子监管码。商务部和国家工商总局说，这一制度尚需论证。

最激烈的反对声音来自企业，中国食品工业协会收集的意见说，草案中说的"电子监管码"对提高食品安全并无现实作用，且加重企业负担。如某饼干生产企业，如果实行此制度，就要增加投入将近 1 亿元。最终的结果是，二审稿将该规定删除。

三审："三鹿事件"直接影响立法。

二审之后，原本可能在 2008 年 10 月三审通过的《食品安全法》，因为 9 月爆发的"三鹿奶粉事件"而再生波澜。"随着'三鹿奶粉事件'的情况每天被披露,我们就对照着看现在的草案对暴露出的问题是否能管得住"。李援说,"几乎是和事件发展同步的,今天看到有问题,加一条,明天又有新的问题了,再加一条。"

四审:改变的不只是10倍赔偿、明星代言。

三审之后,博弈仍在进行。国家质检总局的领导带队和全国人大常委会方面继续协商食品安全标准制定的问题。

四审稿进一步加强了地方政府的权力,之前本来规定的是"县级以上地方人民政府统一组织、协调本行政区划的食品安全监督管理工作",后来在四审的时候,在"组织、协调"前面加上了"负责、领导"几个字,以改变类似工商这种垂直管理部门,地方难以协调的问题。另外,新增的是关于明星代言要负连带责任的规定。

需要提及的是,在《食品安全法》的立法过程中,全国人大常委会组织了13次调研活动。曾向31个省份和28个部委征求意见。另外,还包括6个社会团体、16个高等院校和法学研究所。而向社会征求意见期间,共收到各方面意见11327条。

三、分析

《食品安全法》的出台过程体现了政策过程的几个重要内容。

第一,该案例说明了政策问题的确认。政策所要解决的问题是那些带有普遍性和共性的社会问题或公共问题,是人们的价值、观念、利益或生存条件遭到威胁或损害而出现的问题。但并非所有的社会问题都能成为政策问题,成为政策问题的必须具备一定范围和强度的影响力。案例中,食品安全涉及到广大群众的利益、生存条件,对社会产生了大范围的影响,影响强度大。因而食品安全成为公共机构急需解决的政策问题。

第二,案例体现了议程建立的途径。政策问题进入政府议程有不同的方式,通常有三种方式:外在发动型、政治动员型、内在发动型。突发事件的出现能使公共问题进入政府议程。在《食品安全法》的出台过程中,"三鹿奶粉事件"直接推动了食品安全法的出台。

第三,该案例也说明了方案形成和决定过程中涉及到各方利益的冲突和妥协。政策的制定,是指解决问题寻找一系列政策方案,从中选择最恰当的、最符合政策目标的方案,以供决策者做最终的比较和决定。方案的决策过程,即决策者依据方案选择的标准对方案进行淘汰、选择,并对方案进行合法化的过程。这两个过程是政策过程重要的两个环节,其中涉到参与政策制定的各方利益的博弈过程。在《食品安全法》的制定与出台过程中,涉及多方利益的重新调整,其中,既有公共部门内部的冲突,有政府和企业之间的意见分歧,也有公众的不同意见。因此,在《食品安全法》的制定过程中,既要权衡部委、地方、企业等等之间的意见和利益,更要从公共利益的角度来制定法规。

【案例二】 人口与计划生育政策的演变[①]

一、背景

《人口与计划生育法》从基本国策到我国的基本法律,是一个逐步演化的过程。计划生育政策的制定不仅受到各种国内外环境的影响,而且在政策的执行过程中,不断地修正、完善,最终将计划生育政策法律化。

二、内容

经过20多年的研究论证,《人口与计划生育法》于2002年9月1日正式实施,是"我国人口事业发展史上里程碑式的事件"。

计划生育的立法从20世纪70年代末就开始了,经历了1978年、1982年、1988年、1993年四次论证、起草,但皆因"条件不成熟"没有出台。1998年,计划生育立法被第五次"摆到了台面上",经过三年多的努力,2001年12月29日终获通过。

关于"一波三折"的原因,全国人大常委会法工委副主任张春生说,除去没有国际上立法经验可供参照外,制定这部法律本身还存在一个难点,这就是法律中规定的政策、措施、办法既要有效地控制人口的过快增长,又要能为国际社会基本接受。多年来,在这个问题上进行了艰苦的探索。

而《人口与计划生育法》的出台,一方面表明这方面的探索已取得了相当共识,另一方面,也是因为中国计划生育已经实现了重大跨越,具备了法治化、规范化的基本条件。

中国大规模的计划生育并非始于人们通常印象中的改革开放之后,而是从70年代就开始了。当时,关于计划生育的提法是"晚、稀、少":

---

① 资料来源:《计划生育跨入法治时代》,《南方周末》2002年9月11日。

"晚"是指男 25 周岁、女 23 周岁才结婚;"稀"指两胎要间隔 4 年左右;"少"是指只生两个孩子。

1978 年 3 月,计划生育被写进了宪法。就在这一年,中国进入了一个新的历史时期。1980 年出现了计划生育发展史上标志性的事件,即中共中央发表了《关于控制我国人口增长问题致全体共产党员、共青团员的公开信》,郑重向全国发出了"一对夫妇只生一个孩子"的号召。

随后,中国的计划生育政策在数量上进一步收紧。"晚婚、晚育、少生、优生"取代了"晚、稀、少"的提法。中国人口学会副会长、北京大学人口所教授张纯元说,两种说法相比较,晚婚、晚育没有变化,少生从允许生二孩调整为基本只准生一孩。稀是就生育间隔而言的,只生一孩,就不存在间隔了,稀被取消了。

一位研究者指出,抛开农耕文明形成的"多子多福"的观念不谈,仅就农村的生产方式、社会福利状况以及偏远地区的医疗条件而言,对家庭成员的依赖也使只生一个、尤其是只生一个女孩,成为一件难以接受的事。

在这种情况下,计划生育的推行在农村遇到了困难,矛盾一度变得十分突出。

对此,中央及时作出了调整。重新规定,在农村仍要继续提倡一对夫妇只生一个孩子,但也要适当放宽生育第二个孩子的条件。

很显然,政策调整后群众的生育愿望和政策要求之间仍然有差距,计划生育仅靠公民的自觉行为还不可能实现。在改革开放后的头十年里,计划生育的推行基本上是行政强制型,采用的是社会制约机制。这个阶段的工作重心在人口数量的控制上,可称为"以数为本"的阶段。对于这个时期的工作成效,中国人口信息研究中心主任于学军称其"功不可没"。他认为最大的成绩就是使现行的人口与计划生育政策得到了稳定和完善,为 20 世纪 90 年代中国人口转变历史性的飞跃奠定了坚实的基础。

为了规范计划生育行为,国家计生委出台了包括不准非法关押、殴打、侮辱违反计划生育规定的人员及其家属,不准毁坏违反计划生育规定人员家庭的财产、庄稼、房屋等内容在内的一些规定。

这些规定使计划生育工作在一定程度上得到规范,但专家指出,这些问题往往与指标、任务联系在一起,要想彻底解决,还得依靠法制的建设和工作模式的转变。

这种转变的萌芽在进入 90 年代后出现了。一些地方除了行政强制力外，引入了利益导向机制。在此基础上，"两个转变"被作为重点提了出来：即由孤立地就计划生育抓计划生育向与经济社会发展紧密结合，采取综合措施解决人口问题转变；由以社会制约为主向逐步建立利益导向和社会制约相结合的机制转变。

这些转变的实质就是由"以数为本"转为"以人为本"，计划生育不仅仅是一项关于数量、指标的工作，更要考虑人的利益、需求、发展。

在经历了10多年旧有的工作模式后，计划生育在90年代悄然发生了重大变化。国家计生委主任指出，50多年来中国人口与计划生育事业的发展史，是一部曲折、悲壮、辉煌的历史。一个10多亿的人口列车，经过几十年的摸索、总结，如今正式驶上了法制化的轨道。这种探索在90年代终于形成了一整套经验，其中包括成熟的生育政策，"三三三二一"工作模式以及"以人为本"原则的确立。可以说，这些构成了《人口与计划生育法》这部关乎中国"国际形象"的法律出台的先决条件。

《人口与计划生育法》的核心是稳定现行生育政策，既不收紧也不放松。与此同时它也明确了实现这一政策的途径并不是过多地依赖行政强制力，而是建立利益导向和社会制约相结合的机制，依法行政、依法生育。

从现实来看，依法行政的一个重要前提就是把基层的工作人员从指标和任务的重压中解放出来，这就涉及到考核体系和工作方式的改革。因此，这部计生法的推行还必须在不断的改革创新中完成。与此相关的一个问题是，依法行政、行为规范后会不会造成计划生育工作力度减弱，引起生育率的反弹？国家计生委宣教司负责人认为不会出现这种情况，因为"工作目标、工作力度并没有因此改变"。

实际上从研究来看，以人为本、优质服务对低生育水平的稳定会起到积极的效果。1980年以来的多次生育意愿调查结果表明，育龄妇女的意愿生育水平低于实际生育水平，这恰好从一个侧面说明了中国育龄妇女中非意愿生育的存在，意味着中国的育龄妇女并没有完全掌握自主的生育权利。从这方面来说，优质服务可发挥作用的空间很大。

对于一个有着10多亿人口的大国来说，人口问题确实关乎着它的生死存亡。《人口与计划生育法》的出台标志着这辆巨大的人口列车驶上了一条新世纪的轨道。

三、分析

计划生育政策说明了政策过程与政策调整的相关内容。

(1) 政策过程包括政策议程建立、政策方案形成、政策决定、政策执行与政策评估。这些阶段是逻辑上的区分。实际过程受各种环境条件的影响，不一定表现出完美的线性。阶段与阶段间可能跳跃、重合，也可能中断。计划生育政策进入政策议程早在 70 年代，但却经过了 20 多年之后，《人口与计划生育法》才正式实施，这长久的过程正是说明政策过程受到各种因素的影响。金登在描述政策过程时，提出了著名的"政策之窗"理论，认为，一项政策从提上议程、颁布实施受到三股溪流的影响，分别是问题溪流、政策溪流以及政治溪流，只有这三股溪流同时发生作用，政策才能顺利通过。此观点恰当地描述了计划生育政策在我国的制定过程。在该政策问题被提出的早期，该政策受到各种国际惯例的影响，难以获得政治支持。直到对计划生育问题的探讨达到了公开，该政策才有实质发展。

该政策的通过与实施也说明了政策方案在政策执行中的不断修正。正确的政策方案要变成现实，还依赖于有效的政策执行。政策执行是检验政策正确与否的唯一标准。执行的过程中，不断的深入分析政策问题，从而更加完善地修订问题。政策执行是政策过程的中介环节，在执行过程中要遵守以人为本原则。

(2) 政策调整是指在政策评估与所获得的有关政策执行的效果信息的基础上，对政策方案、方案与目标之间的关系等进行不断地修正、补充和发展，以便达成预期政策效果的一种政策行为。

对政策进行调整主要包括：①根据已掌握的新信息，对政策问题加以再认识和重新界定。②政策目标的校正、修订或再确立。③对政策方案加以修正、补充和完善，甚至重新制定。④对政策效力、政策主体和客体进行调整。

对政策进行调整的原因主要包括两个方面。①客观原因：是指社会的政治、经济和文化的发展变化，即政策环境及政策问题本身的发展变化。一方面，政策总是针对特定的问题，以时间和条件为转移。另一方面，任何政策的执行总会遇到新情况、新问题。②主观原因：是指人们对政策问题、政策环境以及政策方案等认识的深化。任何一项政策都是在政策制定和执行主体一定认识水平的基础上形成和运行的，而人的认识总是从低级向高级、从片面向全面、从不完善向完善发展深化的。

计划生育政策从一项政策到基本法律的过程说明了政策的调整过程。计划生育政策在执行过程中，不断根据执行所反馈的信息对政策问题、政策方案、执行方式进行调整，甚至在政策法律化的过程中，也对计划生育政策进行了重新审视与调整。在调整的过程中，受到国内外主客观因素的影响，最终在 2001 年立法。

四、结论

政策法律化的过程是指具有立法资格的主体依法把政策转化为法律的过程，但并不是所有的政策都具有立法的条件，只有那些成熟、稳定而又立法必要的政策才能法律化。我国的计划生育政策经过了 20 多年的不断完善，逐步获得我国人民的认可，成为成熟、稳定，又有立法必要的基本国策，因此，把计划生育政策法律化将更加有利于推动我国人口政策的执行。在计划生育政策过程中，以及政策法律化中，计划生育政策不断地调整、修改，不断地对政策问题、政策方案以及执行方式进行审视，体现了政策过程的复杂性。

第十章 政府公共关系与行政沟通、行政协调

第一部分 知识点阐述

一、行政沟通

(一) 行政沟通的含义

行政沟通是指行政组织之间、行政组织与公务人员之间，以及公务人员之间，凭借一定的媒介和通道，为实现共同的行政目标，彼此交换意见，传递思想、观点、情感，相互了解、求得共识的过程；是行政过程中上下级之间、各部门之间行政信息的传递、交流、分享与理解的活动。行政沟通的基本要素包括沟通主体、内容、渠道、对象和效果。

行政沟通含义的具体表现：第一，行政沟通是信息的传递与处理过程。第二，行政系统内部的上下、平行信息交流；行政系统内部与外部的信息交流。第三，行政沟通要达到相互了解、互通信息、统一思想认识的目的，而不是简单的信息传递过程。

(二) 有效沟通的基本要素

有效沟通的基本要素包括：沟通目的、信息发出者、信息本身、媒介、信息接收者、信息反馈、环境因素。

(1) 沟通的目的：就是整个沟通过程所要解决的最终问题。这是统领整个沟通过程的灵魂。

(2) 信息源（发出者）：就是指发出沟通行为，将信息向外传达的人。

(3) 信息本身：有多少信息，有什么方面的信息需要传达取决于沟通的目的和信息源的意志。发出者应该充分考虑其他各个要素的情况，例

如考虑听者的接收能力和沟通环境的特征等,决定如何组织信息。

(4) 媒介:其存在方式包括书面语言、口头语言、肢体语言等。更具体地说,有面对面的会谈、电子邮件、录像等方式。媒介的选择是沟通过程中的一个重要因素。

(5) 接收者:就是通常所说的听者。听者听的愿望,或者说接收信息的愿望是积极的还是消极的或者是中性的,都会影响沟通的效果。

(6) 反馈:从沟通的过程模型中可以看出,接收者的反应是沟通过程的一个要件。这种反应传递到信息源处就形成了反馈。反馈体现了接收者的反应,是接收者向发出者传递信息的方式。发出者应根据反馈的情况调整下一步的沟通方式,以更好地实现沟通的目标。

(7) 环境:沟通的环境因素影响着发出者编码与接收者解码的方式。在管理环境中,这种环境因素不仅包括沟通的物理环境,还包括组织文化和管理者的管理风格等。

(三) 行政沟通的类型

(1) 正式沟通:通过正式组织程序,按照组织规定的线路和渠道所进行的信息沟通,如会议制度、汇报制度、文件下达与呈送。

(2) 非正式沟通:通过正式组织程序或正式规章制度以外的多种渠道所进行的信息沟通,如私下交换意见、传播信息等。非正式沟通具有积极作用与消极作用两个方面。

(四) 行政沟通的障碍

(1) 组织障碍;
(2) 知觉障碍;
(3) 语言障碍;
(4) 地位障碍;
(5) 心理偏见;
(6) 地理障碍。

二、行政协调

(一) 行政协调的含义

行政协调是行政主体为达到一定行政目标而引导行政组织、部门、人员间建立良好协作与配合关系,以实现共同目标的行为。行政协调的含义包括:第一,行政协调指向的是机构之间、人员之间、财物之间以及他(它)们相互之间形成一种有机的结合体;第二,行政协调是一种艺术性的行为,是主观能动性发挥得最充分的领域;第三,行政协调是一种公关性的行政行为。通过行政协调这种公关活动,消除已经产生的认识上的困惑和行为上的不一致,树立正面形象,提高行政信誉。

(二) 行政协调的方式

(1) 主体合流法;
(2) 中间数法;
(3) 冷处理与热处理法;
(4) 当面表态法;
(5) 谈心法;
(6) 跟踪处理法。

(三) 行政协调中的几种关系

(1) 事后与事前的关系;
(2) 一般与个别的关系;
(3) 平衡与创新的关系;
(4) 妥协与原则的关系;
(5) 协调与命令的关系。

第二部分 相关知识拓展

一、政府公共关系危机的概念

政府也同样会遭遇公共关系危机,[①] 在危机处理过程中需要借助危机公关渡过难关。政府公共关系危机是指政府在时间压力和不确定性极高的情况下,不能正常提供与公众之间的双向交流,不能满足公众知晓公共信

[①] 陈瑞莲、蔡立辉主编:《公共行政学》,南方日报出版社2007年版。本节内容主要采用了廖为建教授的观点。

息的权利;政府的管理职能受到挑战;政府的形象与声誉受到极大的威胁。公共关系危机(简称公关危机)强调在遭遇危机事件后,组织与公众之间的传播沟通遭受破坏、出现障碍,导致关系紧张、舆论恶劣,进而使组织形象和声誉受损。而危机公共关系(简称危机公关)则是指在危机管理的过程中,借用公共关系手段进行危机处理:控制事态、解决矛盾、处理纠纷、化解冲突、引导舆论、维持关系、争取支持、挽回影响、重塑形象等等。其内容包括一系列的公关活动,如信息监测与传播、媒体关系管理等。

二、政府公共关系危机的性质

政府公共关系危机不但具有危机的一般特性,例如破坏性、突发性、不确定性等,还具备自身的独特性,例如公共性、政治性、关系性等。

(一)公共性

公共性是公共行政得以存在的合法性依据。政府公共关系危机的本质属性在于它是一种基于公共性之上的突发事件。学界对于公共性的理解主要集中在如下五个方面:第一,在伦理价值层面上,"公共性"必须体现公共部门活动的公正与正义。第二,在公共权力的运用上,"公共性"要体现人民主权和政府行为的合法性。第三,在公共部门运作的过程中,"公共性"体现为公开与参与。第四,在利益取向上,"公共性"表明公共利益是公共部门一切活动的最终目的,必须克服私人或部门利益的缺陷。第五,在理念表达上,"公共性"是一种理性与道德,它支持公民社会及其公共舆论的监督作用(哈贝马斯)。[①] 政府公共关系作为行政职能,它在危机过程中所体现的这种公共性具体是指上述特性中的"在公共部门运作过程中,体现的公开与参与"。

(二)政治性

西方学者迈克尔·罗斯金等人认为政府的合法性的基础是同意。[②] 对

[①] 王乐夫、陈干全:《公共性:公共管理研究的基础与核心》,载《社会科学》2003年第4期。

[②] [美]迈克尔·罗斯金等:《政治科学》(第六版),林震等译,华夏出版社2001年版,第6页。

政府而言，作为公共行政的实施者其必须体现公共精神；但同时政府作为公共权力的实际运行者，其统治的权威性与合法性又来源于公民的同意。这种统治层面的权威性与合法性就是政府公共关系危机体现的政治性。在政府的实际运作中，公民同意需要通过公共行政机构设立相应的配套机制来实现。政府公共关系的职能就是众多配套机制中的一种，它通过各种信息传播沟通渠道完成政府与公众之间的双向交流与沟通，例如，政府设置的信访机构、新闻发言人制度等。从而争取公众的支持，获得基于公众满意之上的合法性。

面对公共危机，政府公共关系的职能就会凸现其重要性。政府及时、公开、坦诚地与公众沟通，就会减少流言、谣言的产生，避免舆论危机，在危机中树立公共服务的形象。

（三）关系性

政府公共关系危机造成最大的后果就是使政府与公众之间的双向沟通受阻或者中断，从而影响政府与公众之间建立一种互相信任的关系。关系管理（Relationship Management）是政府公共关系的重要内容之一，轻视或拙劣的关系管理都会引发政府公共关系危机。由此，关系性是政府公共关系危机所具备的另一独特性质。

美国马里兰大学的格鲁尼格教授认为有效的组织选择并实现正确的目标是由于他们与目标公众发展了良好的关系。而缺乏效率的组织不能实现其目标，是由于其公众不支持并反对那些未考虑公众意愿的决策目标。因此，在危机管理中，发展并维系与公众之间的关系的过程是非常关键的。

政府公共关系危机所强调的关系性包含6个方面的内容：互控（Control Mutuality）、信任（Trust）、满意（Satisfaction）、承诺（Commitment）、交换（Exchange）、社区（Communal）。以此6项作为衡量政府公共关系危机的指标。不难看出，正常的政府公共关系需要以此与公众建立各种关系；而政府公共关系一旦呈现危机状态或发生公共危机时，这6方面的关系将受到破坏，进而会引发危机的恶化。改善危机状况、解决危机的关键，体现在关系管理上就在于加强沟通，增加政府与公众之间的互动；增强信任与满意度；作出公共服务的承诺，承担危机带来的责任等。

三、政府公共关系危机的类型

政府公共关系危机的类型划分可以有不同的角度。本章将主要从如下

3个层面来划分：性质、源头和内容。

（一）行政性危机与政治性危机

根据政府公共关系危机的性质，政府公共关系危机可划分为两种：一为行政性危机；二为政治性危机。

1. 行政性危机

政府公共关系危机具备公共性表明政府首先是作为公共权力的行使者而存在，它所履行的公共服务职能就是公共行政活动。在进行公共产品以及公共服务的提供过程中，可能面对各种公共危机事件。在危机中政府需要提供更多的公共信息、公共福利等，它所采取的一切行动都表明这是其能力所及的行政性危机。最为常见的行政性危机有自然灾害、公共卫生危机、环境污染危机等。

2. 政治性危机

政治性危机与行政性危机的不同在于，行政性危机解决不好就可能引发政治性危机。政治性危机对于社会系统的基本价值与政府存在的合法性将直接构成重大威胁。通常这类性质的危机大多表现为由于政府在传播中发生严重的沟通障碍带来巨大的社会冲突，政府难以通过行政部门和行政手段来缓解或解决，需要通过政治决策和政治手段来解决。

（二）一般公务员引发的危机、职能部门引发的危机和领导人引发的危机

根据政府公共关系危机爆发的源头划分，政府公共关系危机可划分为一般公务员引发的危机、职能部门引发的危机和领导人引发的危机。

1. 一般公务员引发的危机

政府职能部门的公务员是落实公共行政的责任人和执行者。由于公务员责任心、能力或经验的不足而导致工作失误，从而可能导致危机的发生。因此，现代公共行政对于公务员的内在要求就在于具备现代公共行政理念与高素质的管理能力，具备妥善化解矛盾和处理纠纷的能力，以最大程度地避免日常工作中危机的发生。

2. 职能部门引发的危机

公共服务与产品的提供是由政府各职能部门完成的。现代政府内部的各个职能部门在赋予公共行政实践内涵时，往往受"工具理性与技术理性"的影响，出现误区：一是行政生活中逐步扩大的商品化和物化；二

是组织体系的偶像化或官僚化（bureaucratization）。前者主要的表现在于市场等值交换的法则侵入公共行政生活之中，公共权力成为个别部门和少数人谋取私利的工具和手段，因而使公共行政的公正原则受到损害；后者最主要的表现在于借以实现公认的最高目标的手段变成了目的，如公共行政体系中的为实现公共目的而赋予的权力、职位，被一些人变成了自己实际追求的目的，变成了只关心自己的地位，而对整个公共行政的目的表现出消极的态度和行为。① 这两种情况都可能导致政府公众关系的危机。

3. 领导人引发的危机

领导人是政府形象的重要标志。领导人作为的好坏将直接影响政府公共关系的质量。领导人无论是在正式场合，还是非正式场合都体现着政府理念。其决策、形象等一系列因素都有可能引发政府公共关系危机。美国前任总统克林顿因个人私生活引发的"拉链门事件"就是对美国联邦政府形象的极大破坏。

（三）舆论危机、公共信息危机、信誉危机、形象危机

根据政府公共关系危机的内容，政府公共关系危机可划分为舆论危机、公共信息危机、信誉危机、形象危机。

1. 舆论危机

舆论危机是指负面消息、非官方的小道消息阻塞传播通道，引起社会心理恐慌。本章所要讨论的舆论危机主要有两个方面的内涵：其一为"口头舆论"危机——谣言；其二为"体态舆论"（或称"行为舆论"）危机——抢购。

"口头舆论"危机——谣言。谣言是舆论的一种畸形形态。② 由于谣言的传播促使舆论呈现巨大的负面社会影响，谣言的盛行往往引发舆论关注，形成舆论压力，进而导致舆论危机。按照美国社会心理学家奥尔波特与波茨曼总结的公式，可以更加明晰谣言对舆论危机形成的推动作用。他们提出公式 $R = i \times a$，其中 R = 传闻（谣言）（Rumor），i = 重要度（Importance），a = 模棱度（Ambiguity）。这个公式所揭示的是"流行谣言传播

---

① 张成福：《论公共行政的"公共精神"——兼对主流公共行政理论及其实践的反思》，载《中国行政管理》1995年第5期。

② 谭芳：《公共危机中的谣言与传媒》，载《城市管理》2003年第3期。

广度随其对相关人员的重要性乘以该主题论据的模糊性的变化而变化"。①

2. 信誉危机

信誉是任何组织存在的基石。对于政府而言，信誉意味着政府不但是"服务政府、责任政府、有限政府"，还是基于契约之上的"诚信政府"。现代民主理念认为政府的来源在于"契约"精神的支持。政府的权力来源于公民。公民将公共权力交给政府行使，以能够实现自身权利的最大化。同时政府亦按照这种授权"契约"向公众承诺必须履行提供公共服务、管理公共事务、制定公共政策的职能。政府与公众双方的这种契约关系能够得以维持的基础就是信任。

政府公共关系的一个职能就在于建立并维系政府与公众之间的信任关系。如果政府公共关系危机出现，那么这一信任关系的建立与维系就会受损，形成信誉危机。政府信誉危机的发生对于政府公共关系有着巨大的破坏力。

3. 形象危机

政府公共关系的目标是在公众中树立良好的形象。民主的目标本身就紧紧地同公共关系的目标相匹配。② 政府的形象面临危机，就意味着政府体现的民主理念与公共行政精神亦遭受一定程度的破坏。政绩工程不代表政府形象，政府的形象应是体现民主精神的透明、公正、责任、高效的形象。因此，形象危机对于政府而言是最具直接"杀伤力"的。

4. 公共信息危机

公共信息危机是指由公共信息问题引发的危机，它是政府公共关系危机中的一种。信息论奠基者香农（Claude E. Shannon）认为信息就是能够用来消除不确定性的东西。那么，所谓的信息危机就是指传播过程中信息不能消除不确定性，从而引发新的危机或加剧已有的危机。

公共信息危机的产生基于以下两种可能：

第一，政府垄断公共信息资源导致公共信息危机。按照经济学的观点，公共信息是一种稀缺的公共资源。公共信息的这种稀缺性与公共性必然要求政府是唯一的提供者。在公共行政的实践过程中，政府有可能背离公共行政精神而将稀缺资源的唯一供给者变为稀缺资源的垄断者。一旦政

---

① 奥尔波特等：《谣言心理学》，辽宁教育出版社2003年版，第17页。
② （美）格伦·布鲁姆等：《有效的公共关系》（第八版），明安香译，华夏出版社2002年版，第409页。

府成为公共信息资源的垄断者，那么公共信息的发布与否、发布范围、发布内容等将取决于政府。当政府面对公共危机时，如果依然将公共信息完全垄断，那么导致的后果就是将引发一场公共信息危机，而公共信息危机又将对已发生的公共危机起到推波助澜的作用。

第二，政府物化公共权力导致公共信息危机。政府对公共权力的物化表现在政府行政官员趋于个人私利而进行"权钱交易"、"滥用权力"，从而将掌握的公共信息作为交易的商品。这种原因导致的公共信息危机往往都涉及重大的腐败问题。

第三部分　练习题及答案

练　习　题

一、单项选择题

1. 从管理角度分析，政府公共关系是一种(　　)。
   A. 服务职能　　B. 管理职能　　C. 政治职能　　D. 统治职能
2. 就我国而言，政府公共关系发展的基础是(　　)。
   A. 政治体制改革需要　　　　B. 行政体制改革需要
   C. 经济市场化　　　　　　　D. 政治民主化
3. 行政组织为了顺利实现决策目标，谋求自身各相关要素匹配的一种行为方式是(　　)。
   A. 行政沟通　　B. 行政信息　　C. 行政协调　　D. 行政调整
4. 从协调的途径来划分，行政协调可分为(　　)。
   A. 内部协调与外部协调　　　B. 促进式协调与纠偏式协调
   C. 认识性协调与利益性协调　D. 会议协调与非会议协调
5. 行政沟通的目的是(　　)。
   A. 培养感情　　　　　　　　B. 资源共享
   C. 统一思想　　　　　　　　D. 传递信息

二、多项选择题

1. 政府公共关系目标的独特性主要表现在(　　)。
   A. 促进公众认知　　　　　　B. 提高政府美誉度

C. 提高经济效益 D. 提高社会效益
E. 提高行政效率

2. 我国推动政府公共关系的意义主要有（　　）。
   A. 有利于社会主义市场经济体制的建立与完善
   B. 有利于加强社会主义民主政治建设
   C. 有利于维护我国转型期社会秩序的稳定
   D. 有利于提高政府的国际形象
   E. 有利于推进我国行政管理体制改革

3. 有效沟通的基本要素包括（　　）。
   A. 沟通目的 B. 信息发出者与接收者
   C. 信息本身与环境 D. 媒介 E. 反馈

4. 行政沟通的障碍主要包括（　　）。
   A. 组织障碍 B. 知觉障碍
   C. 语言障碍 D. 心理偏见
   E. 地位障碍

5. 行政协调的方式主要包括（　　）。
   A. 主体合流法 B. 中间数法
   C. 冷处理与热处理法 D. 当面表态法
   E. 跟踪处理法

6. 行政协调的作用主要有（　　）。
   A. 有利于增强行政凝聚力 B. 有利于合理利用资源
   C. 有利于提高行政效率 D. 有利于提高社会效益
   E. 有利于转变行政职能

三、概念辨析题

1. 行政沟通与行政协调。
2. 正式沟通与非正式沟通。

四、简述题

1. 简述行政协调的含义。
2. 比较分析正式沟通与非正式沟通。
3. 简述完善政府新闻发布工作的内容。

第十章 政府公共关系与行政沟通、行政协调

五、论述题

论述在行政协调中如何正确处理各种关系。

练习题答案

一、单项选择题

1. B　2. C　3. C　4. D　5. C

二、多项选择题

1. ABD　2. ABCD　3. ABCDE　4. ABCDE　5. ABCDE
6. ABC

三、概念辨析题

1. 参考答案：行政沟通是指行政组织之间、行政组织与公务人员之间，以及公务人员之间，凭借一定的媒介和通道，为实现共同的行政目标，彼此交换意见，传递思想、观点、情感，相互了解，求得共识的过程；是行政过程中上下级之间、各部门之间行政信息的传递、交流、分享与理解的活动。行政协调是行政主体为达到一定行政目标而引导行政组织及人员建立良好协作与配合关系，以实现共同目标的行为。

行政沟通有助于行政协调，行政沟通与行政协调都是行政执行过程中不可缺少的行为。

2. 参考答案：正式沟通是指通过正式组织程序，按照组织规定的线路和渠道所进行的信息沟通，如会议制度、汇报制度、文件下达与呈送。非正式沟通是指通过正式组织程序或正式规章制度以外的多种渠道所进行的信息沟通，包括私下交换意见、传播信息等。非正式沟通具有积极作用与消极作用两个方面。

四、简述题

1. 参考答案：行政协调是行政主体为达到一定行政目标而引导行政组织及人员建立良好协作与配合关系，以实现共同目标的行为。行政协调的含义包括：第一，行政协调指向的是机构之间、人员之间、财物之间以及他（它）们相互之间形成一种有机的结合体；第二，行政协调是一种艺术性的行为，是主观能动性发挥得最充分的领域；第三，行政协调是一种公关性的行政行为。通过行政协调这种公关活动，消除已经产生的认识

上的困惑和行为上的不一致，树立正面形象，提高行政信誉。

2. 参考答案：行政沟通主要包括正式沟通和非正式沟通两大类。正式沟通指通过正式组织程序，按组织规定的路线和渠道所进行的信息沟通。非正式沟通指通过正式规章制度和正式组织程序以外的多种渠道进行的沟通。

正式沟通是行政沟通的主要形式，其优点是正式、严肃、约束力强，有一定的连续性和稳定性；缺点是速度慢、刻板。正式沟通又分为下行沟通、上行沟通和平行沟通。下行沟通是上级机关按照隶属关系自上而下进行的沟通。上行沟通是下级组织和人员按隶属关系自下而上进行的沟通。平行沟通是同级组织或同事之间的沟通。

非正式沟通在任何组织中都存在，其特点体现为：第一，非正式沟通是由工作人员之间的社会交往而产生的，这种交往一般都是因为拥有共同的兴趣、爱好、情感。第二，非正式沟通的消息无规则可循，可发生在任何地位的人之间和任何场合，内容无法限制。第三，非正式沟通对信息的传递有时比正式沟通速度要快，因为这种沟通渠道广泛，可通过多种途径进行。

3. 参考答案：

（1）保持政府消息来源畅通。政府新闻工作机构首先要消息灵通，要与政府内部各机构、与新闻单位以及社会上各类企事业组织的公关部保持密切联系，以便及时获取第一手可靠消息。

（2）做好新闻分析综合工作。对社会舆论的敏感问题，如治安、交通、环保、物价、水电、气象等消息，及时做好综合分析工作，并与有关部门（如气象台）保持热线联络，随时加以核实、调整；涉及授权范围外的重大消息，应及时报告主管的行政首长；常规性的信息也应及时通报各有关部门和新闻单位。

（3）随时回答新闻界的咨询。建立政府新闻发布制度后，政府新闻工作机构成了政府消息的权威来源，新闻界查询、咨询的焦点。必须保证这条权威渠道畅通无阻，随时为新闻界提供新闻资料、图片及有关消息的核实与查询，并接待好海内外来采访的记者。

（4）例行的新闻发布。政府一级的公关工作应建立例行的新闻发布制度。这种新闻发布是定期的（如每周一次），由政府新闻处官员实施，可以以口头形式或书面公告形式进行，以"发布"和"告知"为主，不一定需要回答记者的问题，所需时间比记者招待会简短，例行发布会常被派发新闻通稿所代替。

（5）专题的记者招待会。遇到较重大的议题，需要举行专门记者招待会，这是政府公关工作的重要形式。与例行发布会不同，记者招待会一般都有专门集中的议题，一般都是社会普遍关注的热点，一般由较高层次官员（甚至是政府首脑）出面，不仅向记者发布消息和提供文字资料，而且安排较长时间的"答记者问"，有比较充分的现场交流。有的记者招待会还准备饮品或酒会，提供自由采访的场合。

（6）安排专访。就重大议题，邀请或安排有特别影响力的媒体作独家采访，对高层官员作深度访问。政府新闻官员要为专访做好准备和安排。

五、论述题

参考答案：在行政协调中需正确处理以下5种关系：

（1）事后与事前的关系。行政协调多有事后性特征，协调的事后性可和协调的预见性联系起来，通过明确把握行政执行的性质与任务，分析行政执行与外在环境的关系，把握事情发展的客观趋势，预先做好防范准备。

（2）一般与个别的关系。协调首先应掌握好带有指导意义的一般，明确行为目标，把握相对稳定的政策精神。同时，一般必须与个别相结合，一般只能寓于个别之中，通过个别表现出来，因此协调要与具体实际相结合，分析各个执行主体的具体情况，区别对待各种特殊性矛盾。协调工作既要吃透上级精神，又要了解基层情况；既要反对教条主义，又要反对经验主义。要做到一般与个别的有机结合。

（3）平衡与创新的关系。平衡本身要不断被打破，走向不平衡。平衡是暂时性的，不平衡是经常性的，行政行为就是不断从平衡走向不平衡再达到新的平衡的过程。

（4）妥协与原则的关系。妥协要尽可能考虑到不同角度、不同侧面的因素，讲求彼此退让、各得其所，实现各方都能接受的一种行为模式。但协调的灵活性要以不影响协调的原则性为前提，在根本问题上，不允许出卖原则来换取表面的皆大欢喜，必须从整体利益、长远利益出发，坚决反对地方主义、小团体主义、本位主义与个人主义。

（5）协商与命令的关系。协商是协调的一种基本表现方式，协商过程可增加民主气氛，实现共同参与，使行政执行更具科学性、合理性。协商是一种有利的但并非唯一的方式，在需要果断拍板的时候，要善于运用法定行政职权，及时运用行政命令的方法，统一部署，强制性要求下属服从命令，保证行政执行迅速、有效、集中地进行。

第四部分 案例分析

【案例】 "邓玉娇刺死官员案"

一、背景

网络信息技术革命对人类社会组织和处理网上活动产生了深远影响，网络把公民、企业、政府公共部门通过互联网相互连通起来，营造了新的政务办理环境、行政模式、行政业务信息流转模式和政府服务提供方式，提高了服务的效率与水平。因此，在当代中国，党政官员上网已经不是什么新鲜事了，甚至有官员跟普通网友一样开博客了，也不稀奇。网络成为了政府了解民情、发现问题、回应社会的重要途径，政府及其公务人员必须熟悉网络化条件下的管理方式和社会沟通方式，必须改变传统的观念、思维方式、办事方式和组织结构形式，适应网络经济、网络时代发展的要求。

2009年发生在湖北巴东县野三关镇雄风宾馆梦幻娱乐城的女服务员邓玉娇刺死官员案及其处理，折射出当地政府在如何运用网络、正确地处理信息、公开信息等方面，还有待进一步改进和完善。

二、内容

2009年5月10日晚，邓贵大、黄德智等人酒后到湖北巴东县野三关镇雄风宾馆梦幻娱乐城玩乐。黄德智强迫要求宾馆女服务员邓玉娇陪其洗浴，遭到拒绝。邓贵大、黄德智极为不满，对邓玉娇进行纠缠、辱骂，在服务员罗某等人的劝解下，邓玉娇两次欲离开房间，均被邓贵大拦住并被推坐在身后的单人沙发上。当邓贵大再次逼近邓玉娇时，被推坐在单人沙发上的邓玉娇从随身携带的包内掏出一把水果刀，起身朝邓贵大刺击，致邓贵大左颈、左小臂、右胸、右肩受伤。一直在现场的黄德智上前对邓玉娇进行阻拦，被刺伤右肘关节内侧。邓贵大因伤势严重，经抢救无效死亡；黄德智所受伤情经鉴定为轻伤。

5月10日晚：邓贵大死亡。案发后，邓玉娇打电话向警方自首。当晚，邓玉娇被羁押在野三关派出所。

5月11日，邓玉娇因涉嫌故意杀人被刑事拘留。刑侦人员发现邓玉娇随身携带的包内有治疗抑郁症的药物，决定将邓玉娇送往相关医疗机构检查鉴定。

5月12日：警方直接把邓玉娇送到恩施优抚医院，发布了第一次案情通报。

5月18日：巴东警方再次发布案情通告。其中，对通告第一次作了多处修改，例如，要求"特殊服务"改为要求"异性洗浴服务"，将"按倒"改为"推坐"，将邓玉娇拒绝提供特殊服务改为"双方发生口角"，将邓贵大等人到梦幻城娱乐休闲改为"陪他人消费"，将邓玉娇打电话向警方自首改为"自首是否成立，尚待法院依法认定"。

5月21日，邓玉娇的两位代理律师会见了邓玉娇。当天，邓玉娇明确表示，案发当天遭到性侵犯。

5月22日，巴东警方凌晨在官方网站上发布通告，指责律师擅自泄露案情。

5月23日，凌晨，巴东警方在官方网站上宣布邓玉娇母亲张树梅与律师解除委托关系。

5月25日，邓玉娇母亲张树梅已改聘律师，与原律师解除委托协议。

5月26日，晚11时，根据刑事诉讼法的有关规定，公安机关决定对邓玉娇变更强制措施为监视居住。

5月27日，一直尚未露面的邓玉娇家人接受湖北当地媒体的独家专访，邓玉娇爷爷表示，相信政府会依法处理此事。并表示邓玉娇在监视居住期间精神状态良好。

5月28日，新任两位律师和邓玉娇再次会面，接手"邓玉娇案"在侦查阶段的代理工作。

5月30日，"邓玉娇案"侦查终结，并依法向检察机关移送审查起诉。

6月5日，巴东县检察院将邓玉娇起诉至巴东县人民法院，检察机关起诉邓玉娇的罪名依然是故意伤害罪。

6月14日，官方鉴定称邓玉娇有心智障碍，表示她只具有部分刑责能力。

6月16日，巴东县法院一审结束，当庭宣判邓玉娇的行为构成故意伤害罪，但属于防卫过当，且邓玉娇属于限制刑事责任能力，又有自首情节，所以对其免除处罚。

2009年6月16日"邓玉娇刺死官员案"在湖北巴东县法院一审结束。巴东县人民法院审理查明，法院宣判：邓玉娇的行为构成故意伤害罪，但属于防卫过当，且邓玉娇属于限制刑事责任能力，又有自首情节，所以对其免予处罚。

三、分析

通过案例内容，我们可以分析出以下几点：

（1）在网络化时代，我们必须清楚为什么要公开信息、公开信息为了什么（做什么）、对谁公开什么信息、通过什么途径公开等问题。也就是要明确信息公开的对象、公开的内容、公开途径和方式等问题。实际上，网络、信息公开，是一把双刃剑，在实现政府目标、解决一定社会问题的同时，也会形成一些新的问题；同时，也并不是所有的社会问题通过信息公开就可以解决。因此，在倡导政府信息公开的时候，必须加以正确的引导，避免产生不利的影响，要提高政府"执网能力"。

（2）政府要制定和明确政府信息处理、信息公开的具体策略，处理好4个"度"：态度；速度；尺度；梯度。案例中反映，地方政府在处理过程中由于没有处理好这4个"度"，当汹涌的民意明显超过当地政府的预想的关头时，迷惘、困惑、恐惧交相辉映，遮掩、执拗的行事风格再次习惯性出现，这其实是更有损政府公信力的。

（3）政府要积极引导，避免产生不利的影响。包括政府要通过正确引导舆论、公开演说、权威评论、专题研讨、媒介宣传、教育引导等措施，消除网络的不利影响。

四、结论

通过这个案例，在运用信息公开、透明手段处理社会问题方面，反映出：

（1）地方政府在本案例中运用信息公开、信息透明处理社会问题方面与过去相比并非毫无进步，至少在网民对这一事件表现出高度关注后，地方政府没有完全漠视。然而，这起案件也突出反映出基层政府对信息公开的基本方法和技巧十分陌生，网民最大的不满也集中于此：一方面表示尊重民意，另一方面又不断出现各种触怒民意的陈旧行为，表现出有效运用公开手段处理社会问题的能力还有待进一步提高。

（2）谣言传播方式是一种互联式的沟通方式，谣言止于公开。越是不敢公开真相，就越是会被无限放大的猜测和谣言占领主流意识。

（3）邓玉娇案中自发去巴东"旅游"的"屠夫"等网友，"用杀猪方式参与社会问题的处理"，这从公民责任心、运用网络表达意志、进行社会监督等方面来说是值得称赞的。但这不能归结为公民有序政治参与的常态，其对社会的潜在破坏性值得警惕。

第十一章 行政伦理

第一部分 知识点阐述

一、行政伦理的构成要素

行政伦理是一个有机联系的整体,由诸多层面的要素所构成。包括:

第一,观念形态。观念形态就是伦理意识,是用以指导行政管理者作出行为选择的价值观,包含伦理准则意识、伦理责任意识和伦理目标意识。准则意识是对公共行政的原则立场和根本态度,通过对伦理主体的调控实现由内及外的统一;责任意识是关于公共行政责、权、利的系统认识,是行政伦理的核心;目标意识是树立公共行政理想,是激励人们进取的精神力量,人们在公共行政这一岗位上追求什么样的目标和理想,选择什么样的社会价值和自我价值,对行政系统起着调节和导向的作用。

第二,实践形态。实践形态就是以一定的伦理规范为指导的公共行政行为,是将公共行政价值规范和公共行政义务以及以这些义务为导向的最终目标统一起来。通过公共行政实践来实现行政伦理意识和规范,通常是通过公共行政活动、公共行政活动过程中形成的各种关系、态度、作风、效果等表现出来。行政行为和行政伦理要与地位、职责、权利和义务相一致。

第三,准则评估形态。准则评估形态是观念与实践的结合形态,是检测实际公共行政活动的正确性、公平性和合理性的准则,是依据一定的历史标准和行政伦理标准,通过社会舆论、传统习惯和内心信念的作用,对行政管理者行为以及对整个行政系统的现状进行价值判断的活动。社会舆论、传统习惯、内心信念是道德评价的三种主要形式。社会舆论反映整个社会对公共行政行为的监督,具有明显的行为约束优势,它表现了社会发展对公共行政行为的客观要求,表达了社会和集体中绝大多数人的愿望和意志；传统习惯是长期形成的，由于重复或沿袭而巩固下来，与民族情绪、社会心理交织在一起，具有稳定性的特点；内心信念是人们对公共行政行为进行善恶评价的精神力量，是行政伦理评价中最重要的力量。

二、行政伦理的思考方式

在公共行政中，什么是正确的、什么是应该做的、如何对所面临的具体伦理问题作出决策，都是要着力思考和解决的问题。根据特里.L.库珀将人们进行伦理思考的方式界分为4个区别明显的层次：①

第一，情感表达层次。在日常的公共行政行为中，自发的、未经思考的情感表达也许是价值判断的最常见的形式，仅仅对"善"的东西和对某人"应当"做什么作出情感表达。这些情感表达既不想引起回应，又不想劝阻别人；既不提供有关事态的证据，又不提供详细的事态描述。

第二，道德规则层次。根据被奉为道德指导准则的规则、格言、谚语来思考公共行政行为过程及其可能的后果，指出与问题相关的恰当的行为方式并开始评估各种可能的办法及其后果，各种不同的道德规则和格言会作为参考观点帮助作出决策。

第三，伦理分析层次。当可利用的道德规则无助于解决具体问题时，或者当它们互相冲突时，就需要对道德规则进行基本的再思考并重新审查公共行政行为标准中隐含的伦理准则。例如，行政伦理准则是为实现某一价值所必须的行为方式，它明确地将一种价值和一种行为方式联系在一起。公正是一种重要的价值，但"公正"这一术语本身并没有告诉人们该采取什么样的行为规则，这就需要对公正进行分析用以向人们明示什么样的行为方式才能将公正这一价值体现出来。

第四，后伦理层次。"为什么人们应该遵守道德规范"这一问题是后伦理层次的例证。大多数行政管理人员都不会到达这一最为基本的哲学思考层次。它要求培养和巩固建立在哲学之上的世界观。当我们确认自己"遵守道德游戏规则"的充足理由时，后伦理层次的任务就完成了。

由上述4个层次构成的行政伦理分析框架，是一个高度动态的系统，各个层次并没有明确的前后顺序。这个分析框架指导行政管理者努力弄清什么是正确的、什么是应该做的以及如何对所面临的具体伦理问题作出决

---

① 库珀：《行政伦理学：实现行政责任的途径》，张秀琴译，中国人民大学出版社2001年版，第8~16页。

策等。

第二部分 相关知识拓展

一、观点评论

有学者认为，公共利益不一定就是政府部门所认定的利益，也不一定就是多数人的利益。

评论：公共利益是在一定社会条件下或特定范围内各种社会主体间利益关系的平衡性与一致性，公共利益能够超越不同利益主体和地域，对社会中的不确定人或团体产生普遍的非特定的影响。公共利益总是和一定社会群体的存在和发展所必需的社会价值有关，是一定社会群体存在和发展的前提。公共利益具有社会公共性、公共利益辐射地域范围和主体范围的广泛性、公共利益内容的广泛性、公共利益的超越个体性和一定层次性等特征。

公共利益在行政伦理中的地位和作用突出地表现在它的评价功能：

（1）维护公共利益是行政伦理主要的实体内容。利益矛盾和冲突是人类社会的普遍现象，是行政管理及行政主体产生和发展的依据。调节行政主体、公共权力和公共利益之间关系成为行政伦理的主要内容。

（2）公共利益是判断行政行为是否正当的价值标准。

（3）行政伦理的最终目的在于促进公共利益的实现。就行政伦理的研究对象来看，它指向的是社会整体，或者说是共同体；就其内容而言，指涉的是公共利益。因此，行政运作的最终目的就在于对公共利益的保护和促进。

因此，如果政府部门所认定的利益就是公共利益，就会导致公共权力培育真理的结果；如果多数人的利益就是公共利益，就会抹杀公共利益的整体性、全局性特征。在排除"权力利益"的前提下，政府部门所代表的利益才能被推定为"公共利益"。尽管公共利益就如同"普洛透斯似的脸"一样，以其抽象而变幻莫测，但在一般意义上，"公共利益就是社会的不同利益主体间的共同利益。也就是说，它不是个人利益的相加总和，也不是特定的团体利益或部分人的利益，而是具有社会公共性和社会共享性"。或者说，"公共利益是一定的社会群体存在和发展所必需的、并能为他们中不确定多数人所认可和享有的内容广泛的价值体"。

因此，我们认为，"公共利益不一定就是政府部门所认定的利益，也不一定就是多数人的利益"的观点，透过现象看到了问题的本质。

二、公共责任冲突

责任冲突是行政伦理困境的最典型的表现形式。在行政管理实践中，公共责任冲突最常见的形式有三种：权力冲突、角色冲突和利益冲突。

（一）权力冲突

当法律要求一个行政管理人员这样做而上级却又要求他那样做，或者上司指导一个行政管理人员朝某一个方向活动，但公众却希望他朝相反的方向活动之时就产生了权力冲突。

在权力冲突中，行政管理者的任务就是在具体情况下负责任的行为，并意识到这些不是角色表现的常规的、典型的形式。无论何时，当发现所供职的组织没有为公众的最大利益着想时，所有的行政管理人员，实际上是所有的公共雇员都有责任去维护公众利益。

（二）角色冲突

在特定的情形中，行政管理者所体验到的特定角色的价值观是不相容的或者是互相排斥的。现代社会中的社会关系和个人身份认同变得越来越复杂，人们不再将自己的身份认同为某一个角色或某一些角色，而是复杂的网络系统中相互关联的角色群。然而，每一种角色都有自己的行为方式，这些不同的角色之间时常会发生冲突，必须有效地处理这些冲突以防止一种角色对另一种角色的否定。

（三）利益冲突

在现代社会中，行政管理人员必须是不同利益的管理者，这是价值相对性和社会的多元化的必然产物。利益冲突包括角色冲突和各种权力资源之间的紧张关系，即个人利益与我们作为一个行政管理者的义务之间产生了冲突。其解决方式在很大程度上依赖于与我们生活的私人领域和公共领域相关的价值观。

三、行政伦理建设

行政伦理建设是一个涉及政治、经济、法律、文化、道德等诸多方面的综合的系统工程。因此，加强行政伦理建设，必须做好如下几个方面的工作：

1. 加强行政伦理教育

具体包括：第一，加大行政伦理建设的力度，提高行政管理人员对行政伦理的认知水平；第二，加强行政管理人员的思想政治教育；第三，强化行政管理人员的道德自律意识；第四，行政伦理教育的内容应当体现时代精神，把握时代脉搏，内在地显示时代的本质和历史发展趋势；第五，改进和健全行政伦理教育的方式。

2. 加强立法，将更多的伦理规范纳入法律规则体系

行政伦理立法，是把行政伦理规范的一部分通过立法程序确认为法律，使行政伦理具有与上层建筑的政治、法律同等地位的效力和作用。通过法律的赏罚机制来发挥道德规范的作用，保证行政伦理规范不被破坏。

3. 完善社会对行政管理活动的干预和监督机制

行政管理的民主化趋势要求行政管理人员的行政活动是具有公共责任的行为。因此，要创造出更多的途径和机会来促进公众对公共决策的干预和参与，要特别注重发挥社会舆论的监督作用。

4. 把行政伦理作为行政管理人员任职、升降、奖惩的必要条件

行政伦理是以社会利益作为对行政管理主体行为责任或道德品质高低的一种特殊的道德评价和调控方式。在行政人员任免、升降中引入道德赏罚机制，使善恶与利害产生恒常联系，逐渐形成行政管理人员的道德心理沉淀和道德经验。并在此基础上感受、理解和把握行政伦理的必然性，进而转化为个体的内驱力，形成你追我赶、争当先进、奋发向上的行政伦理风尚，使行政伦理真正起到抑恶扬善的作用。

第三部分 练习题及答案

练 习 题

一、单项选择题

1. 作为判断行政行为是否正当的价值标准，公共权力运行的价值基石和道德基础是(　　)。
   A. 国家利益　　B. 公共利益　　C. 公共财产　　D. 国家财产
2. 行政伦理的核心是(　　)。
   A. 程序公正　　　　　　　　B. 效率
   C. 符合法律规范　　　　　　D. 效率与公平兼顾
3. 主导行政伦理规范、体现行政伦理特质的核心理念是(　　)。
   A. 效率　　B. 责任　　C. 公平　　D. 公正
4. 行政伦理的基本价值理念是(　　)。
   A. 公平与正义　　　　　　　B. 公平与效率
   C. 正义与效率　　　　　　　D. 公平、正义与效率
5. 行政伦理困境的最典型的表现形式是(　　)。
   A. 责任冲突　　B. 利益冲突　　C. 角色冲突　　D. 权力冲突

二、多项选择题

1. 行政伦理是一个有机联系的整体，由诸多层面的要素所构成，包括(　　)。
   A. 观念形态　　　　　　　　B. 实践形态
   C. 准则评估形态　　　　　　D. 法治意识形态
   E. 理论形态
2. 库珀在《行政伦理学：实现行政责任的途径》中将人们进行伦理思考的方式界分为(　　)。
   A. 情感表达层次　　　　　　B. 道德规则层次
   C. 伦理分析层次　　　　　　D. 后伦理层次
   E. 法律规范层次
3. 公共利益在行政伦理中的地位和作用突出地表现在它的评价功能，

包括( )。
   A. 公共利益是在一定社会条件下各种社会主体间利益关系的平衡性与一致性
   B. 维护公共利益是行政伦理主要的实体内容
   C. 公共利益能超越不同利益主体和地域，对社会中的不确定人或团体产生普遍的非特定的影响
   D. 公共利益是判断公共行政行为是否正当的价值标准
   E. 行政伦理的最终目的在于促进公共利益的实现
4. 公共责任的基本特征包括( )。
   A. 普遍性   B. 义务性   C. 约束性
   D. 资源性   E. 社会性
5. 行政伦理的功能主要有( )。
   A. 中介功能   B. 规范与约束功能
   C. 教育与塑造功能   D. 保证与激励功能
   E. 国家认同和居民凝聚功能
6. 新公共行政提出的公共行政的4个基本过程是( )。
   A. 分配过程   B. 整合过程   C. 管理过程
   D. 边际过程   E. 情感过程

三、概念辨析题
  1. 行政伦理。
  2. 公共利益。
  3. 公共责任。

四、简述题
  1. 简述公共利益的评价功能。
  2. 简述公共责任的基本特征。
  3. 为什么说"公共利益不一定就是国家公共部门所认定的利益，也不一定就是多数人的利益"。

五、论述题
  论述行政伦理建设的具体措施。

练习题答案

一、单项选择题

1. B 2. A 3. B 4. A 5. A

二、多项选择题

1. ABC 2. ABCD 3. BDE
4. ABC 5. ABCDE 6. ABDE

三、概念辨析题

1. 参考答案：行政伦理是以"责、权、利"的统一为基础，以协调个人、政府部门与社会的关系为核心的行政领域的基本伦理纬度、行政行为的基本道德规范和伦理精神。它包括以下三个方面：第一，行政伦理所涉及的基本范围是公共行政领域；第二，行政伦理的基本道德规范主要是针对公共行政行为，以行政系统或者以行政管理者为主体，针对公共行政行为和政治活动的社会化角色的伦理原则和规范；第三，行政伦理既是关于公共行政行为道德规范的集合，也是社会基本伦理精神和普遍价值的体现。

2. 参考答案：公共利益是在一定社会条件下或特定范围内各种社会主体间利益关系的平衡性与一致性，公共利益能够超越不同利益主体和地域，对社会中的不确定人或团体产生普遍的非特定的影响。

3. 参考答案：公共责任包含两个层次的含义：第一个层次是指政府部门在公共行政过程中，依法应当履行的职责；第二个层次是指政府部门在公共行政过程中对不履行、不完全履行或违法履行其应当履行的职责而引起不良后果时所必须承担的责任。

四、简述题

1. 参考答案：公共利益是行政伦理的实质，是公共行政的价值准则和评价尺度，如果一个行政行为真的是为了"公共利益"，那么它是可以被接受的；否则，就会遭到谴责，并运用有效的手段制止此类行为再度发生。因此，公共利益在行政伦理中的地位和作用突出地表现在它的评价功能。

（1）维护公共利益是行政伦理主要的实体内容。利益矛盾和冲突是人类社会的普遍现象，是公共行政及其主体产生和发展的依据。在现代社会，公共行政主体运用所掌握的公共权力来调节社会各种利益关系问题，解决社会各种利益矛盾和冲突，维持社会的长期稳定和发展。同时公共行政主体也毫不例外地置身于利益矛盾和冲突之中。调节公共行政主体、公共权力和公共利益之间关系成为行政伦理的主要内容。作为具体履行行政职能的行政主体，必须时时处处坚持道德化的价值取向，最为根本的就是要公正地处理个人利益与公共利益之间的关系，必须维护公共利益，以公共利益为价值取向，并将这种价值观念贯彻在公共行政的日常实践中。在个人利益、团体利益与公共利益的紧张关系中，规范公共权力的运行，使之始终按照公共意志的命令行事，就成为公共伦理规范的主要内容。

（2）公共利益是判断行政行为是否正当的价值标准。公共行政是为了公共利益的目的，由社会上发展出来的多元管理主体以及它们所组成的网络结构，在公民广泛参与、制约下，对公共事务所进行的一种多层次、多方法的管理活动。公共行政存在的合理性及合法性就在于对公共利益的保护和促进。可见，公共行政的这种特性决定了其运作的主要目的是提供公共政策和发展公共服务，维护公共秩序和实现公共利益。这是公共权力运行的价值基石和道德基础。公共利益也就理所当然地成为判断公共行政行为是否正当的价值标准。

（3）行政伦理的最终目的在于促进公共利益的实现。就行政伦理的研究对象来看，它指向的是社会整体，或者说共同体；就其内容而言，指涉的是公共利益。而公共利益的出现，是以大规模国家政权的建立、广泛的社会互动的增加以及市场经济的繁荣等为条件的。公共利益自其产生之日起，就成为公共权力的基础和价值导向。政治哲学家洛克就认为，"政治权力的目的，在于保护个人权利，保障公共利益，政府的权力不过是来自最高权力的委托，而最高权力则掌握在人民手中"。"社会或由他们组成的立法机关的权力决不允许扩张到超出公众福利的需要之外"。

2. 参考答案：公共责任的基本特征可概括为：

第一，公共责任是一种普遍的义务。公共责任在法律、法规和伦理道德的约束下，表现为一种普遍的义务。作为公共行政主体，承担公共责任的过程，就是一个为社会尽义务的过程，要承担起为其服务对象尽责效力、谋取利益的义务。

第二，公共责任是一种任务。公共行政主体在承担义务的基础上，还必须通过认真履行自己的义务和职责的方式，对行为后果承担责任。公共行政过程，实际上就是具体完成依法应全面完成的任务的过程。因此，公共责任是政府部门及其内部成员的职责，每一职位都是职务、职权和责任的集合体，其中，责任即规定担任一定职务的人员必须做什么和不能做什么。

第三，公共责任是一种监督、控制和制裁的约束方式。公共责任是一种以外在的约束力为支撑力的约束方式。公共责任是可以以外力甚至国家强制力为支持的约束方式，通过应用法律制度来制止政府部门及其成员的权力寻租行为、监督政府部门及其行政活动、防止政府部门肆意追求特殊利益而置公共利益于不顾。

3．参考答案：

（1）公共利益作为判断公共行政行为是否正当的价值标准，是公共权力赖以运作的价值基石和道德基础，反应了行政伦理的实质。

（2）如果说"公共部门所认定的利益就是公共利益"，会导致公共权力培育真理的结果；"多数人的利益就是公共利益"，会抹杀公共利益的整体性、全局性特征。在排除"权力利益"的前提下，公共部门所代表的利益才能被推定为"公共利益"。

（3）一般意义上，"公共利益就是社会的不同利益主体间的共同利益。也就是说，它不是个人利益的相加总和，也不是特定的团体利益或部分人的利益，而是具有社会公共性和社会共享性"。或者说，公共利益是一定的社会群体存在和发展所必需的、并能为他们中不确定多数人所认可和享有的内容广泛的价值体。

所以说，公共利益不一定就是国家公共部门所认定的利益，也不一定就是多数人的利益。

五、论述题

参考答案：行政伦理建设是一个涉及政治、经济、法律、文化、道德等诸多方面的综合的系统工程。因此，加强行政伦理建设，需要从实际出发，加强各种措施的协调配合；特别是要根据市场经济条件下行政伦理建设的内容、形式、特点和规律，使行政伦理建设具有较强的针对性和可操作性。

行政伦理建设的具体措施主要包括：

（1）加强行政伦理教育。良好的行政伦理，有赖于正确的公共行政价值观的确立，公共行政的意识、理论、认知、情感、态度和道德等文化要素，构成了公共行政模式取向，直接决定着行政伦理的状况。因此，要加强行政伦理教育和促进行政文化建设，使公共行政主体树立正确的伦理观，从而形成内在的约束机制。

加强行政伦理教育，是学习、教育和培训相结合的过程，具体包括：

第一，加大行政伦理建设的力度，提高行政人员对行政伦理的认知水平；

第二，加强行政人员的思想政治教育，树立科学的世界观、人生观、价值观，树立正确的理想信念，并把理想信念和现阶段的历史任务与本职工作结合起来；

第三，强化行政人员的道德自律意识，道德是他律和自律的统一，自律是内在的约束机制；

第四，行政伦理教育的内容应当体现时代精神，把握时代脉搏，内在地显示时代的本质和历史发展趋势；

第五，改进和健全行政伦理教育的方式，形成把法制教育、文化知识教育和道德教育整合贯通、协调互补的行政伦理教育机制，防止把伦理教育泛化为政治教育，防止形式主义的道德灌输，防止以政治性的宣传代替多层面、多形式的伦理教育本身。

(2) 加强立法，将更多的伦理规范纳入法律规则体系。行政伦理立法，是把行政伦理规范的一部分通过立法程序确认为法律，使行政伦理具有与上层建筑的政治、法律同等地位的效力和作用。道德信念作为软件必须通过政治法律等硬件系统的功能才能很好地发挥作用，如果没有相应的硬件设施，再好的道德体系也很难对社会产生实际的影响。因为人的道德品质的不完善性和认识客观事物的局限性，不能保证行政人员永远正确地行使权力而不发生失误和偏差。倘若权力落到了道德恶劣者手中，就极易变成谋取私利的工具。所以，需要有一种外在的力量来制约公共权力运行过程中的负效应和被滥用的现象。

在现代国家中，越来越多的行政伦理规范被纳入到法律规则体系之中。当代一些文明发达、法制完善健全的国家，公共行政的法律规则有相当大一部分是从伦理规则中确认为法的。通过法律的赏罚机制来行使道德规范的作用，从而保证行政伦理规范不被破坏。

(3) 完善社会对公共行政活动的干预和监督机制。公共行政活动的两个基本方面：行政结果与行政行为的关系。所谓行政结果，是指行政主体做了什么——业绩，做得怎么样——质量、水平、效率，以及社会影响和公众的反应如何，这方面的基本问题是行政的效率与质量问题，也就是是否把该做的事都做好了的问题。所谓行政行为，是实现行政目标的具体过程，这方面的基本问题是政府部门是否能获得公众的基本信任问题，它包括两层相互联系的含义：一是指公共行政所做的事是不是该做的事；二是指公共行政该做的事是不是都做了。

公共行政的民主化趋势要求行政人员的活动是具有公共责任的行为，应当面向整个社会而不是一部分与自己"有关系"的人们，发展和完善这种公共型管理体制是消除公共行政中私人化倾向和无契约、无承诺、无准则的行为倾向的基本方法。因此，要创造出更多的途径和机会来促进公众对公共决策的干预和参与；要特别注重发挥社会舆论的监督作用，社会舆论主要通过对某一行政行为的褒贬向有关成员传达社会反应，指明行为准则，引导行为方向，从而起到规范行政行为方式的作用。

（4）把行政伦理作为行政人员任职、升降、奖惩的必要条件。在行政人员的任免、升降等行为中引入道德赏罚机制，是行政伦理得以发挥其规范作用的重要保证。它是社会以利益作为对行政主体行为责任或道德品质高低的一种特殊的道德评价和调控方式。对于行政人员来说，职位的升降是其最关注的利益函数。

在人员使用上，形成赏善罚恶的道德赏罚导向和机制，对那些道德模范者给予重用和提拔；对那些品行不端、道德不良者，决不提拔重用。这样，倡导和禁止并用，内引与外压结合，形成了行政行为趋善避恶的强大动力。当行政人员因其高尚的行政行为或品质而受到重用或提拔时，就会激励和推动其向更高的道德阶梯攀登；当行政人员因其不道德行为或恶劣的品质而受到降级或处罚时，这一处罚作为强大的外部压力迫使行为主体不得不慎重考虑自己的行为后果，并基于这一利害权衡而弃恶从善。

因此，在行政人员任免、升降中引入道德赏罚机制，使善恶与利害产生恒常联系，逐渐形成行政人员的道德心理沉淀和道德经验。并在此基础上感受、理解和把握行政伦理的必然性，进而转化为个体的内驱力，形成你追我赶、争当先进、奋发向上的行政伦理风尚，使行政伦理真正起到抑恶扬善的作用。

第四部分 案例分析

【案例】 陕西省勉县"110"久呼不至案[①]

一、背景

2003年11月8日凌晨4时40分，刑满释放的四川籍歹徒杨进奇闯入勉县茶店镇分水铺村村民李汗军家，用木棒将李汗军活活打死，并抢得一辆自行车沿着309省道逃窜。案发后，受害者家属先后两次向勉县"110"报警，但值班民警黄承顺均以不属于自己辖区为由没有出警。导致杨进奇又骑车窜至距第一案发现场3公里处贾振清家实施抢劫，连续将贾振清等3名无辜群众残忍杀害。5时58分，一外地司机张某途经现场，再次拨打"110"，黄承顺还回答："那地方归茶店派出所管，你直接给派出所报警。"因感到问题严重，6时5分，黄承顺才指令茶店派出所出警。警民联手将杨进奇抓获。事后，勉县检察院认为，黄承顺身为"110"值班民警，在接到群众求助后，工作不负责，不正确履行职责，从而延误了出警时机，对贾振清等3人的死负有责任，其行为违反了公安部《"110"接出警工作规则》，触犯了《中华人民共和国刑法》第397条，以涉嫌玩忽职守罪对其实施刑事拘留。

二、内容

2003年11月8日清晨，一起抢劫案发生在陕西省勉县境内。这天凌晨4时多，陕西勉县分水铺村的李汗军一家还在沉沉的睡梦中。突然，一阵急促的敲门声和砸玻璃声将他们吵醒。听到响声，李汗军赶紧披衣下床，看见有个黑影闪进家来抢自行车。正当他想从黑影手中夺回自家的东西时，黑影已经手拿木棒将他击倒。见李汗军被人打倒，他的家人赶忙将他抬回屋内，他的妻子首先想到打电话向勉县"110"报警。这时是凌晨5点14分。电话接通后，李汗军妻子把丈夫受伤情况简要介绍了一下，

[①] 节选自王从虎：《公共管理案例分析——公共管理学和法学的双重视角》，2007年4月，第314页。

谁知对方说案发现场在茶店镇地区，让她找茶店镇派出所，随后就"咣当"一声挂断了电话。

案发现场李汗军家位于勉县的茶店镇，李汗军的妻子满怀希望向勉县"110"求救，没有想到"110"说案件发生地不归他们管辖，让她直接找自己家所在地的茶店镇派出所，而当地派出所的电话号码一时又找不到。李汗军的妻子只好转而向周围的亲戚朋友求援。一会儿亲友们陆续来到家里帮忙，大家又拨打了"120"急救电话，但是没有打通。见到姐夫情况紧急，在"120"打不通的情况下，李汗军的妻弟接着又向勉县"110"求救。这时是凌晨5点23分。但"110"依然让他们找茶店镇派出所，情急之下，李汗军妻弟请求对方帮忙拨打"120"电话，依然遭到拒绝。无奈，亲友们只好自己继续拨打"120"。最后，虽然没有叫来"110"，但是终于等到了"120"派来的救护车，亲戚朋友们赶忙将李汗军送往医院抢救。

2003年11月8日凌晨，另一起案件仍然发生在勉县境内。大约40分钟后，距离第一起抢劫案发生地3公里之外的贾振清家也发生了一起类似劫案。当时住在家里的贾振清的岳母听到一阵猛烈的敲门声和砸玻璃声，她起床开门时被歹徒用木棍打到。接着，贾振清以及他的女儿又相继起床与歹徒搏斗，路过这里的一位司机师傅看到后，马上拨打了当地的"110"。这时是凌晨5点58分。但"110"同样说案发现场属于茶店镇派出所管辖，让他们和派出所联系。

这时，贾振清一家与歹徒搏斗的声响惊动了周围的邻居，他们也赶忙过来帮忙。周围的群众赶到后，大家一起围攻歹徒。大约在过路司机打完电话1个小时左右，接到报警的勉县茶店镇派出所民警也来到现场，警民最终一起将歹徒制服。同一天早晨，相距3公里之遥的两家先后遭到入室抢劫，作案手法又都是敲门、砸窗户，暴露之后用木棍打人，行凶是不是同一个人呢？经公安人员审讯，果然是同一案犯所为。

后来，第一家遭到抢劫的李汗军在送往医院的途中死亡，留下了结婚不满一年的妻子以及在他遇害后10天出生的儿子。第二家遭到抢劫的贾振清以及60多岁的岳母、10岁的女儿也都先后惨死在歹徒的木棍之下。一时间失去丈夫、母亲和女儿3个至亲至爱的人，贾振清的妻子赵红霞痛不欲生。

悲愤之中，赵红霞得知在自己家被抢之前，歹徒先行抢劫了距离自己家3公里之外的李汗军家。得知李家当时还打"110"报警时，痛定思痛的赵红霞又感到更加气愤了，如果当时"110"及时出警，肯定不会发生这样的惨剧。针对被害人家属反映的情况，当地检察院迅速展开调查。他们先从案发现场打出的报警电话入手，发现第一案发现场李汗军家当时曾经打出过两次电话，分别是李汗军的妻子和妻弟打给"110"的，这在电信部门都有记录。

那么"110"又是如何反应的呢？勉县"110"当天值班的民警黄承顺说，2003年11月8日凌晨5点多，他是听到有报警的电话响，但是当他第一次拿起话筒时里面没有人说话，于是过了一会儿他就把电话挂了。而电信部门记载的这次通话记录时间表明，黄承顺的解释似乎有些不合常理。至于第二次电话，黄承顺说对方当时询问这里是不是"120"急救中心，并没有提及报警的事。这次通话在电信部门的记录时间长达63秒。但是如果按照黄承顺的解释，他说的这次通话内容似乎花不了这么长的时间。

不过，黄承顺提到的这两次电话恰好与第一案发现场的两次报警电话在时间上是吻合的，而其在电信部门的记录上也有显示。而按照公安部《"110"接出警工作规则》，"110"报警服务台工作人员在受理报警求助电话时，应当认真登记，做好接报、出警工作记录。但是，第一案发现场的这两次通话在勉县"110"值班记录中却没有任何记载。对此，值班民警黄承顺不承认这两次电话是报警，而是一个外地司机打过来的，所以他没有记录。

"11·8"案件发生后，在"110"值班记录中，目前能够看到的报警记录只有1次。路过第二案发现场的司机打给勉县"110"的关于第一案发现场的两次通话内容，报警一方与黄承顺本人说法不一。第一案发现场，李汗军的妻子和妻弟都说当时是报了警，暗示遭到"110"的推诿。"110"值班民警黄承顺又否认他曾经这样做过。而电信部门的记录又只能显示时间，不能显示内容。谁的话属实无从知晓。

但是当地到第一案发现场李汗军家帮忙的人都说，当时李家人确实报过警。"110"值班民警黄承顺虽然一直否认他曾经接警以后不出警，否认他说过发案地不归他们管辖之类的话。接着采访时他曾提到当地的"110"设置不合理。于是记者做了一番调查，发现"11·8"案件发生时勉县的"110"指挥中心不是设在勉县公安局，而是设在勉县公安局勉阳镇分局。而案件发生地是勉县的另外一个乡镇，茶店镇属于勉县公安局茶店镇派出所管辖。

对于勉县"110"的这种设置，"110"的值班民警黄承顺也有自己的想法。他认为他们接到"110"电话后要转给当地派出所，但是勉阳分局和当地派出所都是平级单位，不好直接向他们发指令，所以这种设置存在缺陷。

事实上，"11·8"案件发生后，也是由位于勉阳镇公安分局的"110"值班民警转警给茶店镇派出所，最后由他们出警的。那么，勉县的"110"指挥中心为什么要设在勉阳镇分局呢？

由于种种原因，"11·8"劫案发生后勉县"110"真正的出警，是在接到第二案发现场打出的第一个报警电话8分钟之后的6：05，这时距电信部门记载的第一期案发现场第一次报警的时间5：14晚了近一个小时。据此，勉县检察院以"110"当天的值班民警黄承顺涉嫌玩忽职守，造成出警不及时为由将他刑事拘留。

第二案发现场贾振清的妻子赵红霞认为，自己亲人的死不是飞来横祸，而是"110"反应迟钝造成的，公安机关没有尽到保护人民财产安全的责任，于是她向当地法院提起了行政赔偿的请求。目前，检察院已经向当地法院提起公诉。"11·8"案件发生4个月后，勉县"110"指挥中心也已经被迁到了县公安局大院内。但是，所有这一切已经无法挽回赵红霞一家幸福快乐的生活。

三、分析

该案件阐述了肩负着社会公共安全责任的勉县"'110'指挥中心"玩忽职守的一个案例。我们可以从以下几个方面展开分析：

（1）勉县公安局履行职责是其公共部门伦理的基本要求。勉县公安局作为公共部门具有其法定的职责，那就是要保护所管辖区域内的人民生命财产的安全，维护社会的正常秩序。公共部门履行其法定职责是公共部门伦理的基本要求。本案中，虽然具体表现为公安干警黄承顺不接警、不出警的行为，但黄承顺值班过程的行为属于职务行为，即最终要由勉县公安局对公民承担责任。在公民几次提出请求保护的情况下，县公安局干警以各种理由推辞，应该认定县公安机关的行为已经违背了公共部门的基本伦理，构成不履行法定职责的行为。

（2）公安干警黄承顺不履行职务，严重违背职业道德。作为公共管理者的个体，应该恪尽职守，表现出高度负责、清廉、正直、刚毅等特质，以激发起民众对公共管理者所代表的政府的信任。这也是公共管理过程中公共管理者个体职业道德规范的必然要求。本案中，黄承顺作为一名公安干警，负有保护人民生命、财产安全的神圣职责。但是，在公民李汗军和贾振清家先后遭到歹徒抢劫并请求保护时，黄承顺却以各种借口予以推辞，最后造成了不可挽回的严重损失。显然，黄承顺的行为已经严重违背了公务员的职业道德，是公共管理者的道德伦理所不能容忍的。

(3) 勉县公安局的公共责任可以通过社会舆论和司法途径追究。公共部门违背公共伦理的行为具体要通过追究公共责任的形式来实行。维系公共管理的责任，分为外部控制途径和内部控制途径。本案中，由于"110"设置的问题，勉县公安局就将人命关天的大事一推了之，足以反映该机关的责任心不强，以及公共伦理水平和素质的低下。所以，在自律已经无法实现控制的情况下，显然通过外部控制机制是其必然选择。媒体的监督、社会舆论的压力是一种社会力量，而司法途径和控制则是针对已经构成违法犯罪行为的途径。勉县公安局不履行法定职责，造成了人员死亡的严重后果，依据我国《行政诉讼法》和《国家赔偿法》的规定，应该承担国家赔偿责任。

(4) 黄承顺的行为已经触犯刑法，应承担刑事责任。我国《刑法》第397条规定：国家机关工作人员滥用职权或者玩忽职守，致使公共财产、国家和人民利益遭受重大损失的，处3年以下有期徒刑或拘役，情节严重的，处3年以上7年以下有期徒刑，本法另有规定的，依照规定。本案中，黄承顺身为国家行政人员，在接到报警后不及时接警、出警，对工作不负责任，不履行法定职责，并造成了严重后果，应该构成了玩忽职守罪。

四、结论

公共管理责任的丧失，不仅是公共管理人员丧失自己的工作职责，更重要的是会给社会公众带来严重的损害。公共管理伦理，就是在公共管理这个职业领域内，公共管理主体必须受到道德理念和行为准则的规范。它具有引导、规范、维系和选择功能。重视公共伦理教育，提高公共管理人员的职业道德和公共责任感是行政规范的一项重要任务。对于公共责任意识的形成，关键在于公共责任制度的建设——自律的内部途径控制和他律的外部途径控制。在当前我国建设社会主义政治文明的背景下，探索公共责任意识向公共责任制度的转化和实现途径，完善公共管理伦理规范，是一项紧迫而又重要的任务。

第十二章 行政法治

第一部分 知识点阐述

一、行政管理研究的法律途径

(一) 行政管理的研究途径

从历史的观点来分析,行政管理存在着三种主要的研究途径,即管理途径、政治途径和法律途径。管理途径又称为 B 途径或商业途径 (the business approach),它秉承管理学和经济学的传统,主要从组织结构和功能、程序、技术方法以及效率和产出的角度来理解行政管理,强调工具理性;政治途径又称为 P 途径或政策途径 (the policy approach),它秉承政治学和法学的传统,关注民主、社会公平等价值,强调公共权力的制约和限制;法律途径将行政管理视为法律在具体环境中的应用和实施,赋予了行政管理法治和裁决的主题。

(二) 行政管理法律途径的兴起

行政管理法律途径的兴起主要是由于:

(1) 宪法和行政法对行政管理调节和规范的力度不断加大。宪法和行政法确立了公共权力、特别是政府行政权力的边界,把政府行为的合法性建立在保护公共利益的基础上。

(2) 司法机制对行政管理的裁判作用越来越明显,以致出现了"公共行政司法化"的趋势,即将行政运作程序视为与司法程序一样,目的在于确保个人合法权益不受侵犯。

(3) 现代行政管理改革的一个重要特点,就是"政府从权威的源泉和法律权威的享有者、转变为市场合同的缔结者"。

(三) 行政管理法律途径的基本理念

行政管理法律途径强调法治，重视对个体权利的保护。行政管理法律途径包含基本理念有：一是维护公众的基本权利，个人应享有的实质权利和法律的平等保护；二是正当法律程序，"不按照正当的法律程序不得剥夺任何人的生命、自由和财产"；① 三是建立畅通、有效的救济渠道，包括建立司法审查制度、撤销制度、违宪审查制度、权力制约与监督制度、律师制度等。②

因此，行政管理法律途径的基本理念概括为：法律至上，善法之治、自然公正、平等适用、制约权力、权利本位、正当程序。具体地说就是在法律与国家、政府之间，运用法律约束国家、政府的权力；在法律与公民之间，运用法律合理地分配利益；在法律与社会之间，运用法律确保社会公共秩序和公共利益不受权力和权利的侵犯。其核心的理念是运用法律约束国家、政府的权力。

(四) 行政管理法律途径的主要内容

行政管理法律途径主要包含以下方面的内容：①强调宪法层面的公正、程序、权利和平等价值。②把公共部门视为一种能够通过公正的抗辩程序来解决争端的结构形式。③注重建立明确的行政管理行为准则和监督机制。④把行政管理的对象看作完整和独立的个体，关心个人宪法权利和法律权利的保障。⑤重视行政管理结果的合理性，不仅要求行政管理行为的主体和程序合法，还要求有利于保护行政管理相对人的合法权益和提高效率。

二、行政立法监督

立法监督是行政立法的一个重要环节，监督是否到位关系行政立法的质量，关系行政权力能否正确行使。如果不强化对行政立法的监督，行政的自由裁量权就可能过度扩张乃至被滥用，行政立法的质量及其自身体系的完整性也无法得到保障。对行政立法的监督主要有以下方式：

(1) 权力机关的监督。权力机关对行政立法的授权与监督，历来是

---

① 美国《宪法修正案》第5条的规定。
② [美]戴维. H. 罗森布鲁姆等：《公共行政学：管理、政治和法律的途径》，中国人民大学出版社2002年版，第37页。

行政法的重要议题。在国外，对行政立法进行监督的权力机关主要是议会或国会，其方式主要是将有关文件提交议会或国会来达到监督授权立法的目的。我国《宪法》也规定，全国人大常委会有权"撤销国务院制定的同宪法、法律相抵触的行政法规、决定和命令"。

（2）行政主体自身的监督。通过行政层级的监督，由上级机关对下级机关的行政立法活动进行审查。我国《宪法》规定，国务院可以改变和撤销各部、各委员会发布的不适当的命令及指示和规章，改变地方各级行政机关制定的不适当的决定和命令。

（3）司法机关的监督。司法机关对行政立法的监督是通过司法审查的手段来实现的。在我国，司法机关不具有抽象行政行为的司法审查权，只可以对行政法规、规章有选择地适用，对不合法的或不合宪的行政法规和规章拒绝采用。

三、法治政府建设

法治行政建设，最根本的就是要建设法治政府。法治政府的含义主要体现在：

（1）法治政府应当符合合法行政的要求，遵循法律保留原则。行政机关实施行政管理，应当依照法律、法规、规章的规定进行；没有法律、法规、规章的规定，行政机关不得作出损害公民、法人和其他组织合法权益或者增加公民、法人和其他组织义务的决定。

（2）法治政府应当符合合理行政的要求，遵循比例原则。行政机关实施行政管理，应当遵循公平、公正的原则；要平等对待行政相对人，不偏私、不歧视；行使行政自由裁量权应当符合法律目的，排除不相关因素的干扰；所采取的措施和手段应当必要、适当；行政机关实施行政管理可以采用多种方式，但应当避免采用损害行政相对人权益的方式。

（3）法治政府应当符合程序正当的要求，遵循正当程序原则。行政机关实施行政管理，除涉及国家秘密、依法受到保护的商业秘密、个人隐私外，应当公开；要注意听取公民、法人和其他组织的意见；要严格遵循法定程序，依法保障行政相对人、利害关系人的知情权、参与权和救济权；行政机关工作人员在履行职责的过程中与行政相对人存在利害关系时，应当回避。

（4）法治政府应当符合高效便民的要求。行政机关实施行政管理，应当遵守法定时限，积极履行法定职责，提高办事效率，提供优质服务，以方便公民、法人和其他组织。

（5）法治政府应当符合诚实守信的要求，保护行政相对人的利益。行政机关公布的信息应当全面、准确、真实。非因法定事由并经法定程序，行政机关不得撤销、变更已经生效的行政决定；因国家利益、公共利益或者其他法定事由需要撤回或者变更行政决定的，应当依照法定权限和程序进行，对行政相对人因此而受到的财产损失应依法予以补偿。

（6）法治政府应当符合权责统一的要求。行政机关依法履行经济、社会和文化事务管理职责，要由法律、法规赋予其相应的执法手段；行政机关违法或者不当行使职权，应当依法承担法律责任，以体现权力和责任的统一。

第二部分　相关知识拓展

一、西方国家法治行政的历史演进

法治行政是资产阶级民主宪政运动的产物。在资产阶级革命胜利以后，法治成为了一种重要治国方法，法治原则也作为一个重要的宪法原则得以确立。没有行政法治，则不会有法治国家的存在。西方国家法治行政的基本要义、基本精神体现在法律制度和具体的法律规范之中，体现和贯彻实施于公共行政活动之中且历时变迁。

1. 自由资本主义时期："无法律即无行政"的法治行政

在自由资本主义时期，与反对国家干预的自由主义的统治方法和议会至上的资本主义民主政治制度相适应，法治行政的基本要义表现为：①行政权的作用不得与法律相抵触；②行政权没有法律依据，不得使人民负担义务，或分割其权力；③行政权没有法律依据，不得免除特定人在法律上应负的义务，或为特定人设定权利；④法律经各个行政机关自由裁量时，其裁量权的界限，仍须受法律限制。一切行政权力的行使都必须根据法律，服从法律，遵守法律。这反映了自由资本主义时期"无法律即无行政"的法治行政现实，也是"政府法治主义"的充分体现。

2. 垄断资本主义时期：与积极行政、服务行政相适应的法律支配下的法治行政

随着资本主义自由经济的发展，资本主义所固有的矛盾日益激化，并

已开始危及资本主义的统治。自由竞争的极端化制造了可以摧毁自由竞争制度本身的社会矛盾和冲突。因此，从维护资本主义生产关系的需要出发，垄断资产阶级不得不采用对社会经济事务的积极干预主义，充分运用和强化了政府的行政权力。在经济领域，过去那种依靠"无形的手"来调节社会经济发展的做法已远远不够了。这一时期，生产资料和社会财富集中到了少数垄断资本手中，垄断代替了自由竞争。垄断资本和国家政权紧密结合在一起，政府的经济职能和社会服务职能均扩大和加强了。

政府的职能急剧扩张，政府涉足的领域急剧扩大，政府干预社会公共事务的程度也急剧加深。这就使政府公共行政的权限范围以及公共行政活动所依之法发生了变化，法治行政的要义明显表现为：①凡规定有关人民自由、财产权的法规，应受法律的支配；②以法律指导行政，行政行为与法律相抵触时，不产生效力；③行政活动虽非必须全部从属于法律，但基本权力的限制非以法律制定不可。

垄断资产阶级面对尖锐的矛盾冲突，既要求授予政府广泛的委任立法权和自由裁量权，同时又要在根本上坚持资产阶级的民主宪政原则，对政府行使委任立法权和自由裁量权加以控制。因此，法治行政原则就包括了既要强调行政权威，授予政府必要的行政权力，以应付日趋复杂的社会关系和各种利益冲突；又强调控制政府，防止政府滥用行政权力的双重要义。

正如列宁所说："资产阶级从一种方法转而采用另一种方法，并不是由于个别人的恶意，也不是由于什么偶然的原因，而是由于它本身地位的根本矛盾性。"① 适应社会条件的发展变化，垄断资本主义法治行政原则的要义发生了变化。垄断资本主义条件下的法治行政原则，又反过来使垄断资本主义政府公共行政体制发生了变化。削弱议会权力，扩大行政权力，把政府变为集中主要权力的"万能政府"，政府的官僚机构和军事机构不断扩大，并且具有使权力过分集中到政府首脑一人身上的发展趋势。

由此可见，从自由资本主义时期发展到垄断资本主义时期，随着社会条件的变化，资产阶级法治行政的原则，在含义上和应用上也发生了变化。政府委任立法的推行，政府不再以议会制定的法律为行政权力的唯一依据。政府可以依照职权在法定的范围内活动，并按照法定程序行使权力。法治行政所依之法，已由议会制定的成文法律扩展到政府行政机关根

---

① 《列宁全集》第23卷，人民出版社1985年版，第34页。

据议会或法律授权而制定的规章。

这种变化表明：一方面，法治行政作为公共行政的核心原则，依然强调凡行政应本于法，基于法律的规定而活动的法治原则。行政权限的扩大，并不等于可以说"法治行政"的原则不要了。行政权日益膨胀，仍然要以法治加以适度控制；仍然强调保护公民的合法权益，反对政府行政机关滥用权力；仍然要体现法治原则和国民主权。另一方面，行政固然应该依据法律从事，但不能说"无法律即无行政"，而是要"合法及适法行政"。即由根据法律行政变为法律支配下的行政。行政权的目的也不再限于对社会的管理控制，而是要主动地为公众谋福利，对社会公众的关怀"从摇篮到坟墓"，由"最好政府最少管理"进而发展到"最好政府，最多服务"的"服务行政"。这样，"法治行政"就不能只是恪守现行的法律。法治行政原则的这种发展变化，对保护行政机关有效地行使职权、为社会提供更多的服务起到了非常积极的作用。但是政府行政权力的日趋强化，使"三权分立"的传统观念逐渐被打破，国家公共权力日趋向政府行政部门倾斜，政府除了享有行政权外，还拥有委任立法权和司法权。这无疑是对资产阶级议会至上的政治制度和民主宪政原则的极大威胁。资本主义一步一步走上国家资本主义或资本垄断之路，它的政治将不可避免地要极权化、官僚主义化。[①]

3. 新公共行政时期：放松规制的法治行政

极权化、官僚主义化的"万能政府"，形成了政府垄断，导致了公共行政的低效率，带来了巨额的政府财政支出与赤字，导致了政府干预的高额成本。针对这种社会现实，自20世纪70年代以来，西方国家掀起了政府改革运动——新公共行政运动。改革所采取的措施之一就是放松规制，将民主宪政对公共权力的限制与制约，在形式上已不局限于刻板的法律条文对公共权力的限制，而是寓市场竞争机制于公共行政之中，强化公共部门的责任和"服务意识"；变过去的过程控制和单纯的规则控制为绩效控制、结果控制，推行政府绩效评估。这样，既要适应当代社会信息化、经济全球化、管理民主化的发展要求，充分调动了政府公共部门及其公务人员的主动性、积极性，又要保证对行政权力进行有效的制约。

由此可以看出：第一，西方国家法治行政的基本含义，并不是固定不

---

① 蔡立辉著：《政府法制论——转轨时期中国政府法制建设研究》，中国社会科学出版社2002年版，第158~162页。

变的，而是随着社会条件的变化而变化；第二，无论如何变化，法治行政所包含的对行政权力加以制约的民主宪政理念没有改变，只是根据社会条件的需要，法治行政所依之法由议会制定的成文法律扩展到政府根据议会或法律授权而制定的规章，在行政权力制约的方式上也进行了变化；第三，这种变化越来越表明，在制度上要强化行政权力制约，以体现制度的公平、公正和民主，但在运行机制上，要强化行政权力的有效性、高效率性，并实现二者的有机统一。

二、我国行政法治化的内容

1. 培养法律至上意识

任何行政行为都不能逾越法所界定的界限，都必须接受法的审查和裁量，承担起法律责任；同时，在法律面前人人平等，任何人，无论其拥有的权力多大，都不能在法律之上或法律之外。为此，应在观念上实现三个转变：第一，在人民和政府关系认识上，注意向公民权利和政府责任转变；第二，在法治理念上，注重向依法规范和制约行政权转变。依法行政的核心是依法规范和制约行政权，因此，首先要确立规范和制约行政权的法治意识；第三，在责任意识上，注意向强化政府责任转变。

2. 行政组织法治

行政组织是行政行为的载体和基本构架。行政组织法治就是要严格按照《编制法》、《行政组织法》等法律规范来管理行政机构的设立、职能和职权配置、行政编制和管理幅度、管理方式；处理中央与地方的权力分配及相互关系，处理各级政府之间、各政府部门之间的关系。行政组织内部管理的法治是行政组织外部管理法治的基础；行政组织外部管理的法治是行政组织内部管理法治的目标。

3. 行政职权法治

职权是行政组织施行管理的基础，是实现行政管理任务的依据。行政职权法治，就是要坚持行政职权来源于法。行政组织一旦设立，即享有法律赋予的职权，掌握相应的权威资源，并据此拥有了可以直接对公民、法人或其他组织的人身、财产权利予以直接干预的强制权力。行政职权法治是规范行政管理行为、促进行为公正、实现行政管理目标的保障。

4. 行政程序法治

行政程序是行政主体在行政活动中由行政行为的方式、步骤、时间、顺序等要素所构成的行为过程，包括行政行为程序、行政组织程序和行政诉讼程序。行政程序法治，从民主政治意义的层面上考察，它是行政活动民主化、法制化的体现和反映。从行政法意义的角度考察，行政程序法治表现为行政程序合法、适当是行政行为的有效要件之一。因此，行政程序法治是涉及规范行政权力和保障公民权利的核心问题。在当代国际社会，行政程序已经成为监督和制约行政权力的最为重要的手段，制定全国范围内统一的行政程序法典来确保行政组织的日常活动乃至在处理紧急突发事件时都有章可循，已经成为一个基本的趋势。

第三部分　练习题及答案

练　习　题

一、单项选择题

1. 法治的核心理念是(　　)。
   A. 运用法律约束公共权力　　B. 运用法律进行公共事务管理
   C. 运用法律确认财产权利　　D. 运用法律调解民事纠纷
2. 从历史的观点来分析，公共行政存在的主要研究途径不包括(　　)。
   A. 管理途径　B. 政治途径　C. 经济途径　D. 法律途径
3. 既是法治国家的基本要求和市场经济运行的基石，又是实现公共利益的保障的是(　　)。
   A. 有法可依　B. 法治行政　C. 违法必究　D. 执法必严
4. 法治行政建设，最根本的就是要(　　)。
   A. 建设法治政府　　B. 提高公民法治意识
   C. 完善国家相关法律　　D. 严格执行法律
5. 既是西方思想家基于社会契约论和主权论所提出的民主理论，又是近代西方政治发展史上一个重要的理论成果的是(　　)。
   A. 人民主权论或权力制约论　　B. 分权制衡论
   C. 中央集权论　　D. 社会契约论

二、多项选择题

1. 从历史的观点来分析，行政管理的主要研究途径有(　　)。

A. 管理途径 B. 政治途径
C. 法律途径 D. 政治经济途径
E. 国家社会关系途径

2. 我国的行政立法包括（　　）。
A. 基本权利义务关系立法 B. 职权立法
C. 基本社会关系立法 D. 授权立法
E. 民事关系立法

3. 法律意识包括（　　）。
A. 法律至上意识 B. 管理意识
C. 责任意识 D. 效率意识
E. 服务意识

4. 我国行政立法体制的模式有（　　）。
A. 中央集权模式 B. 地方分权模式
C. 集权的分权模式 D. 分权的集权模式
E. 地方自主立法模式

5. 法治行政的原则包括（　　）。
A. 法律优先原则 B. 程序公开原则
C. 权力监督原则 D. 法律救济原则
E. 人人平等原则

6. 地方政府规章的制定机关包括（　　）。
A. 省、自治区、直辖市人民政府
B. 省、自治区人民政府所在地的市人民政府
C. 经济特区所在地的市人民政府
D. 国务院批准的较大市的人民政府
E. 地方具行文市人民政府

三、概念辨析题

1. 行政法治。
2. 职权立法与授权立法。
3. 法治政府。

四、简述题

1. 简述公共行政法律途径的基本理念及其主要内容。

2. 简述法治行政的原则。
3. 简述对行政立法监督的主要方式。

五、论述题

联系实际论述加强我国行政管理法治化建设的措施。

练习题答案

一、单项选择题

1. A   2. C   3. B   4. A   5. A

二、多项选择题

1. ABC   2. BD   3. ACE   4. ABCD   5. ABCD   6. ABCD

三、概念辨析题

1. 参考答案：行政法治是行政组织结构、行政职权法治和行政行为法治的总称，它包括三个方面的内容：行政权力的取得必须由法律设定；行政权力的行使必须依据法律；违法行政必须承担法律责任。将行政权严格置于法律的约束之下，正是依法行政的本质所在。

2. 参考答案：职权立法是指政府行政机关依据管理国家和社会各项事务的职权所进行的立法。这种职权立法是国家宪法、法律的具体化，它本身不能创设实体上的权利与义务。授权立法是指政府行政机关根据法律的授权，或者根据国家权力机关专门决议的授权，就自己职权范围以外的事项制定规范性文件，它包括国务院的授权立法、国务院所属各部委的授权立法以及地方人民政府的授权立法。政府职权立法和授权立法是我国行政立法的主要方式。

3. 参考答案：法治政府是具有"法律性"的法律意义上的政府，是严格按照法定权限和程序行使权力、履行职责、接受监督的政府。法治政府的含义主要体现在：合法行政、合理行政、程序正当、高效便民、诚实守信和权责统一六个方面。

四、简述题

1. 参考答案：

（1）公共行政法律途径的基本理念可以概括为：法律至上、善法之治、自然公正、平等适用、制约权力、权利本位、正当程序。具体地说就是在法律与国家、政府之间，运用法律约束国家、政府的权力；在法律与公民之间，运用法律合理地分配利益；在法律与社会之间，运用法律确保社会公共秩序和公共利益不受权力和权利的侵犯。其核心的理念是运用法律约束国家、政府的权力。

(2) 公共行政法律途径的主要内容包括：①强调宪法层面的公正、程序、权利和平等价值。②把公共部门视为一种能够通过公正的抗辩程序来解决争端的结构形式。③注重建立明确的行政行为准则和监督机制。④把公共行政的对象看作完整和独立的个体，关心个人宪法权利和法律权利的保障。⑤重视公共行政结果的合理性，不仅要求公共行政行为的主体和程序合法，还要求有利于保护行政相对人的合法权益和提高效率。

2. 参考答案：法治行政的原则可概括为：

(1) 法律优先原则。行政机关的一切活动都必须受法律的约束，不得与法律相违背；行政法规、地方性法规、规章以及其他规范性文件都不得与法律相抵触或相冲突。

(2) 程序公开原则。行政行为、行政过程和行政结果公开；同时，行政行为中涉及到的文件、资料、信息情报公开。

(3) 权力监督原则。行政权是宪法和法律赋予国家行政机关管理政治、经济和社会事务的重要的一项国家权力但又容易滥用的一项权力，因而制约权力的核心首先是依法监督行政权。

(4) 法律救济原则。公民、法人权利受到损害时必须要有公正的救济机制；政府行政组织必须保证公民、法人和其他组织对其实施的行政行为有向法院提起司法审查的权利。

3. 参考答案：行政立法监督的主要方式包括：

(1) 权力机关的监督。权力机关对行政立法的授权与监督，历来是行政法的重要议题。在国外，对行政立法进行监督的权力机关主要是议会或国会，其方式主要是将有关文件提交议会或国会来达到监督授权立法的目的。我国《宪法》也规定，全国人大常委会有权"撤销国务院制定的同宪法、法律相抵触的行政法规、决定和命令"。

(2) 行政主体自身的监督。通过行政层级的监督，由上级机关对下级机关的行政立法活动进行审查。我国《宪法》规定，国务院可以改变和撤销各部、各委员会发布的不适当的命令及指示和规章，改变地方各级行政机关制定的不适当的决定和命令。

（3）司法机关的监督。司法机关对行政立法的监督是通过司法审查的手段来实现的。在我国，司法机关不具有抽象行政行为的司法审查权，只可以对行政法规、规章有选择地适用，对不合法的或不合宪的行政法规和规章拒绝采用。

五、论述题

参考答案：

（1）根据目前我国所处的社会环境，分析加强法治行政建设、建设法治政府的意义和必要性。
（2）阐明我国行政管理法治化的建设原则和建设目标。
（3）阐明我国行政管理法治化建设的具体内容。
（4）提出促进我国行政管理法治化的具体措施。

第四部分　案例分析

【案例】　土地违法的"成就"

一、背景

在我国现行体制下，地方党委和政府承担着地方经济发展的重要任务，经济增长、财税收入是显著的政绩。而土地是最容易变现的资产，一些地方党政领导便急功近利，以牺牲土地的极端做法换取短期内经济发展的"成就"。地方政府多征占土地，就能增加财政收入、体现政绩。特别是在以GDP为主要指标的考核体系下，各地招商引资的压力也越来越大，地方政府发展当地经济社会的激情也日益高涨。这就导致了有些地方政府多征占土地，当合法征占受到限制时，便选择了违法。

二、内容

据国土资源部执法监察局提供的数字，2000—2002年，全国共立案查处土地违法案件40多万件，其中个人违法32万件（主要为农民建房问题）；村、组集体违法2.5万件；乡级以上地方政府违法1.3万件；企事业单位违法4.2万件。而企事业单位的违法行为，又多与地方政府违法行为有关。国土资源部2004年底以来公布的9起重大土地违法案件中，8起为政府违法。违法的方式具体表现为：

第一，以"基地"、"密集区"等为名，变相设立"开发区"圈地招商；或是以党政机关搬迁为名，以地生财圈地扩城；或是以旅游开发为名，变相圈地建别墅；或是违法占地查处难、土地复耕走形式等方式进行"变相圈地"。

第二，通过用地单位或个人直接与村委会签订协议租赁土地；或是基层政府直接租赁农村集体土地；或是基层政府转租农村集体土地；或是基层政府作为土地租赁中介促成租地行为；或是村民自行出租自己的承包地；或是村委会租用农户的承包地搞非农建设等方式进行"以租代征"和土地囤积。

第三，通过违法供地、用地，违法强行拆除被征地农民住房，强行租用农民果园地和代管土地补偿款等方式进行违法供地。

第四，采取绕过上级监管、"化整为零"、提供虚假报批材料、不按照规定持续进行审批等方式进行土地违法审批。

三、分析

根治政府土地违法、加强法治政府建设，针对案例中出现的问题，应该采取以下措施：

（1）转变发展战略，实行科学发展观，树立科学的政绩观，改变单纯进行GDP的政绩评估方式，实行综合、科学的政绩评估。

（2）进一步明确土地管理和耕地保护的责任。保护和合理利用土地的责任在地方各级人民政府，省、自治区、直辖市人民政府应负主要责任。地方各级政府主要负责人要对本行政区划内的土地管理和耕地保护负总责，不仅要对审批的用地负责，而且要对所有实际发生的用地负责，将新增建设用地控制指标纳入土地利用年度计划和政绩评估。

（3）完善建设用地审批制度和审批程序，调整建设用地审批方式，加大打击违法审批的力度，严肃惩处土地违法违规行为。国家机关工作人员非法批准征收、占用土地，或者非法低价出让国有土地使用权触犯刑律的，应依法追究刑事责任。

（4）建立土地利用计划管理信息系统，严格执行规划计划和按月上报计划执行情况，加强土地利用年度计划执行情况并进行中期检查。

四、结论

约束地方政府土地违法、加强法治政府建设，是一项综合的社会系统工程，一是取决于整个社会法治观念的建立和完善；二是取决于我国市场经济体制的深入发展和完善；三是取决于我国民主政治的发展和完善。因此，还需要有一个过程。

第十三章 行政监督

第一部分 知识点阐述

一、行政监督的主要内容

行政监督的对象是一切行政机关、行政机关的工作人员以及一切行政管理活动,其内容主要有以下四个方面。

(一)监督行政决策是否科学、合法

在行政管理活动中,决策居于最重要的地位,行政权力的运行,总是从行政决策开始。因此,对行政决策的监督,便成为行政监督最重要的内容,行政领导的决策必须处于切实有效的监督之下。

(二)监督行政行为是否合法、合理

行政行为可区分为抽象行政行为和具体行政行为,这两种行为都必须受到切实有效的监督。抽象行为是指行政机关制定和发布行政法规、行政规章以及其他具有普遍约束力的决定、命令和规范性文件的行为,此外,还包括相关行政部门为全国人大制定相关法律、为地方人大制定相关地方法规的行为。对抽象行政行为的监督应以防止国家政策部门化为重点。

(三)监督行政机关及其工作人员是否廉洁勤政、不滥用行政权力

廉政和勤政历来是行政管理的基本要求。任何行政机关及其工作人员不廉或不勤,便失去行使行政权力的资格。

腐败的本质是公共权力的滥用。政府机关及工作人员必须用人民赋予的权力为人民谋利益,绝不能以权谋私。我们绝大多数的政府机关和工作

人员是好的，是忠于人民的；但是，在一些政府工作人员中也存在以权谋私、贪污腐败的问题。有的利用行政审批、政府采购、执法监督等方面的权力搞权钱交易，或参与干预企事业单位的经营活动谋取非法利益，甚至利用手中的权力索贿受贿；一些不法商人盯住政府工作人员手中的权力，使出各种手段拉拢腐蚀，搞官商勾结，损害国家和人民利益。这些问题的发生，有个人品质原因，但同制度不够完善和权力缺乏监督约束有直接关系。只有加强行政监督的力度，才能从根本上解决滥用权力的问题，从而实现廉洁行政。

(四) 监督行政自由裁量权是否被违规滥用

行政自由裁量权是指行政机关及行政人员在法律、法规、规章规定的范围内依据立法目的和公正合理原则自行判断行为的条件、自行选择行为的方式和自由作出相应决定的权力。也可以说，它是行政机关及行政人员在法律明示授权或者消极默许的范围内，基于行政目的自由衡量、自主选择而作出一定的具体行政行为的权力。行政自由裁量权是社会、经济发展的必然产物，并且随着社会、经济的发展而不断扩大，以至于已成为当代行政管理中不可或缺的一种行政权力。行政自由裁量权可弥补立法的不足，使行政机关及行政人员充分发挥积极性和主动性，从而卓有成效提高行政效率，更好地管理公共事务。

然而，在关注行政自由裁量权的合理性与必然性的同时，我们千万不能忽视它的负面影响和作用。由于各种主客观条件的影响，行政自由裁量权经常被滥用，以致产生了一系列负面效应，其中主要的有：①损害行政相对人的合法权益；②助长官僚作风和特权思想；③导致行政人员法律观念淡薄；④使行政自由裁量行为反复无常、宽严不一；⑤形成不良社会风气（如地方保护主义、部门保护主义、小团体主义等），滋生腐败现象。

行政自由裁量权有可能成为行政人员腐败的条件。研究发展中国家腐败问题的专家罗伯特·克利特加德（Klitgaard, R.）在其著名的"腐败条件"公式中就明确指出这一点：腐败条件＝垄断权＋自由裁量权－责任制。（这一公式的意思是：当官员享有垄断权和自由裁量权而又无须对权力的行使承担必要的责任或不须对滥用权力负责任时，官员便具备了从事腐败行为的条件。）大量事实表明：滥用行政自由裁量权与发生在行政机关及行政人员中的腐败现象存在着必然的联系。必须加强对行政自由裁量权的监督，特别是对行政执法机关及其工作人员在行政执法活动中行使行政自由裁量权的监督，坚决杜绝违规滥用行政自由裁量权的行为。

二、我国行政监督体系

我国完整的行政监督体系是由外部监督和内部监督所构成的。

(一) 外部行政监督

外部行政监督是指行政系统外部的机关、组织、团体、人员对行政机关及行政人员所进行的监督，它体现为行政机关及行政人员所接受的来自行政系统外部一切监督主体的监督。外部行政监督包括执政党的监督、国家权力机关的监督、人民政协的监督、民主党派的监督、人民团体的监督、基层群众性自治组织的监督、舆论监督、公民和法人的监督、检察监督、审判监督等10个方面的监督。

(二) 内部行政监督

内部行政监督是指行政系统内部某些机关、人员对其他行政机关及人员所进行的监督，它体现为行政系统内部机关及人员彼此之间的互相监督。

内部行政监督包括以下3种。

1. 一般监督

一般监督是指非专门的监督机关及人员所进行的监督，它可区分为直线监督和横向监督。直线监督是指有隶属关系或指导与被指导关系的上下级机关及人员所开展的互相监督。它既包括上级机关对下级机关、领导对下属的监督，也包括下级机关对上级机关、部属对领导的监督。横向监督是指平级机关及人员之间的互相监督。各级政府均设有办事的职能部门，部门内又设有办事的机构，这些同级的职能部门或办事机构有不同内容的权限，这些机关部门、机构及其人员在履行职责时可对其他机关部门或机构进行法定权限范围内的监督，这种监督可以起到制约、平衡的作用，防止权力过分集中或某种权力独大。

2. 专门监督

这是指各级政府内设的专门监督机关及其人员对其他行政机关及其人员所实施的监督，包括行政监察和审计监督。

行政监察机关是人民政府行使监察职能的机关，各级行政监察机关依据《中华人民共和国行政监察法》开展监察工作,既开展廉政监察,又开展效能监察。审计机关是政府内设的专门从事经济监督的机关。对行政机关及行政人员财务的合法性及真实性进行审计监督,是审计机关的重要职责。审计不仅为国家经济活动的正常进行提供重要保障,而且为查办腐败案件提供重要线索。

3. 行政复议

行政复议是指行政相对人认为行政主体的具体行政行为侵犯其合法权益而依法向行政复议机关提出复查该具体行政行为的申请,行政复议机关依照法定程序对被申请的具体行政行为的合法性、适当性进行审查并作出行政复议决定的一种行政监督法律制度。行政复议的目的是为了纠正行政主体作出的违法或者不当的具体行政行为,因此,它是一种行政自我纠错机制。加强行政复议工作,是化解社会矛盾、促进社会和谐的必然要求,是维护人民群众合法权益的重要途径,是建设法治政府的重要内容,是促进政府自身建设的重要手段。

上述各种监督构成我国完整的行政监督系统,各种不同的监督主体形成严密的社会主义行政监督体系。

第二部分 相关知识拓展

一、公共权力制约的基本理论

(一) 分权制衡理论——以权力制约权力

分权制衡理论也称为权力制约论,它是西方国家的立法、行政和司法三种公共权力各自独立又相互制约和均衡的理论。这一理论强调,为防止公共权力的腐败或滥用,必须对它进行合理分割,并建立相互制约和监督的关系。

权力制衡学说源于分权思想,可追溯到古希腊的柏拉图和亚里士多德,但真正创立这一学说的是洛克、孟德斯鸠、杰斐逊和汉密尔顿等资产阶级思想家。分权制衡论主导下的以权力制约权力的权力制约模式虽然能有效制约权力,但不可能解决所有的权力滥用问题。

(二) 人民主权理论——以权利制约权力

人民主权理论是西方思想家基于社会契约论和主权论所提出的民主理论，是近代西方政治发展史上一个重要的理论成果。这一理论强调人民拥有主权，国家的主权源于人民权利的让渡，人民对国家有天然的监督权。

法国的莫耐、英国的洛克、法国的孟德斯鸠都是人民主权理论的著名代表。这一理论认为，人民主权是政府权力的逻辑基础，没有人民主权就不可能有政府权力。但在现实中，政府作为代理人在实际上很难做到按照其委托人——人民的意志行事，其原因有三：首先，在人民主权的委托代理关系中，代理人的目标函数并不总是与委托人相一致；其次，在委托代理中，人民或代议机构与政府之间信息始终是不对称的；再次，在承接公共权力的代理中，不存在代理权的竞争，政府是独家垄断的，即享有垄断代理权。

(三) 社会契约论——以道德制约权力

在西方政治思想史上，霍布斯、斯宾诺沙、洛克、卢梭、康德和罗尔斯等都从不同层面上探讨了社会契约论。虽然各种契约理论的形式有所差别，但从其契约价值上讲，它们至少包含以下两个共同点：一是契约签订的直接动力在于契约双方当事人之间要达到某种目的；二是契约意味着双方当事人之间权利义务的对称性。

以社会契约论为基础的、以道德制约公共权力的权力制约模式主要通过两种方式来实现对公共权力的约束，即权力执掌者的自律和他律。

二、政府审计模式的基本分类

世界各国由于政治体制、经济体制和文化传统等方面的不同，其政府审计体制也存在较大差异。根据国家审计机关的职能和隶属关系，世界各国的政府审计模式可以划分为：立法模式、司法模式和行政模式。

1. 立法模式

在该模式下，国家审计机关隶属于立法部门并与政府保持独立，负责向立法部门报告工作。该模式以加拿大、美国等国家为代表，适合于在政治体制上属于立法、司法和行政三权分立并且有较为完善的立法机构和立法程序的国家。立法型审计机关地位高、独立性强，不受行政当局的控制和干预。

2. 司法模式

司法型的国家最高审计机关隶属于司法部门，拥有很强的司法权。该模式下的审计机关可以直接行使司法权力，具有司法地位，具有很高的权威性。该模式起源于法国并以西班牙为典型代表。

3. 行政模式

在该模式下，国家审计机关隶属于政府或政府某一部门，根据政府所赋予的职责权限实施审计。它们对政府负责，保证政府财经政策、法令、计划、预算的正常实施。该模式以沙特、泰国及瑞典为代表。

还有些国家的最高审计机关，介于立法、司法及行政部门之间，通常我们称之为独立型模式。在此模式下的审计机关只受法律约束，不受国家机关的直接干预。如日本会计检察院既不属于议会，对内阁也具有独立的地位。

政府审计模式的选择很大程度上取决于国家的政治和经济环境，但政治环境是最根本的因素。因此，审计模式的选择应在考虑国家政治环境的基础上兼顾该国的经济环境。

第三部分　练习题及答案

练 习 题

一、单项选择题

1. 提出"一切有权力的人都容易滥用权力，这是万古不易的一条经验"观点的思想家是(　　)。
   A. 卢梭　B. 孟德斯鸠　C. 霍布斯　D. 洛克
2. 分权制衡理论又称为(　　)。
   A. 分工理论　　　　　B. 人民主权理论
   C. 权力制约理论　　　D. 社会契约理论
3. 《政府论》的作者是(　　)。
   A. 卢梭　B. 孟德斯鸠　C. 霍布斯　D. 洛克
4. 系统提出人民主权论的法国资产阶级思想家是(　　)。
   A. 卢梭　B. 孟德斯鸠　C. 霍布斯　D. 洛克

5. 既是西方思想家基于社会契约论和主权论所提出的民主理论，又是近代西方政治发展史上一个重要的理论成果的是(　　)。
   A. 人民主权论或权力制约论　　B. 分权制衡论
   C. 中央集权论　　D. 社会契约论
6. 不属于我国的公共行政内部监督体系的基本形式的是(　　)。
   A. 一般监督　　B. 专门监督　　C. 特种监督　　D. 个别监督

二、多项选择题

1. 洛克在《政府论》中把国家公共权力分为(　　)。
   A. 立法权　　B. 行政权　　C. 司法权
   D. 外交权　　E. 监督权
2. 社会契约论的主要代表人物包括(　　)。
   A. 卢梭　　B. 斯宾诺沙　　C. 霍布斯
   D. 亚里士多德　　E. 洛克
3. 公共行政监督的对象是一切公共部门及其所属工作人员和一切公共行政活动，其内容主要有(　　)。
   A. 监督公共行政行为是否合法、合理
   B. 监督决策是否科学、合法
   C. 监督公共部门及其工作人员是否廉洁勤政、不滥用权力
   D. 监督自由裁量权是否被违规滥用
   E. 监督司法机关工作人员是否依法行使审判权和检察权
4. 行政自由裁量权被滥用而产生的负面效应有(　　)。
   A. 损害被管理对象的合法权益
   B. 助长官僚作风
   C. 导致行政管理人员法律观念淡薄
   D. 滋生腐败
   E. 形成不良社会风气
5. 审计机关履行监督职责的权限包括(　　)。
   A. 调查权　　B. 强制权
   C. 建议权　　D. 出具审计意见
   E. 作出审计决定权
6. 属于充分发挥人民监督作用的必要因素的有(　　)。
   A. 强化人民监督的法律保障

B. 进一步提高公共行政机构工作的公开性和透明度
C. 继续加强信访举报工作
D. 科学推行群众评议、领导干部任前公示制等制度
E. 加强新闻立法，以法律形式明确规定舆论的监督权、审稿权等

三、概念辨析题
1. 分权制衡论。
2. 人民主权理论。
3. 行政管理内部监督。
4. 行政监督。
5. 社会监督。

四、简述题
1. 简述行政监督的具体内容。
2. 简述加强行政复议工作的主要内容。

五、论述题
联系实际分析我国公共行政监督机制存在的问题，并论述健全我国公共行政监督机制的措施。

练习题答案

一、单项选择题
1. B 2. C 3. D 4. A 5. A 6. D

二、多项选择题
1. ABD 2. ABCE 3. ABCD
4. ABCDE 5. ABCDE 6. ABCD

三、概念辨析题
1. 参考答案：分权制衡论也称为权力制约论，它是西方国家的立法、行政和司法三种权力各自独立又相互制约和均衡的理论。这一理论强调：为防止政府权力的腐败或滥用，必须对它进行合理分割，并建立相互制约和监督的关系。分权制衡论是被西方国家普遍运用在政治体系和其他国家

管理活动中的重要法理。

2. 参考答案：人民主权理论是西方思想家基于社会契约论和主权论提出的民主理论，是近代西方政治发展史上一个重要的理论成果。该理论认为人民拥有主权，国家的主权源于人民权利的让渡，因此人民对国家有天然的监督权。人民主权论是人类在对政治发展历史经验的基础上获得的并经检验为真理的认识。

3. 参考答案：行政管理内部监督是指上级行政机关对下级行政机关、专门行政监督机关对一般行政管理机关以及行政部门对其工作人员进行的监督，它是行政管理系统内部建立的检查、督促等自我约束、自我制衡等主体监督体系。其中，专门行政监督机关在中国主要是指行政监察机关和审计机关。

4. 参考答案：行政监督就是指各类监督主体依法对政府等公共组织及其工作人员行使公共权力的行为是否合法、合理所实施的监察和督导活动。

5. 参考答案：社会监督是指由各种社会组织和团体及公民作为监督的主体对公共部门及其所属人员所实施的监督，这也是公民行使权力、参与管理的一种形式。

四、简述题

1. 参考答案：行政监督的对象是一切公共部门及其所属工作人员和一切行政活动，其内容主要有以下四方面：

（1）监督决策是否科学、合法。监督公共决策是否科学、合法，在具体内容上，就是要对决策目标、决策依据、决策方案，以及决策的程序是否合法、科学、民主。

（2）监督行政行为是否合法、合理。行政行为可区分为抽象的和具体的行为，这两种行为都必须受到切实有效的监督。对抽象行为的监督要以防止国家政策部门化作为重点。对具体行为的监督，一是要对具体行为的合法性进行监督；二是要对具体行为的合理性进行监督。

（3）监督公共部门及其工作人员是否廉洁勤政、不滥用权力。任何公共部门及其工作人员不廉或不勤，便失去行使公共权力的资格。

腐败的本质是公共权力的滥用。公共部门及其工作人员必须用人民赋予的权力为人民谋利益，不能以权谋私。要加强公共行政监督的力度，从根本上解决滥用权力的问题，从而实现廉政。

(4) 监督自由裁量权是否被违规滥用。自由裁量权可弥补立法的不足，使行政部门及其工作人员充分发挥积极性和主动性，但我们不能忽视自由裁量权被滥用所产生的负面影响作用。因此，必须加强对自由裁量权行使的监督，特别是对执法部门及其工作人员在执法活动中行使自由裁量权的监督，坚决杜绝违规滥用自由裁量权的行为。

2. 参考答案：行政复议工作是化解社会矛盾、促进社会和谐的必然要求，是维护人民群众合法权益的重要途径，是建设法治政府的重要内容，是促进政府自身建设的重要手段。加强行政复议工作，应做到：①必须坚持"以人为本、复议为民"，忠实履行行政复议职责，依法、公正、高效地解决行政争议；②必须畅通行政复议渠道，积极受理行政复议案件；③必须提高行政复议的办案质量，努力做到"定纷止争、案结事了"；④必须创新行政复议方式方法，提高解决行政争议的效率；⑤必须加强基层行政复议能力建设，提高行政复议总体水平；⑥必须不断完善行政复议制度和机制，进一步规范行政复议行为。

五、论述题

参考答案：

（1）我国公共行政监督机制存在的问题，主要表现为：

第一，监督机构内在动力不足。目前，我国监督机构的内在动力主要依赖于监督人员的道德水平，缺少有效的责任机制的约束，内在的精神力量和外在的制度力量缺乏有机结合。

第二，监督体系设置不合理。由于监督责任体系的构建、制度设计以及具体实施过程中的各种主客观因素的影响，并未形成一个明确的核心，各种监督机构不能组成一个整体，弱化了我国监督机制的整体效能。

第三，法律制度不健全，监督缺乏可操作性。目前，我国实施监督所必需的法制规范还很不完备，缺乏明确的监督标准和具体的实施细则，难以准确判断和及时纠正监督对象的违法行为，使具体的监督活动无法可依、无章可循，缺乏可操作性，无法行使监督权力，同时又会造成对监督权力缺乏有效约束的现象。这就难免导致监督的盲目性和随意性。

第四，权力机关监督的实际效力比较小。人民代表大会的监督应该最具有权威性和强制性。但在实际运行过程中，人大监督的实际效力比较小。这是因为：首先，人大在实施监督时缺乏具体的法律作保障，尽管宪法和有关法律赋予了它重要的监督地位和权力；其次，人大自身的工作制度影响其监督效果；再次，权力机关所能获取的相关信息非常有限，政务公开程度较低，形成严重的信息不对称；最后，人大代表的素质不能完全适应监督的需要。

第五，新闻舆论和人民监督的实际效力弱。由于中国是一个在历史上缺少民主传统的国家，加之公共行政的制度、程序、行为活动公开化机制不健全，透明度不高，监督渠道不畅，仍会表现出社会权利依附公共权力的现象。

(2) 完善我国公共行政监督机制的措施。从我国公共行政监督体系中存在的主要问题分析，要提高我国公共行政监督体系的整体效能，维护监督主体的独立性和权威性，应采取以下措施：

第一，强化监督机构的动力机制。一是要全面提高监督人员的素质，加强道德自律教育；二是要明确监督主体的职责与责任，建立和完善责任追究制。

第二，建立公共行政监督体系的协调机制。建立监督体系的协调机制主要是要做好两方面工作：一是要从加强监督立法入手，从法律上具体规范和明确各监督主体的地位、职责、权限，以及监督活动的范围、方式和程序等，形成一个全方位、多层次、强有力的行政监督体系网络。二是为了更好地加强各监督主体的整合，应建立一个专司公共行政监督协调的权威机构，赋予其相对独立的地位和较大的权威来统一协调各个监督主体对公共权力的监督问题。

第三，健全和完善公共行政监督法律机制。从总体上说，要在公共行政监督立法、守法、执法三个环节齐抓共管。具体说来，就要制定一系列专门用于监督的法律，既要制定实体法规，还要制定公共监督程序法。

第四，强化人大监督机制。一是要健全组织机构；二是要提高人大代表素质和监督能力；三是要加强人大代表的质询权、罢免权等监督权的落实，提高制约和监督力度；四是改进监督方式，变被动监督为主动监督、抽象监督为具体监督、一般监督为重点监督。

第五，完善新闻舆论和人民监督制约机制。充分发挥新闻舆论的监督作用，一是要加强新闻立法；二是要实现舆论监督与其他监督相结合。

要充分发挥人民监督的作用，则必须：一是要强化人民监督的法律保障；二是要进一步提高公共行政机构工作的公开性和透明度；三是要继续加强信访举报工作；四是要科学推行群众评议、领导干部任前公示制等制度。

第四部分 案例分析

【案例】 "审计风暴引发的思考"[①]

一、背景

2007年6月27日,国家审计署审计长李金华向全国人大常委会报告了2006年度中央预算和其他财政收支的审计情况。审计发现,发改委、文化部等25个部门所属的92个单位挪用财政资金和其他专项资金等共27.54亿元,由此李金华以及由他发布的审计报告,催生了一场审计风暴。

二、内容

这场审计风暴涉及以下内容:

第一,审计的不断强化推动了"阳光政府"的建设,促使政府的行政行为更加公开、透明。有人评价认为,审计报告本身的内容固然重要,但比报告内容更重要的是它的公开性。这次报告在报纸上进行了公开的报道,在不同的网站上公开传播。伴随着报告的公开是舆论界公开的报道、专家学者们的公开分析以及社会各阶层人士的公开议论。由于有了这种公开性、透明性,公众更多地了解到一些政府机构在怎样行使权力,纳税人的钱又是怎么花的。如此,政府机构不得不面对公众的审视,不能不拉近与公众的距离,自觉或不自觉地回归到它应有的位置上。正如李金华所言:"惩治腐败也好,惩治官僚主义也好,最好的办法就是公开透明,这是全世界都认同的看法。"

第二,"看门狗论"从另一个角度表述了公仆的责任。有人说,李金华自称"看门狗"是用自嘲的方式来进行自我保护。李金华说,"看门狗论"不是他的发明,是德国前审计长扎威伯格的名言。而从西方的审计

---

① 改编自《审计报告:25个部门共挪用资金27.54亿元》,见新华网 http://news.xinhuanet.com/politics/2007-06/27/.

观念来说,"看门狗"不仅表现为一种忠心,更表现为一种责任。事实上,这次审计报告公开后,人们更为关心的是应该追究谁的责任和怎样追究责任的问题,提出必须将审计结果与问责制联系起来的合理要求。人们心里在比较,如果李金华能当好"看门狗"的话,难道其他部门机构的领导们就不能当好公仆,把人民的利益放在首位吗?

第三,审计署的作为是执政为民观念的具体化。李金华感慨地说,审计公开主要是揭露了一些问题,老百姓感到为他们说了话。其实,审计报告是受国务院的委托而作的,通常可以看作是审计机关的"例行公事"。然而,由于这份审计报告认真、尽责,揭露的问题与老百姓的利益息息相关,其分量就不一样了。据了解,李金华正在酝酿"审计变法",决心从"收支审计并重"向"支出审计为主"的方向转化,加强效益审计的力度。这意味着,审计工作不再站在政府财政的立场上只是监督下面的工作,而是站在纳税人的角度上监督政府怎样把老百姓的钱用到位、用得好。

第四,李金华以一种前所未有的方式挑战"潜规则",在因循相袭、彼此默契、厚幕重重、盘根错节的官场之中扔下了一颗炸弹。中国的官场规矩多,潜规则更多。部门之间、地方之间各有各的利益。尽管他们相互之间也有利益冲突,但在不少人看来,既然同在官场上"混",彼此就要心照不宣,自己有了问题别人少管闲事,别人出了问题自己也闭口不言。正是由于这种官场潜规则积重难返,国家政法体制改革步履维艰。恰在此时,李金华毫不留情地向一批同僚开火,勇于揭露政府自身的问题,让人顿感耳目一新。人们不禁期望,如果我们认清战略机遇期稍纵即逝的形势,如果下定"再干一个20年"的决心,那就必须以破釜沉舟的勇气打响改革的攻坚战。

三、分析

通过上述内容的分析,我们发现:

第一,在审计报告与被审计单位的意见出现矛盾的时候,人们相信谁?审计署有关官员曾表示,审计有两种风险:一是查错了;二是查不出问题来。实际工作中查不出来的情况是主要问题,查错的情况也有。为此,有学者建议,应该建立一种"报告—申辩"机制,允许被审计单位对自己的问题进行申辩,把问题说清楚。

第二,出了问题责任由谁承担?在现行体制下,明明是一把手或主要领导起决策的主要作用,但"集体决策"这一形式往往成为事后推卸责任的借口。为此,有学者建议应加强决策的科学化,解决领导责任界限不清的问题。同时严格实行问责制,使主要领导承担相应的领导责任。

第三,审计机关能否独立于政府之外?在欧美一些国家,审计机关独立于政府之外,只对议会负责,通过公开、透明的审计报告和舆论的力量发挥监督作用。我国目前的审计机关是政府的一个组成部分,虽然审计机关可以联合司法、行政监察等部门一道工作,而且审计机关还拥有一定的处罚权,但缺少独立性,当审计涉及到政府强势部门,涉及到政府相关领导时,不免遇到阻力。

第四,谁来监督审计机关?李金华说,他在任期内最想做的事情之一是加强内部的控制和管理,加强审计队伍的建设。同时,在即将进行的《中华人民共和国审计法》修改中,建议将来设立专门的部门对审计机关进行监督,以保证审计工作的客观公正。

四、结论

随着我国社会主义市场经济体制的逐步确立和我国民主政治建设进程的不断加快、制度的不断完善,国家审计机关的工作重点逐渐转移到同级政府的财政预算的执行上来。国家审计机关与同级政府就存在着审计与被审计、监督与被监督的关系,这样我国"内部审计"的行政模式独立性差的特点就变得尤为突出。负责对中央和地方各级政府的财政收支及预算情况进行审计的国家审计机关,自身却又要归其领导,审计监督的范围和力度肯定会受到较大的影响。

特别是当政府的某些行政活动有悖于法律或者存在短期行为时,当审计机关的审计活动与部门利益或地区利益产生冲突时,由于国家审计机关不具有实质的独立性,所以很难对政府活动和政府行为进行公正的审计监督,很难客观评价政府业绩并对其权力形成制衡。

因此,在我国政府审计环境发生巨大变化的情况下,我国这种审计署隶属于国务院,地方审计机关隶属于地方各级人民政府的行政模式,其弊端已日益突出,严重制约了政府审计职能独立性、权威性的发挥。如果要发挥审计监督的作用,就必须完善我国的审计领导体制。

第十四章 公共危机管理

第一部分 知识点阐述

一、公共危机的动态管理模式

公共危机管理是一个动态的过程，包括危机预警及准备、识别危机、隔离危机、管理危机以及善后处理等步骤与阶段。努纳梅克（Jay Nunamaker）强调危机发展的三个阶段，即应将危机暴发前、危机发生期间和危机解决后等三个阶段作为探讨指标，然后依此指标来分别规划各阶段所需的管理活动，并建构出如图 14 - 1 所示的动态管理模式。

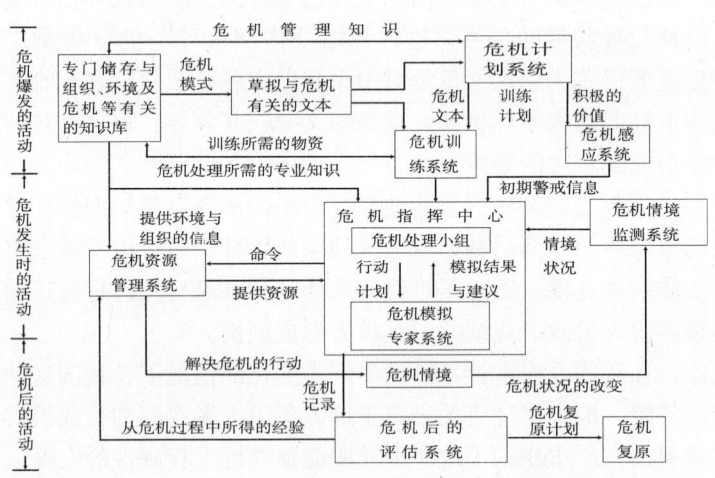

图 14 - 1　公共危机管理的动态模式

（1）危机爆发前的活动。主要是对危机情境进行预期，建立危机计划系统、危机训练系统、危机感应系统等，并成立危机知识库，负责危机相关情境的草拟及推演。

（2）危机爆发时的活动及设备。主要提供危机管理小组相关的支持，如重要信息及资源等的提供。这个阶段的执行机构大致可分为：第一，危机指挥中心，负责各项指派事宜及处理工作，由决策者及其幕僚、危机处理小组、危机处理专家等三个单位所组成；第二，危机情境监测系统，负责对危机的发展状况作追踪，并向危机指挥中心内的决策者报告；第三，危机资源管理系统，负责有关解决危机时所需资源的取得、安置及分配等任务。

（3）危机解决后的活动。对组织的执行绩效工作进行评估，并将评估结果作为对目前危机管理过程修正的参考。这个阶段的主要任务有：第一，成立评估调查系统，确认危机的成因；第二，加速复原工作的进行；第三，继续推行下一波的危机管理计划。

二、公共危机预警机制

公共危机预警是指公共危机管理主体根据有关危机现象过去的和现在的数据、情报和资料，运用逻辑推理和科学预测的方法、技术，对某些危机现象出现的约束性条件、未来发展趋势和演变规律等做出估计与推断，并发出确切的警示信号或信息，使公共部门和公众提前了解危机发展的状态，以便及时采取应对策略，防止或消除不利后果的一系列活动。公共危机预警机制的功能包括：信息收集与分析、危机预报、危机监测、信息发布与媒体管理、信息沟通等。

公共危机预警流程如图14-2所示，① 主要包括：信息收集、信息分析或转化为指标体系；将加工整理后的信息和指标与危机预警的临界点进行比较，从而对是否发出警报进行决策；发出警报。

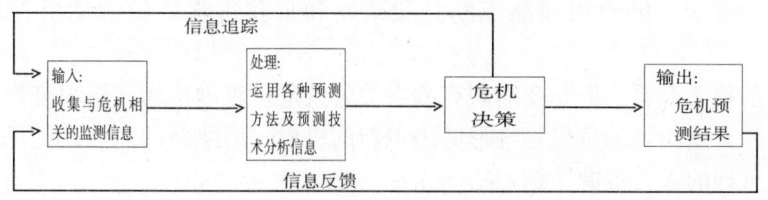

图14-2 公共危机预警流程

---

① 陈福今等主编：《公共危机管理》，人民出版社2006年版，第112页。

公共危机预警机制的框架体系主要包括：

（1）公共危机预警的监测系统。建立监测系统的主要目的是及时发现危机征兆，准确把握危机诱因、危机未来发展趋势和演变规律。主要有信息收集子系统、信息加工子系统、决策子系统和警报子系统。

（2）公共危机预警的咨询系统。该系统主要承担的功能是定期信息沟通，提供与危机有关的研究报告，提出危机处置的建议和意见等。

（3）公共危机预警的组织网络。主要包括：一是专门的机构和工作人员，长期从事危机预警的分析、研究与及时报告工作；二是规范化、制度化的监测、防范体系；三是畅通准确的信息沟通与处理渠道，尽可能化解矛盾、问题与纠纷。

（4）完善的法规体系。建立和健全公共危机预警的法规体系，目的在于保障公共危机预警"有法可依"，促进信息收集、处理、分析、报告和公开的规范化、法制化。

三、公共危机管理的资源配置与管理机制

公共危机管理中的资源配置与管理的主要问题就是如何使各种资源得到有效配置。为了强化公共危机管理的能力，必须建立统一领导、分工协作的组织体制和资源整合机制，从而有效地把国内资源与国际资源、政府公共部门资源与社会资源整合在一起。

从广义上看，公共危机管理不是某一个或几个公共部门的事情，而是整个公共行政的一种基本职能，公共危机管理应该融入公共行政的每一个层级和每一个公共部门，即从公共行政的每一个层级和领域内全面地把公共危机管理与日常事务管理融为一体，把公共危机管理看成是日常管理的一部分。这就需要通过广义的公共行政体制改革，形成一种及时、高效且具有一定学习能力因而能不断自我革新和自我进步的资源动员与配置机制。

从狭义上看，就是要对现有的有关公共危机管理机构和组织进行优化重组，并适应新的危机管理形势组织新的机构、组建新的队伍，优化公共危机管理的人力资源结构。

在此基础上建立的公共危机管理资源配置与管理机制，才能适应现代公共危机管理的财政预算与分配制度、支出制度、监督与审计制度等，形成规范化、法治化和制度化的公共危机管理的资源动员与分配、使用、监督、审计与评估机制。公共危机管理资源配置与管理机制主要包括：

1. 公共危机管理资源的整合机制

就当代各国的危机管理实践看,危机的类型逐渐从单一型向复合型发展,而复合型危机的处置往往需要多个部门的紧密协作。同时,公众对公共行政绩效的要求越来越高。这些都要求公共危机管理的职能设置从权力分散向集中领导转变。因此,现在一些发达国家纷纷设置了专门领导、协调公共危机管理的机构,对危机处置的各项事务进行统一安排,形成工作协同。信息资源作为一种重要的战略资源,在当代公共危机管理中具有越来越重要的作用。结合电子政务建设,建立公共危机管理的信息系统,形成全国统一的公共危机管理信息平台和信息共享机制,这对于及时、快速、高效地应对各种公共危机具有重要意义。我国公共危机管理是分灾种分部门进行的,其权力的运作流程相对分散。因此,从中央到地方和基层县市,逐级建立常设性综合公共危机管理机构,是实现公共危机管理机制由非常态转向常态、由单项分类管理向系统综合管理转变的重要条件。

2. 公共财政预算与支付制度

在应对公共危机中,公共财政支出的根本作用在于化解风险,维护社会稳定。有效的公共危机管理是建立在充分的资源保障基础之上的。因此,在转变政府职能、推动公共行政体制改革的同时,要合理地调整公共财政支出范围,专款专用,确保应对复杂危机事件的正常运转。一方面,要在健全公共危机管理机构体系和对相关职能部门进行整合与机构调整的基础上,把公共危机管理所需要的经费纳入公共财政预算体系之中;另一方面,建立公共危机风险防范基金,基金来源可以多元化,主要是公共财政,其次是社会各界及国际社会的捐助。

3. 公共危机管理的监督与审计

就当代公共危机管理的国际经验看,解决各种资源浪费、挪用、滥用乃至盗用和贪污各种公共危机管理资源问题的主要途径包括:内部控制、第三方评估、社会和舆论监督。这三方面是相辅相成的,只有把这三方面的力量结合起来并使之制度化、法治化,才能形成比较有效的监督机制和监督体系。

四、公共危机新闻发布机制

公共危机的新闻发布是危机处置和管理工作的重要组成部分。加强公共危机新闻发布工作的规范化、制度化建设,及时准确地发布信息,对于妥善处理危机事件、减少危机损害和维护公共部门的良好形象，具有重要意义。

1. 新闻发布应急响应机制

公共危机发生后，在启动紧急处置机制的同时，要迅速启动新闻发布工作，在负责处置事件的指挥部下面，设立专门的新闻发布机构，确定专人负责新闻发布工作。新闻发布作为处置公共危机的重要组成部分，在研究和决定处置公共危机的方案时，要根据公共危机的不同应急响应级别，成立相应的新闻发布机构，确定新闻发布方案，明确新闻发布内容，组织新闻发布工作，使新闻发布工作更好地为处置公共危机服务。

2. 新闻发布机制

公共危机新闻发布要坚持及时、准确、适度、"于我有利"的原则。新闻发布快速及时一定要以准确为前提；新闻发布要注意适度，讲究策略，认真策划，循序渐进，充分考虑到群众的心理接受能力，注意消除和化解公众的恐慌情绪，维护社会的稳定；新闻发布的目的是"于我有利"，有利于事件的妥善处置，有利于保护人民的生命和国家财产安全，有利于树立公共部门的形象；新闻发布要得到授权，发布的内容要按程序报批，无新闻发布职能的部门和个人，不得擅自就公共危机事件处置工作接受记者采访或发表谈话，以避免说法不一，造成信息混乱；新闻发布可由新闻发言人通过新闻发布会、吹风会、散发新闻稿、接受记者采访或书面回答记者提问等多种方式进行，采访应优先安排中央或当地的权威新闻媒体。

3. 中外记者采访管理机制

新闻工作机构要及时受理中外记者的采访申请，采取符合国际惯例的、科学有效的管理方式，主动向记者提供危机事件的有关信息，如果有必要，还应设立新闻中心，并提供电话、传真、上网以及电视信号传输等服务，为记者的采访提供方便。要使记者有正式的渠道获得权威信息，避免根据猜测和传闻去作报道；要使记者清楚在哪里了解情况、找谁了解，而不必四处打探消息。要加强对记者采访组织、现场管理工作，对记者的管理要避免简单生硬，要把管理工作与正面信息的提供与采访安排结合起来。

4. 境内外舆情跟踪和通报机制

负责新闻发布工作的机构要密切关注境内外媒体的报道，汇编舆情简报，及时向上级和有关部门通报，并组织有针对性的舆论引导工作，澄清事实，解疑释惑，驳斥谣言。

5. 互联网信息安全管理机制

互联网作为一种新兴和特殊的媒体，具有传播快、影响大、互动性强、管理困难的特点。一方面，要充分发挥和利用互联网的优势，及时传达政策、举措以及各种正面信息，主动引导舆论，要利用互联网信息汇聚的特点，作为了解搜集舆情的重要来源；另一方面，要警惕并及时删除各种歪曲事实、煽动矛盾、影响公共危机处置的有害信息，对境内外一些采取恶意攻击和敌视态度的网站要及时封堵。

6. 公共危机事件分类处理新闻发布机制

对自然灾害、事故灾难、突发公共卫生事件等危及公共安全并对全局有重要影响的突发公共事件，应及时组织新闻发布；对于一些涉及重大政治性、群体性、危害国家安全、损害国家形象的社会安全事件的新闻发布要十分谨慎，要取得统一的授权。

第二部分 相关知识拓展

一、《中华人民共和国突发事件应对法》介绍

《中华人民共和国突发事件应对法》（简称《应对法》）于2007年8月30日第十届全国人民代表大会常务委员会第29次会议通过，2007年11月1日正式实施。

（一）《应对法》的主要内容

本法明确规定了突发事件是指突然发生，造成或者可能造成严重社会危害，需要采取应急处置措施予以应对的自然灾害、事故灾难、公共卫生事件和社会安全事件。具体内容包括：本法共有7章70条：第一章总则；第二章预防与应急准备；第三章监测与预警；第四章应急处置与救援；第五章事后恢复与重建；第六章法律责任；第七章附则。

（二）《应对法》对突发事件信息报道的有关规定

《应对法》第53条规定：履行统一领导职责或者组织处置突发事件

的人民政府，应当按照有关规定统一、准确、及时发布有关突发事件事态发展和应急处置工作的信息。第54条规定，任何单位和个人不得编造、传播有关突发事件事态发展或者应急处置工作的虚假信息。这样规定的意义：

第一，政府统一、及时、准确发布突发事件信息，增加透明度，是社会公众全面、准确了解突发事件信息，增强危机意识，协助和监督政府做好突发事件预防和应对工作的重要环节。政府掌握的突发事件信息往往最多、最全面。因此，增强突发事件信息的透明度，主要责任在政府，关键是要强化政府在这方面的义务，促使政府及时准确发布信息，为新闻媒体报道突发事件信息做好服务、提供方便。

针对实践中有的政府不按规定报送、通报、公布有关突发事件信息，甚至谎报、瞒报有关突发事件信息的问题，《应对法》规定政府应当及时公布作出的应对突发事件的决定和命令；宣布进入预警期后要向社会发布与公众有关的信息；应急处置阶段要统一、准确、及时发布有关应急处置工作情况和事态发展的信息，这对于督促政府及时向社会包括新闻媒体提供统一、及时、准确的突发事件的信息，增加政府工作的透明度，使政府成为一个真正的责任政府、透明的政府，具有重要意义。

第二，自然灾害、事故灾难、公共卫生事件等突发事件危害大、影响面广，如果传递的信息不够真实、不准确或者发布了虚假的信息，就可能引起社会不必要的恐慌，甚至造成严重的社会危害。因此，《应对法》在确保政府及时、准确发布突发事件信息，并为新闻媒体做好服务工作的前提下，规定了对突发事件信息的相关报道进行管理。前提是政府要真实、准确、及时地发布信息；要在为新闻媒体报道突发事件提供方便和服务的前提下，对有关的报道进行管理，这对于有效防止因个别新闻媒体编发没有根据的信息或者传言或者报道虚假情况，误导社会公众，引起不必要的社会恐慌，具有重要意义。

第三，我国现行一些法律、法规和国务院的有关规定对某些种类的突发事件的信息发布、报道已经作了规定。比如，我国《防震减灾法》第16条规定，地震的短期预报和临震预报，由省、自治区、直辖市人民政府按照国务院规定的程序发布。任何单位包括新闻媒体，或者从事地震工作的专业人员关于短期地震预报或者临震预报的意见，不得擅自向社会扩散。《重大动物疫情应急条例》第20条规定，重大动物疫情由国务院兽医主管部门按照国家规定的程序，及时准确发布；其他任何单位和个人不得公布重大动物疫情。《破坏性地震应急条例》第 32 条规定，新闻单位应当根据抗震减灾指挥部提供的情况，按照规定及时向公众发布震情、灾情等有关信息，并做好宣传、报道工作。新闻媒体不得违反诸如上述所说的规定，擅自去发布突发事件的信息。

二、突发事件的种类、等级与应急预案

突发事件是指突然发生，造成或者可能造成严重社会危害，需要采取应急处置措施予以应对的自然灾害、事故灾难、公共卫生事件和社会安全事件，具有破坏性、突发性、不确定性、紧迫性和公众性等特征。突发事件主要包括以下种类：

● 自然灾害——主要包括水旱灾害、气象灾害、地震灾害、地质灾害、海洋灾害、生物灾害和森林草原火灾等。

● 事故灾难——主要包括工矿商贸等企业的各类安全事故、交通运输事故、公共设施和设备事故、环境污染和生态破坏事件等。

● 公共卫生事件——主要包括传染病疫情、群体性不明原因疾病、食品安全和职业危害、动物疫情以及其他严重影响公众健康和生命安全的事件。

● 社会安全事件——主要包括恐怖袭击事件、经济安全事件、涉外突发事件等。

突发事件的等级：按照各类突发事件的性质、社会危害程度、影响范围和可控性等因素，突发事件分为四级，即Ⅰ级（特别重大）、Ⅱ级（重大）、Ⅲ级（较大）和Ⅳ级（一般）。

在我国，对突发事件的国家专项应急预案有 21 件：

第一类：自然灾害类突发事件专项应急预案（5 件）：《国家自然灾害救助应急预案》、《国家防汛抗旱应急预案》、《国家地震应急预案》、《国家突发地质灾害应急预案》、《国家处置重、特大森林火灾应急预案》。

第二类：事故灾难类突发公共事件专项应急预案（9 件）：《国家安全生产事故灾难应急预案》、《国家处置铁路行车事故应急预案》、《国家处置民用航空器飞行事故应急预案》、《国家海上搜救应急预案》、《国家处置城市地铁事故灾难应急预案》、《国家处置电网大面积停电事件应急预案》、《国家核应急预案》、《国家突发环境事件应急预案》、《国家通信保障应急预案》。

第三类：公共卫生类突发公共事件专项应急预案（4 件）：《国家突

发公共卫生事件应急预案》、《国家突发公共事件医疗卫生救援应急预案》、《国家突发重大动物疫情应急预案》、《国家重大食品安全事故应急预案》。

第四类：社会安全突发公共事件专项应急预案（3件）：《国家粮食应急预案》、《国家金融突发事件应急预案》、《国家涉外突发事件应急预案》。

第三部分 练习题及答案

练 习 题

一、单项选择题

1. 按照突发事件的发生过程、性质和机理，突发事件可以分类，下面属于事故灾难类突发事件的是（　　）。
   A. 核与辐射事故　　　　　　B. 生物灾害
   C. 动物疫情　　　　　　　　D. 经济安全事件

2. 下面不属于公共危机的特征的是（　　）。
   A. 突发性和紧急性　　　　　B. 高度不确定性
   C. 影响的社会性　　　　　　D. 不可预测性

3. 公共危机发展演变的过程也可以笼统地分阶段，下面哪一个不属于公共危机发展演变的阶段（　　）。
   A. 前兆阶段　　　　　　　　B. 紧急阶段
   C. 危机利用阶段　　　　　　D. 危机解决阶段

4. 构成公共危机决策机制的决策主体包括三个方面或者说三个系统，只是由最高行政首脑及其身边的高级助理和少数核心部门的负责人构成的是（　　）。
   A. 中枢决断系统　　　　　　B. 参谋咨询系统
   C. 协调系统　　　　　　　　D. 信息收集系统

5. 公共危机管理中的主要公民权利不包括（　　）。
   A. 不可克减的基本人权　　　B. 弹劾权
   C. 紧急救助请求权　　　　　D. 补偿和赔偿请求权

6. 我国公共危机管理法制的具体原则是( )。
   A. 法治原则　　　　　　　　B. 应急性原则
   C. 基本权利保障原则　　　　D. 主动性和防范性原则

二、多项选择题

1. 公共危机管理预警机制具有的功能主要包括( )。
   A. 信息收集与分析　　　　　B. 公共危机预报
   C. 危机监测　　　　　　　　D. 信息发布与媒体管理
   E. 信息沟通

2. 公共危机预警机制监测系统包括的子系统有( )。
   A. 信息收集子系统　　　　　B. 信息加工子系统
   C. 决策子系统　　　　　　　D. 信息咨询系统
   E. 警报子系统

3. 公共危机的蔓延阶段公共行政者应该在危机管理活动中主要运用的改善危机情境的控制技能和策略包括( )。
   A. 危机中止策略　　　　　　B. 危机隔离策略
   C. 危机消除策略　　　　　　D. 危机利用策略
   E. 危机警报策略

4. 公共危机管理法制具有的特点是( )。
   A. 内容和对象上的综合性、边缘性
   B. 适用上的临时性和预备性
   C. 实施过程具有很强的行政紧急性
   D. 立法目的上更强调对权利的保障性
   E. 法制制裁具有更大的严苛性

5. 我国公共危机管理法制的基本原则有( )。
   A. 法治原则　　　　　　　　B. 应急性原则
   C. 基本权利保障原则　　　　D. 主动性原则
   E. 防范性原则

6. 行政紧急权力在公共危机管理中受到的法律规制主要体现在以下几方面( )。
   A. 范围规制　　B. 程度规制　　C. 程序规制
   D. 目的和条件规制　　　　　E. 强制性规制

三、概念辨析题

1. 突发事件。
2. 公共危机与公共危机管理。
3. 公共危机预警。
4. 公共危机管理法制。

四、简述题

1. 简述公共危机管理的系统的构成。
2. 简述我国公共危机管理法制的原则。

五、论述题

1. 试述公共危机预警机制的流程及功能。
2. 试述行政紧急权力受到法律控制的必要性及其措施。

练习题答案

一、单项选择题

1. A 2. D 3. C 4. A 5. B 6. D

二、多项选择题

1. ABCDE   2. ABCE   3. ABCD
4. ABCDE   5. ABC   6. ABCD

三、概念辨析题

1. 参考答案：突发事件是指突然发生，造成或者可能造成重大人员伤亡、财产损失、生态环境破坏和严重社会危害，危及公共安全和社会秩序的紧急事件。按照突发事件的发生过程、性质和管理，突发事件分为自然灾害类突发事件、事故灾难类突发事件、公共卫生类突发事件、社会安全类突发事件四类。按照各类突发事件的性质、严重程度、可控性和影响范围等因素，突发事件可分为四级：①特别严重的是Ⅰ级，用红色表示；②严重的是Ⅱ级，用橙色表示；③较重的是Ⅲ级，用黄色表示；④一般的是Ⅳ级，用蓝色表示。

2. 参考答案：公共危机是一种突然发生的紧急事件或者非常态的社会情境，是指因不可抗力或突然发生的重大自然灾害事件、公共卫生事件、事故灾难事件和社会安全事件等引发的、给社会正常的生产与生活秩序以及人们的生命财产安全带来严重威胁的紧急事件或者紧急状态。公共危机管理是指公共行政主体为避免或减少公共危机所造成的损害而实施的危机预防、事件识别、紧急反应、应急决策、应急处理、评估、恢复等行为活动的总称，目的是为了提高危机发生的预见能力、危机发生后的救治能力以及事后的恢复能力。

3. 参考答案：公共危机预警是指公共危机管理主体根据有关危机现象过去和现在的数据、情报和资料，运用逻辑推理和科学预测的方法、技术，对某些危机现象出现的约束性条件、未来发展趋势和演变规律等做出估计与推断，并发出确切的警示信号或信息，使公共部门和公众提前了解危机发展的状态，以便及时采取应对策略，防止或消除不利后果的一系列活动。

4. 参考答案：公共危机管理法制属于非常态法制，是针对突发事件引起的公共紧急情况制定或认可的处理国家权力之间、国家权力与公民权利之间、公民权利之间的各种社会关系的法律规范和原则的总和。作为预防、控制、处置危机的法律手段，公共危机管理法制是整个国家法律体系的重要组成部分，是一个国家或地区在非常规状态下实行法治的基础。

四、简述题

1. 参考答案：根据公共行政主体在公共危机管理中发挥的作用、参与危机管理过程的直接与否等因素，公共危机管理系统分为5大系统：

（1）决策系统。决策系统在公共危机管理中居于核心地位，实质上体现了一个国家的战略决策效能和危机应变能力。

（2）统一的指挥与综合协调系统。统一的指挥与综合协调系统在公共危机管理中处于核心领导地位，有利于保证各执行部门之间的高效的协同运作，避免因相互扯皮、推诿而延误战机、影响危机救助的现象出现。

（3）执行系统。执行部门承担着大量日常的危机预防和快速反应应对的责任，成为公共危机管理系统中的骨干和中坚力量，是公共危机管理的直接行动力量。

（4）辅助系统。公共危机管理辅助系统主要是指那些"自身拥有特殊的专业技能、业务范围，特定的资源、设备和能力，主管着特殊的事务，担负着紧急事务应对中的某些特殊任务"的部门，它们相当于危机管理的后勤系统，不直接具有危机管理的职能，而是提供危机管理过程所需的各种服务。

(5) 信息、参谋咨询系统。公共危机管理的时机把握和快速应对，需要应急指挥决策中心具备及时、有效的灾害信息，这不仅有赖于危机管理职能组织系统和辅助部门的信息来源，而且还必须依赖于公共部门甚至是民间的信息、参谋咨询系统的工作和服务。只有这样，才能形成危机决策过程中不同角色之间的两性互动关系，特别是发挥公共危机管理专家的积极作用，形成不同危机中的专家与决策者之间一定程度上的分工和相互协作关系。

2. 参考答案：我国公共危机管理法制的原则主要有：

（1）我国公共危机管理法制的基本原则包括：法治原则，应急性原则，基本权利保障原则。

（2）我国公共危机管理法制的具体原则包括：

第一，公共利益原则。公共危机管理的目的就是要维护公共利益，维护公共安全，使公共利益和公共安全免受公共危机的损害，这是危机管理、运用紧急权力、对人们的部分权利进行限制的正当基础。

第二，比例原则。比例原则是指对人民基本权利的限制必须使目的与手段之间符合一定的比例，使限制和保护之间达到某种均衡。

第三，主动性和防范性原则。在公共危机管理的机制里，危机预防、危机预警、危机预案，使危机爆发后按照事先准备好的各种方法去处理。因此，公共危机管理法制必须在制度上确保公共危机管理把重心放在主动性和防范性上。

第四，积极责任原则。公共危机管理法制更强调政府科学、及时、有效应对危机的积极责任。公共危机管理法制应建立健全比常态法治更为积极、更为严厉的政府行政责任，督促紧急权力的积极规范行使。

第五，权益救济原则。危机管理法制的权益救济原则包括：①当公共危机对群众的权利和利益造成侵害时，如果是企业的生产事故造成的危机，企业必须承担对受害者的权利和利益进行赔偿的责任。②当政府对危机爆发负有某种责任时，政府应当承担对受害者的权利和利益进行赔偿的责任。③当公共危机的引发是由于自然灾害，没有特定的责任者时，政府应尽其所能，发动所有的力量应对危机，使危机的损害降到最低。④在危机应对的紧急情况下，人们为了控制危机蔓延，防止危机升级，往往会牺牲一些较小的利益，来保护较大的利益。在危机之后，应根据情况对受害人的损失作出一定的补偿。

五、论述题

1. 参考答案：

（1）公共危机预警流程包括：信息收集、信息分析或转化为指标体系；将加工整理后的信息和指标与危机预警的临界点进行比较，从而对是否发出警报进行决策；发出警报。因此，公共危机预警机制监测系统包括了以下几个子系统：信息收集子系统、信息加工子系统、决策子系统和警报子系统。

（2）公共危机管理预警机制具有的功能主要包括：

第一，信息收集与分析。公共危机管理预警机制通过一个多元化、全方位的信息收集网络，将真实的信息以完整的形式收集、汇总起来，并加以分析、处理，去粗取精、去伪存真，并通过快捷、高效的信息网络将公共危机事件的信息和事态发展情况传送到公共危机指挥系统和相关部门，从而保证危机信息的时效性、准确性和全面性，为公共危机应对与处理提供可靠的信息基础。

第二，公共危机预报。在信息收集与分析的基础上，对得到的信息进行鉴别和分类，全面清晰地预测各种危机情况，捕捉危机征兆，对未来可能发生的危机类型、涉及范围及其危害程度做出估计，并在必要时向决策者建议发出危机警报，启动危机处理程序。

第三，危机监测。在确认公共危机发生后，对引起危机的各种因素和危机的发展进行严密的监测，及时搜集危机状态的有关信息，特别是要监控掌握能够表示危机严重程度和进展状态的特征性信息，对危机的演化方向和变化趋势作出分析判断，以便使危机处理指挥机构能够及时掌握危机动向，调整对策，使危机处理决策有据可依。

第四，信息发布与媒体管理。信息发布与媒体管理要求恰当地选择媒体，尽量及时、准确、全面、客观地发布有关信息，即使在危机发生初期不能确切、全面地掌握情况，也应及时、客观地发布有关信息。这样做，有利于保障公民的知情权，有利于树立权威的信源形象和设立权威的信息传播途径，减少流言和谣言传播及其负面影响，避免出现不利的舆论导向。

第五，信息沟通。公共危机管理中与利益相关者及有关政府部门、社会团体及时、有效地沟通信息，是取得相关人员和机构理解、配合和支持的前提。在对抗性危机事件的处理中，信息沟通包括两个方面：一是建立冲突双方之间的谈判沟通渠道，增进交流沟通，减少误解；二是洞悉对方的动机、实力和决心，有针对性地拟订有效的危机处理方案。

2. 参考答案：

(1) 行政紧急权力要受到法律的控制，其原因在于：

第一，同其他行政权一样，紧急行政权同样有被滥用的可能性。紧急行政权是紧急状态下一种必要的权力，但又是一种最为危险的权力。如果认为情况特殊，政府公共部门就可以为所欲为，各部门、各地区可以各行其是，权力就会无序行使，社会就会出现新的混乱。而且，紧急行政权是一种影响力和支配力极大的权力，稍有不当就可能影响国家的命运和人民的根本利益。紧急行政权在一些国家的运用实践表明，它是一种最容易被滥用的权力。

第二，紧急行政权如果没有合法的权力来源，就不会具有普遍的、持久的感召力；紧急行政权如果没有必要的规范和约束，就难以取得法律强制力的支撑；紧急行政权如果没有必要的自律和他律，就得不到国民的普遍认同和支持。

第三，紧急事件的不断出现以及各国之间的相互学习，使人们逐步认识到了处理紧急事件的一些基本规律，从而为紧急状态下的法治化创造了条件，也打破了紧急行政权不能或难以规范的神话。

因此，将紧急行政权纳入法治轨道，建立相应的应急法制，同样是公共危机管理所必需的。一个有较高治理水平的法治政府，不仅能在正常社会状态下运用法律维护好社会秩序和国民权益，而且在非常时期也能做到依法办事。

(2) 行政紧急权力在公共危机管理中受到的法律规制主要体现在以下几方面：

第一，范围规制。这实际上是法律保留原则的体现。法律对于政府在紧急状态下有效、及时处理各种突发事件，应对危机所必须具有的权力，事前都尽可能加以详尽、明确的列举规定。现代法治不允许政府公共部门即使在紧急状态下自己去任意确定自己行使何种权力，也不允许随意伤害公民权利，而是要框定行政紧急权力限制公民权利的范围和边界。

第二，程度规制。行政紧急权力的行使不仅有范围的限制，还有程度上的约束，这主要是要求行政紧急权力以及紧急措施要符合比例原则。比例原则又称"禁止过度"原则，具体含义是：一是适当性或妥当性原则，指行政主体采取的措施及方法应有助于行政目的的实现；二是必要性或最小侵害原则，指行政行为应以达到行政目的为限，不能给相对人造成过度的不利影响，在有多种可以达到行政目标的手段和方法可选择时应选择对相对人权益损害最小的,不能超过必要限度;三是均衡或相当性原则,指采取行政措施所造成的损害,不得与达成的行政目的的利益明显失衡,即行政主体所采取的措施产生的损害,不可以超过所采取措施带来的好处,即不能为实现目的而不择手段。比例原则的核心是要求行政自由裁量权的行使要保持在适当、必要的限度之内。

第三,程序规制。正当程序原则在紧急状态下受到限制已是国际惯例,然而政府公共部门行使行政紧急权力应当遵循必要的明确的法律程序规定,已被很多国家的立法机关所接受。履行正当程序的重要保障是政务公开制度。政务公开是现代公共行政发展的一个重要趋势,有时也被称为透明度。政务公开在突发事件与紧急状态下较之于平时更为重要。

第四,目的和条件规制。现代行政法规范和控制政府权力的重要方式之一,即是在法律授予政府公共部门权力时明确规定授权的目的,在授予政府公共部门紧急权力时尤其如此,以制约政府公共部门及其工作人员在法定目的范围内行使所授权力,防止其滥用紧急权。同时,通过紧急状态法和其他有关法律确定政府公共部门行使紧急权力的条件。在紧急状态下,政府公共部门虽然享有比平时更多、且更具强制性的权力,但是,法律授予政府公共部门这些权力是附有条件的。如果政府公共部门违反法定条件行使权力,即构成滥用权力,将因此被追究法律责任。

第四部分 案例分析

【案例】 北美大停电与纽约市的危机处理

一、背景

纽约市位于纽约州东南哈得孙河口,是美国第一大都市和第一大商港,是美国的金融业中心,也是全世界的金融中心之一。它的面积为828.8平方公里,市区人口有700多万,包括郊区在内总人口为1800多万。纽约摩天大楼林立,代表性的建筑有帝国大厦、克莱斯勒大厦、洛克菲勒中心以及世界贸易中心等。目前纽约有世界上最长、最快捷的地铁交通系统,地下铁道全长1000多公里。

为了有效应对突发公共事件对城市管理的挑战,纽约市政府逐步建立了一套完备的城市公共安全应急管理体系,在 2001 年的"911"恐怖分子袭击和 2003 年的停电事件中发挥了巨大的作用。

纽约市应急管理办公室是纽约市进行公共安全应急管理的常设机构,是纽约市开展公共安全应急管理的最高指挥协调机构。下设健康和医疗科、人道服务科、善后和控制科、国土安全委员会,有 100 多名雇佣员工,包括现场指挥协调人员、突发公共事件处置规划人员、事态检测人员、行政和支持人员等。这些人员训练有素,负责发现各种各样的突发公共事件,并对其作出快速有效的反应。纽约市应急管理办公室的职能包括为潜在的、可能发生的危害做好准备,减轻突发公共事件可能造成的损失;教育公众,使其充分认识潜在的威胁,并做好最充分的准备;协调各种有利于突发公共事件之后尽快恢复正常运作的努力;收集并传播重要的信息寻求资金和其他支持,帮助纽约市为可能来临的突发公共事件做好准备。

纽约市应急管理办公室的工作内容主要包括突发公共事件监控、突发公共事件处理以及与公众进行信息沟通三个方面。他们开展了针对社区的社区应急响应团队、医疗预备队、街区守护者和辅助警察等应急准备项目,开展了针对商业界的信息服务、信息共享、应急现场准入、应急协调中心等应急准备项目,构建了城市应急管理、城市应急资源管理、"911"、移动数据中心、城市搜索与救援五大系统。

二、内容

1. 北美大停电

2003 年 8 月 14 日,美国东部时间 16 时 11 分(北京时间 15 日凌晨 5 时 11 分),美国东北部和加拿大部分地区在大约 9300 平方公里的区域内发生了历史上最大规模的停电事件,包括纽约在内的许多城市的电力供给全部中断。由于停电,导致交通网络瘫痪,数万人被困于地铁、电梯和火车内,各种商业、生产和社会活动几乎全部停止,给大约 5000 万居民的生活和工作造成了严重影响。此次大停电持续近 30 小时,是继"911"事件以来发生的又一特别重大的突发公共事件。

面对这次大规模停电事故,纽约市政府和市民表现出良好的应急意识和能力。在社会公众的配合下,凭借高效的危机处理系统和出色的危机处理能力,纽约市政府领导全体市民克服困难,沉着冷静,顺利渡过了难关。

2. 公众反应

事件发生时，正值炎热的夏季工作时间，各种设备突然停止运行，电脑黑屏，电灯熄灭，空调等设备相继停止工作。饱受"911"磨难的纽约市市民，在毫无心理准备的情况下，对突如其来的黑暗感到极度恐慌，纷纷争先恐后地远离高楼，数百万人一齐蜂拥到大街，在33摄氏度的高温下寻求安全的落脚之地。在停电后的短时间内，纽约市各摩天大楼人去楼空，店铺纷纷关门。

在人身安全得到保护之后，人们做的第二件事是希望尽快获得事实真相，并与自己相关的人员进行联络。伴随停电事故，大量的手机电话蜂拥上网，移动电话网络出现繁忙和堵塞，人们只好在城市街边的固定电话亭前排起长队。与此同时，收音机成为获得信息的重要渠道，受到纽约市民的青睐。

在基本弄清事件的性质后，人们开始寻找解决食宿问题的办法。由于停电，交通处于瘫痪状态，商店关门，成千上万的人无法归家，只能露宿街头，以往大街上空荡荡的长椅如今成为临时的休息场所，就连大楼门前的过道也成了小型的避难场所。

夜幕降临时，纽约市被一片黑暗笼罩。在混乱而无所事事的情形下，酒吧成为纽约市民当晚无奈的选择，纽约的几百个酒吧里很快就变得拥挤、喧哗和热闹起来，人们肩并肩地坐在淡淡的烛光里，边聊天边喝着还有"余凉"的啤酒。

3. 引发问题

对纽约市民来讲，此次停电来势突然，没有任何预兆。突如其来的全市范围停电，使纽约市整个交通系统陷入全面瘫痪，地铁、电梯、火车、电车都停止了运行，主要街道、桥梁人潮汹涌，水泄不通，街道全面堵塞，车辆动弹不得，情况十分混乱。整个纽约地区有600辆地铁列车突然停运困于地下，成千上万名乘客被困在漆黑的地铁隧道里。公路交通信号灯全部熄灭，过往车辆和行人争相通过，以致封堵。路面上只有少数公共汽车还在运营，平日乘客寥寥无几的公共汽车已挤满了人，公共汽车站上大家争抢上车。纽约地区三个机场航班停飞，大量乘客行李堆在候机大厅等待安检。由于公路被堵塞，人行道上人潮涌动，提前下班的人们正匆忙赶往家中。

停电后不久，不论是有线电话网，还是无线电话网，话务量剧增。由于网络容量限制和后备电力供给不足，多数移动电话网出现繁忙状态，不能及时处理大量的电话呼叫，难以接通。美国最大的电话公司（Verizon公司）在停电后立即启用了备用电力系统，保证移动电话网处于工作状态。但由于纽约市民疯狂使用手机同外界联系，导致网络超负荷运行，使网络通信服务一度中断。据 Verizon 公司统计，在发生大停电的一个小时内，通过其网络的通话量高出平时 3 倍。因为大部分手机由于阻塞而无法接通，公共电话系统成为主要的交流手段，人们在付费电话前排起长队。

大停电发生时，纽约曼哈顿区林立的摩天大楼中有数万人正在工作，有 35 万多人被困在各区的电梯和地铁内，许多人被困在黑暗闷热的电梯里长达 19 个小时才被救出来。

道路两旁的商店纷纷关门，纽约市其他店铺和公司当天也提前关门。14 日黄昏时分，纽约曼哈顿区一些商店每次只允许一名顾客入内购买手电筒和电池等应急物品，而且只能用现金购买。由于缺乏电力供给，银行的自动提款机和各种自动化支付设备都停止工作，大量信用卡持有人根本无法消费。百老汇剧场也被迫取消当晚的演出。

4. 政府行动

事故发生后，纽约市与联邦政府采取了一系列行之有效的应急措施，避免了事态的升级和恶化，顺利完成了对此次突发公共事件的处置管理。

（1）预防措施。停电后，美国军方加强在东部地区的空中安全巡逻力量。美国航空空间防御司令部发表声明说，司令部在美国东部将至少增加一次非常规空中巡逻，并在东海岸的基地加强防备。为预防意外，美国有 4 个州的 9 座核电厂暂时关闭。纽约警方直升机、巡逻艇和全副武装的反恐部队在纽约市标志性建筑和敏感地带开展巡逻，警方还派遣了一个行动小组来防范有人利用停电发动恐怖袭击。纽约市市长布隆伯格动员了 4 万名警察，纽约消防局处于随时待命状态。

（2）事件定性。纽约等城市大面积停电时，时任美国总统布什正在加利福尼亚州一座军营同海军陆战队员共进午餐，他说："目前还不清楚是何原因导致了大面积停电，我能肯定的只有一件事，这不是恐怖袭击。"纽约市市长布隆伯格也说："这和恐怖袭击事件无关。"

（3）紧急状态。纽约州长乔治·帕塔基在当地时间下午 5 时 30 分左右，也就是断电大约一个小时后，宣布纽约州进入紧急状态，并颁布纽约州灾难防备计划。

（4）应急行动，包括：

第一，启动灾难计划。面对此次大规模停电事故，纽约市警察局启动了灾难应急计划,向全市增派了成百上千名警员。正在休假的警察和消防队员被召回待命,重要部门的政府工作人员正常上班。要求警员密切关注证券交易所、桥梁、大厦等敏感地点。警察在重要路口指挥混乱的交通,将道路上拥挤不堪的人群分散以防发生意外。

第二,稳定人心。为了稳定局面,停电后不久,纽约市市长布隆伯格在新闻发布会上立即发表讲话。他表示没有迹象表明这是一起恐怖袭击事件,"或许这是一起自然事故导致电力系统的中断","如果幸运的话,纽约将在天黑前恢复供电"。纽约官方呼于市民不要恐慌,承诺将在第二天凌晨左右将恢复部分地区的电力供给。同时在广播电台播发纽约市长的讲话,"这不是恐怖袭击!希望大家镇静!相互帮助!在路上走的人要多喝水,在家里的人要开窗……有关救援工作正在有序地展开,最主要的是疏散被困在纽约四通八达的地铁里的人。现在'911'、'311'电话畅通,交通有些不正常"。布隆伯格反复强调,电力恢复也在进行,在电力恢复的地方暂时关闭空调,尽力不使用多余的电器,以保证电网能够恢复送电。恢复电力供应"要花相当的时间,不是以分钟计,而是以小时计,但谁也无法说出准确的时间"。并督促市民保持冷静。电台广播员提醒市民:尽量节约用水,防备电力不能在短期内恢复。

第三,救援行动。纽约市 14 日一共进行了 800 次电梯救援行动,"911"紧急救助电话接警 8 万多次,急诊医疗也接到了创纪录的 5000 次求助电话。纽约市政府为那些难以回家的人搭建了临时收容所。

第四,公众参与。纽约警校的 1000 多名学生上街协助指挥交通,该校警官罗伯特表示,学校还有 3000 名学生待命,随时可以上街。美国红十字会的志愿者在第 42 大街中央火车站的候车大厅和列克星敦大街,向数千名等待乘车回家的旅客供应饮用水。

第五,联邦支援。白宫发言人斯科特·麦克莱伦说,白宫和国家安全委员会官员同能源部、国土安全部、财政部、国务院、联邦调查局和其他机构的官员举行了电视电话会议,讨论联邦政府如何做好准备,满足地方政府提出的救援要求。

5. 事态发展

15 日早上,纽约市的 5 个城区和部分郊区不同程度地恢复了供电,纽约股票交易市场和纳斯达克股市也按时开始交易。尽管电力供应得以部分恢复,但由于地铁运输尚未恢复,交通信号灯仍没有恢复正常,成千上万的纽约市民一早起来显得有些手足无措,街头景象忙乱不堪,交通部门用了几个小时的时间才恢复正常的交通。

纽约市市长布隆伯格15日傍晚宣布，纽约市目前已有85%的地区恢复了电力供应，剩余地区可望在当晚全面恢复供电。当晚百老汇的23场演出将会举行，纽约市地铁系统也将获得电力供应，但需要调试8～9小时之后才能运行。经过29个小时后，到15日美国东部时间21时30分，纽约市的电力供应全面恢复。纽约市交通部门官员16日说，在14日停电的36个小时后，纽约市地铁于当天早些时候恢复运营。

三、分析

从这个案例中我们可以看出，虽然此次停电事故给纽约市带来了巨大的损失。但是，在纽约市政府的应急管理下，纽约市顺利地渡过了这场危机。不得不承认纽约市政府在公共危机的应对上有其成功之处。

1. 成功之处

（1）准备充分。纽约市自1991年开始设立专门的处理紧急事务的机构。纽约市经历了1967年和1977年的两次大停电以及2001年的"911"事件，已经拥有了较完备的应急机制，有能力应对恐怖袭击或重大自然灾害。尤其在"911"事件后，纽约警方曾就如何疏散困在地铁通道和高楼大厦的人进行了几个月的训练。此次停电发生后，纽约市应急管理办公室启动了其下属的紧急行动中心，协调警察、消防和医疗等部门进行救灾抢险。停电发生几分钟后，纽约市警察局就启动紧急应变计划，增派警力上街巡逻。作为在紧急状态下的民众和政府的联系纽带，纽约市"911"紧急救助电话系统和"311"非紧急救助电话系统在救援行动中始终保持畅通，纽约市警察、消防和卫生部门在14、15日两天的时间里对15万个求救电话作出了回应。否则，损失将不可估量。

（2）信息透明。停电初始，大多数人以为是恐怖袭击，纽约市长布隆伯格在停电后的半个多小时就举行了新闻发布会，向市民宣布这是一场事故。此后，市长多次通过电台广播将最新的信息及时传达给黑暗中的纽约市民，这对稳定民心、协调全市救灾起了重要作用。

（3）危机意识提高，从容应对危机。纽约市应急管理办公室专门在其网站上公布了平常可能遭遇的各种突发性事故后该采取的应对措施，包括从住宅、地铁、高楼等撤离时应注意的各种事项，这些大大提高了市民应对突发事件的心态，提高了市民应对危机的能力。

（4）互相帮助。纽约市民在长达30多个小时的停电面前表现出友善和有组织的应对能力。由于停电导致交通信号灯熄灭，这导致了交通混乱，一些市民自发在路口担任临时指挥，交通秩序逐步恢复。美国红十字会的工作人员则迅速走向街头，免费向行人发送矿泉水。

2. 存在的问题

尽管在这场停电事故中，纽约市政府及其危机管理办公室展示了其高效的应急系统和应急能力，但是在危机应对过程中还是出现了一些不足。

(1) 各类应急指挥中心快速建立和相互协调的问题。当危机发生时，三种类型的指挥中心被建立起来：一是城市有关机构如纽约市警察局、消防局、健康与心理卫生局、健康与医院联盟等建立起来的策略性指挥中心；二是危机管理办公室指挥中心；三是由市长和其他高级决策人员组成的命令中心。这三个中心缺乏有效的协调统一，导致所发出的指示不一致。

(2) 正常业务无法维持。这主要表现在：后备发电设施和燃料不足。许多城市机构和私营机构没有足够的后备发电设备，这些机构中还有一些非常关键的部门，如纽约市健康与心理卫生局、社区消防所、食品发放机构等。一些商业机构特别是一些信息传播机构由于后备发电设备和燃料不足，导致信息不能及时、有效地得以传播。这大大影响了危机的应对能力发挥。

(3) 通信方面，首先，Verizon电话公司虽然做了诸多准备，但是在突发的大停电之后，由于用户拨打电话骤然增多，中央控制室服务一度中断。这些中断使布鲁克林区危机医疗服务和消防局丧失了对危机的反应能力。其次，手机服务超载。在停电事故后，手机服务迅速超载，这大大影响了居民以及商业机构获取危机信息、获取危机服务的能力。再次，应急电话超载。很多人无法拨通"911"等应急电话。

(4) 交通方面。在该方面的主要问题主要表现在：一是交通大面积瘫痪；二是十字路口瘫痪严重；三是缺乏统一的交通信息渠道。

此外，在公共健康和安全的应对方面也存在一些问题，如高层建筑缺乏饮用水，一些行动不便的人缺乏帮助以及学校的应急准备工作不足等。

四、结论

案例凸显了公共危机的应急处理。公共危机的应对是公共危机管理的重要组成部分。但是，公共危机管理的内容非常丰富。公共危机的应对主要是结合公共危机发生的过程进行的。根据公共危机的发展过程，公共危机管理可以简单地划分为三个阶段：事前、事中和事后。

　　由于公共危机具有突发性、紧急性和危险性等特征，因而，公共危机的应对相应地具有不确定性、应急性和预防性等特征，在职能上表现为预防、处理和评估等三项基本职能。

　　因此，公共危机事件的应对在事前需要发挥预防职能，这是公共危机管理的第一道防线，指的是在公共危机的潜伏阶段所进行的一切有效预警工作，目的是防患未然，它包括预防、预警和预控等具体职能；在事中阶段，发挥其职能，这是公共危机管理的第二道防线，指的是在公共危机爆发、持续阶段所进行的一切积极救治工作，目的是减少危机损失，包括制定处理计划、紧急决策和应急处理等具体职能；事后阶段主要包括恢复、评估、补偿和重建等职能，目的是进一步提升组织的应对能力。公共危机管理的这三个阶段中的三项职能是相互依存、相互衔接的，事前预防是基础，事后评估是预防、处理的反馈和有益总结，它们共同构成公共危机管理的三部曲。

第十五章 办公室管理与后勤管理

第一部分 知识点阐述

一、办公室管理

(一) 了解办公室工作的性质
对办公室工作性质的了解，一是要知道办公室工作的一般属性，二是要了解办公室工作的两个特性，即办公室工作的政治性与综合性。

(二) 了解办公室工作的基本任务
首先，要了解办公室工作任务的基本构成，即日常性工作、综合协调工作、辅助决策工作。
其次，要了解各类任务的工作内容。

(三) 了解办公室管理科学化的要求
对办公室管理科学化要求的了解，应解决两个问题，一是对办公室管理规范化构成内容的了解，二是对办公室管理基本制度的了解。

(四) 办公自动化
办公自动化是实现办公室管理科学化的必然要求，对此内容的学习，一是要了解办公自动化的含义，二是要了解办公自动化系统的构成与功能；三是要充分了解和把握办公自动化对办公室管理的要求。

二、后勤管理

（一）充分了解并能分析后勤管理的意义

一是要求充分了解后勤管理四个方面的意义，二是要求能对"后勤管理是提高行政效率的重要条件"展开分析。

（二）了解后勤管理的主要内容

对后勤管理主要内容的了解，应从分类的角度进行，要了解后勤管理主要内容由五大类构成，即物资管理、财务管理、生活后勤管理、服务后勤管理、接待工作管理。

（三）充分了解和全面把握后勤管理体制改革的必要性

首先，要能全面分析后勤管理体制改革的必要性，尤其要注意把握必要性分析的三个方面，即要从社会主义市场经济体制的发展、行政体制的发展、后勤保障的发展等方面，分析后勤管理体制改革的必要性。

其次，要能联系实际分析为什么后勤管理体制改革是为了适应社会主义市场经济特征的要求，为什么后勤管理体制改革要符合行政体制的发展。

（四）充分了解和全面把握后勤管理体制改革的内容

首先，要能全面把握后勤管理体制改革的三个主要内容，即实现机关后勤服务社会化、实现后勤行政管理职能与服务职能相分离、实现后勤管理科学化。

其次，要能分析实现机关后勤服务社会化的条件，以及后勤服务社会化的内涵变化。

再次，要能联系实际对后勤行政管理职能与服务职能相分离的意义、要求进行分析论述。

第二部分 练习题及答案

练　习　题

一、单项选择题

1. 办公室是各级行政机关贯彻、执行党和国家政策法令的重要部门，这表明了办公室工作性质的（　　）。
   A. 政治性　　B. 综合性　　C. 服务性　　D. 事务性
2. 房产管理之所以是机关生活后勤管理中的重要构成，最为关键的是因为（　　）。
   A. 房产具有市场交易性　　B. 房屋价值居于固定资产首位
   C. 房产具有福利性　　D. 房屋分配体现后勤管理权
3. 后勤服务社会化的内涵变化表明，后勤服务社会化要以市场交换的方式取代（　　）。
   A. 资产多元化模式　　B. 职工收入分配单一化模式
   C. 经营手段多样化模式　　D. 供给制模式
4. 办公室与其他职能部门相比有所不同，其中最大的不同就是办公室具有更强的（　　）。
   A. 政策性　　B. 政治性　　C. 综合性　　D. 服务性
5. 公文处理包括发文处理与收文处理，下列项目中属于发文处理的是（　　）。
   A. 拟办　　B. 立卷　　C. 承办　　D. 签发
6. 公文处理包括发文处理与收文处理，下列项目中属于收文处理的是（　　）。
   A. 注办　　B. 核稿　　C. 注发　　D. 校对
7. 办公自动化系统具有多种功能，视频信息的处理属于（　　）。
   A. 文字处理功能　　B. 文件处理功能
   C. 图像处理功能　　D. 声音处理功能
8. 后勤管理的主要任务通常有五类，车辆管理属于（　　）。
   A. 物资管理　　B. 生活后勤管理
   C. 财务管理　　D. 接待工作管理

9. 办公自动化的核心是（　　）。
   A. 区域信息网　　　　　　B. 数据处理终端系统
   C. 人机关系　　　　　　　D. 网络通信技术
10. 办公室信息处理工作的内容很多，但其工作的重点主要应放在（　　）。
   A. 实现无纸化办公　　　　B. 辅助领导决策
   C. 提高文件处理速度　　　D. 协调部门关系

二、多项选择题

1. 办公室日常性工作，也称为程序化工作，它主要包括（　　）。
   A. 公文处理　　　　　　　B. 会议工作
   C. 印章管理　　　　　　　D. 后勤管理
   E. 机要保密工作
2. 办公室的信息处理，就具体工作而言主要包括（　　）。
   A. 调查研究　　　　　　　B. 简报编写
   C. 资料统计　　　　　　　D. 新闻发布
   E. 电讯业务
3. 文书档案工作是办公室的基本任务，其中文书立卷归档的步骤有以下环节（　　）。
   A. 编写案卷标题　　　　　B. 卷内文件编号
   C. 填写卷内目录　　　　　D. 填写案卷封皮
   E. 编制案卷目录
4. 办公室的印章管理包括印章的（　　）。
   A. 刻制　　B. 颁发　　C. 保管　　D. 使用　　E. 销缴
5. 办公室的综合协调工作包括（　　）。
   A. 提供决策方案　　　　　B. 工作任务的协调
   C. 管理事务的协调　　　　D. 领导关系的协调
   E. 承担决策事务
6. 办公自动化系统的主要构成包括（　　）。
   A. 局部信息网　　　　　　B. 文字处理中心
   C. 会议视频系统　　　　　D. 个人电脑
   E. 电子归档与检查系统
7. 机关后勤包括物资管理、财务管理、服务后勤管理和生活后勤管理，其中生活后勤管理包括以下内容(　　)。
   A. 房产管理　　　　　　　B. 食堂管理
   C. 环境管理　　　　　　　D. 财务审计管理
   E. 医疗卫生管理

8. 机关后勤包括物资管理、财务管理、服务后勤管理和生活后勤管理，其中服务后勤管理包括以下内容(　　)。
   A. 房产管理　　　　　　　B. 车辆管理
   C. 水电管理　　　　　　　D. 幼儿园管理
   E. 医疗卫生管理

9. 后勤服务社会化的实现，使后勤服务的内涵发生了变化，这些变化主要在于(　　)。
   A. 资产多元化　　　　　　B. 后勤部门与行政机关分离化
   C. 经营方式多样化　　　　D. 职工收入分配市场化
   E. 市场交换方式取代供给制模式

10. 办公自动化系统的功能由以下项目构成(　　)。
    A. 文件处理功能　　　　　B. 图像处理功能
    C. 声音处理功能　　　　　D. 信息查询功能
    E. 网络通信功能

三、概念辨析题
1. 办公自动化。
2. 后勤管理。
3. 财务管理。
4. 后勤服务社会化。
5. 办公室管理。

四、简述题
1. 办公室工作的性质。
2. 办公自动化对办公室管理的要求。
3. 后勤管理对提高行政效率的意义。
4. 后勤管理的意义。
5. 办公室辅助领导决策的工作内容。

五、论述题

1. 后勤管理体制改革的必要性。
2. 后勤管理体制改革的内容。

练习题答案

一、单项选择题

1. A　2. B　3. D　4. C　5. D
6. A　7. C　8. A　9. C　10. B

二、多项选择题

1. ABDE　2. ABCDE　3. ABCDE　4. ABCDE
5. BCD　6. ABCDE　7. ABC　8. BCDE
9. ACDE　10. ABCDE

三、概念辨析题

1. 参考答案：办公自动化是应用计算机技术、通信技术、系统科学和行为科学等先进科学技术，不断使人们的部分办公业务借助于各种办公设备，并由这些办公设备与办公人员构成服务于某种目标的人机信息系统。

2. 参考答案：后勤管理是指机关内部为保证本机关工作顺利进行，对包括物资、财务、环境、生活以及各种服务项目在内的事务工作的管理。

3. 参考答案：财务管理是对行政事业经费进行领拨、使用、管理和监督的一系列活动。

4. 参考答案：后勤服务社会化是在社会主义市场经济体制下，后勤服务经营单位的企业化、经营内容的商品化、经营管理的行业化。

5. 参考答案：办公室管理是行政流程的综合性管理，具有较强的协调性、中枢性和业务性。

四、简述题

1. 参考答案：办公室除具有行政机关一般的特性，如服务、辅助、执行和管理等外，还具有以下特性：

（1）政治性。办公室工作的政治性，主要表现在三个方面：一是办公室工作的政策性强，办公室是行政机关贯彻、执行党和国家政策的重要部门；二是办公室是行政领导决策的辅助部门；三是办公室工作涉及大量文件和会议，具有极强的保密要求。

（2）综合性。办公室是政府行政流程的中枢，是行政机关的综合管理部门，承担着各行政部门的协调功能。

2. 参考答案：办公自动化的实施，对办公室管理的要求主要有三个方面：

第一，人员素质的要求。办公自动化的核心是人机关系，如仅是设备或硬件的更新、改进，而忽视人员素质的提高，办公自动化是不可能实现的；

第二，管理手段的要求。办公自动化所强调的管理手段，主要指对计算机技术和通信技术的方法、措施的采用，管理手段的缺少，办公自动化同样不可能实现；

第三，管理媒介的要求。办公自动化的实施，必然会带来管理媒介的更新，即电子媒介的应用，因此，办公自动化要求办公人员要熟悉并能有效使用各种电子媒介。

3. 参考答案：后勤管理是提高行政效率的重要条件：

（1）物资资源的配置是否合理，是各职能部门工作条件是否得到满足的前提；

（2）各项物资资源是否得到有效维护和充分利用，直接关系着行政成本的大小，以及物资投入有效性的充分与否；

（3）办公设备是否能得到及时更新或补给，影响着行政手段的提升与增强。

4. 参考答案：后勤管理是行政管理的基本构成，它对于行政管理具有以下意义：

（1）后勤工作是其他行政部门工作的基本条件。政府行政离不开财、物的供给与配置，没有后勤服务，各行政部门难以进行正常工作；

（2）后勤管理是提高行政效率的重要条件。后勤工作的效率是行政效率的构成，而且是提高各行政部门工作效率的保障；

（3）后勤管理是维护公务人员利益的需要。后勤管理与公务人员的基本生活保障、医疗卫生保障等工作相关，因此，公务人员的利益维护，离不开后勤管理工作；

（4）后勤管理改革具有重要意义。实现后勤工作社会化，是后勤管理改革的方向，它对于行政效率的提高、机关管理水平的提升都具有重要的意义。

5. 参考答案：

办公室辅助领导决策的工作内容要点有四个方面：

（1）信息准备。领导决策前，办公室应协助领导了解情况，掌握信息。办公室所提供的情况和信息是否准确、全面，将直接影响领导决策的质量；

（2）提供方案。领导决策前，办公室应提出或协同有关部门提出决策方案，供领导决策时参考或选择；

（3）承担决策事务。领导决策过程中，办公室应承担领导决策的事务性工作，及时整理领导指示和各方意见，为决策信息的持续反馈提供保障；

（4）协助决策的实施和检查。领导决策确定后，办公室应履行职责，保证决策的迅速执行，并检查决策实施的情况，及时反馈决策执行中的问题。

五、论述题

1. 参考答案：

第一，后勤管理体制改革是适应社会主义市场经济体制的要求。

社会主义市场经济体制对机关后勤管理体制改革的要求，主要表现在以下要点：

（1）后勤资源配置的市场化。

（2）经济利益的市场化。

（3）管理方式的市场化。

第二，后勤管理体制改革应符合行政体制的发展。

我国行政体制的发展要求必须进行后勤管理体制改革，其要点如下：

（1）机构精简。

（2）职能转变。

（3）高效行政。

第三，后勤管理体制改革是满足后勤发展的需要。

机关后勤服务的发展必然要求改革后勤管理体制，其要点如下：

（1）机关后勤服务的发展是后勤管理体制改革的内在动力。

（2）为行政活动提供有力保障是后勤管理体制改革的目标。

2. 参考答案：

后勤管理体制改革的内容，主要有以下三个方面：

第一，实现机关后勤服务社会化。机关后勤服务社会化的实现，既要注意其条件，更要把握其内涵的变化。机关后勤服务社会化的内涵变化，有以下要点：

（1）市场交换方式取代供给制模式。
（2）资产所有多元化。
（3）经营方式多样化。
（4）职工收入分配市场化。

第二，实现后勤行政管理职能与服务职能相分离。对此内容的论述，要说明行政管理职能与服务职能相分离的意义，也要明确行政管理职能与服务职能相分离的要求。

"相分离"意义的要点：

（1）有利于行政机关改革。
（2）有利于后勤服务单位提高活力。
（3）有利于对后勤服务实行行业性规范管理。

"相分离"要求的要点：

（1）理顺关系。
（2）循序渐进。
（3）宗旨不变。
（4）合理分流。

第三，实现后勤管理科学化。对此内容的论述，重点在于对后勤管理科学化要求的阐述。其要点如下：

（1）按客观规律办事。
（2）总结后勤管理体制改革实践，并借鉴国外后勤管理的先进经验。
（3）提高后勤管理队伍的素质。

第十六章 政府绩效管理

第一部分 知识点阐述

一、政府绩效管理概述

(一) 政府绩效管理的概念

绩效，是效率（efficiency）和效能（effectiveness）的总和，其中效率就是投入与产出的比率，效能则是将实际成果与原定的预期目标进行比较。前者适用于能够将投入和产出值量化的场合，后者则可用于那些收益无法用货币来计量的场合。具体来说，政府部门的绩效概念包含三方面内容：公共行政的成本，政府部门的产出与效益，公共行政成本与收益的比较。

(二) 政府绩效管理的功能

政府绩效管理是由收集绩效信息、确定绩效目标、划分考核指标、进行绩效考核、根据考核结果改进工作等流程构成的行为体系，它既包括对政府绩效创造过程的管理，也包括对政府绩效结果的评估；既包括对公务员个人的考核，也包括对政府组织的考核。绩效管理活动围绕这几个方面展开，是持续提高政府绩效、不断促进管理创新的动因。

(三) 政府绩效管理的意义

政府绩效管理既是一种通过持续开放的沟通形成组织目标所预期的利益和产出，并推动团队和个人达成目标的管理行为，又是一个包含了绩效计划与实施、绩效考核、绩效反馈与改进等功能活动的系统过程。从实践的角度看，政府绩效管理具有如下意义：绩效管理为公共管理新模式提供了支撑；绩效管理有利于政府部门形成竞争机制；绩效管理为公共行政提供了一种管理工具。

（四）政府绩效管理的特征

政府绩效管理的目的在于，通过奖惩机制强调政府的责任意识，以评估和奖惩为手段，促进政府效能建设，不断提高政府在经济、效率、效果和公平方面的绩效，以塑造服务民众、使民众满意的高效政府；政府绩效管理强调外部评价，对全体公民负责，这一点是由其目标的公共性所决定的；政府绩效管理具有合理、精细的指标设计，能较好地满足不同民众的多方面要求；政府绩效评估过程中要吸引广泛的公民参与。公民是政府部门绩效评估的主体之一；政府绩效管理必须加强事前、事中监督，在注重结果的同时更注重管理过程的有效性；政府绩效管理要兼顾组织绩效和个人绩效的双重要求。

二、政府绩效计划与实施

（一）政府绩效管理的价值标准

经济：经济指标关心的是"投入"，以及如何使"投入"以最经济的途径使用；效率：效率要回答的问题是"机关或组织在既定时间内的预算投入，究竟产生了什么样的结果"；效能：效能指公共服务符合政策目标的程度，通常是将实际成果与原定的预期成果进行比较；公平：公平作为衡量绩效的标准，关心的主要问题在于"接受服务的团体或个人是否都受到了公平的待遇，需要特别照顾的弱势群体是否得到更多的社会照顾"；民主：民主关心的主要问题在于"公民参与的程度有多高，政府是否接受了民众的监督，使公众意志和利益能够及时体现在行政过程中"。

（二）绩效计划

绩效计划是一个将个人目标、部门或团队目标与组织目标结合起来的目标确定过程。作为绩效管理的第一个环节，绩效计划是否合理，直接关系着后续工作能否正常开展，影响着整个绩效管理的效果。政府部门绩效计划主要围绕以下几个方面进行：确定政府部门的战略目标；将战略目标分解为具体的任务或目标，落实到各个岗位上；绩效计划中的沟通和参与。

(三) 绩效实施与过程管理

在绩效管理过程中，决定绩效管理方法有效与否的就是处于计划与考核之间的绩效实施与过程管理。绩效实施与过程管理主要包括两方面的内容，一是持续的绩效沟通，二是对员工数据、资料等绩效信息的收集与分析。

三、政府绩效考核

(一) 考核主体与考核对象

(1) 多元化考核主体。随着分权化管理、结果导向、顾客导向、工作团队、组织与雇员发展等新公共管理理念和实践活动的大量出现，以往管理中自上而下的单向反馈考核方式已转变为全方位的绩效考核方式。政府部门的绩效考核主体也同样呈现出多元化的趋势，这种考核主体多元化的趋势，要求在进行政府部门的绩效考核时，必须权衡各种"顾客"的不同需求，提供不同的绩效信息，并开发出相应的绩效考核工具。

(2) 绩效考核对象。不同类别的公务员，其职位内容、要求、特点均不相同，如在一级政府中从事秘书工作和从事财务工作的公务员考核就难以套用同一个标准。对各职能部门也要按照其提供公共服务性质的不同进行分类，设置不同的绩效考核指标。

(二) 绩效考核指标体系

(1) 业绩指标。公共服务的数量和质量；公共管理目标的实现情况；政策制定水平与实施效果；公共管理的效益；公民对公共管理和公共服务的满意程度。

(2) 效率指标。政府部门的效率是指公共管理者从事公共管理活动所取得的成果同所消耗的人力、物力、财力和时间的比例关系。公共行政的效率可以从公共产品或服务的数量、质量、时效、费用、公共行政能力的发挥水平、组织系统要素和系统整体的运行状况等方面的指标来测量。

(3) 效能指标。效能是指公共管理活动对目标团体的状态或行为改变的影响程度，如福利状况的改变程度，公共服务的顾客满意程度，政策目标的实现程度等。对政府部门的效能可以从两个方面进行考核：行为的合理化水平；政府机关效能。

（4）成本指标。公共行政成本指标的设置依据有两个方面：一是为了维持政府机构运转所产生的费用，二是为了履行其职能所产生的投入。具体包括以下内容：政府部门占用的人力、物力与财力；政府部门的支出。

（三）个体绩效考核技术

包括自我报告法、业绩评定表法、因素考核法、工作标准法、面谈考核法、个人绩效合约、行为等级评定法、360度考核法。

（四）系统绩效考核技术

（1）关键绩效指标法（KPI）。关键绩效指标是用于考核和管理被评估者绩效的可量化的标准体系。它的含义有三方面：

首先，关键绩效指标是一个标准化的体系，它必须是可量化的；

其次，关键绩效指标体现对组织战略目标有增值作用的绩效指标，基于关键绩效指标对绩效进行管理，就可以保证真正对组织有贡献的行为受到鼓励；

最后，关键绩效指标是进行绩效沟通的基石，它是连接个体绩效与组织战略目标的桥梁，通过在关键绩效指标上达成的承诺，员工与管理人员就可以就工作期望、工作表现和未来发展等方面进行沟通。

（2）平衡记分卡法（BSC）。它是具有绩效考核功能的管理系统。它的主要功能在于实现内部过程和外部产出之间的反馈循环，使组织的发展战略落实为行为，从而能够持续地改善战略绩效，实现组织目标。

作为一种系统考核方法，运用于企业中的平衡记分卡同时设置了四个关键管理层面，反映了四个方面的绩效：①财务层面：由营业收入成长与组合、成本下降、生产力提高、资产利用、投资策略等指标构成。②顾客层面：由市场占有率、顾客延续率、顾客争取率、顾客满意度及顾客获利率等五大核心指标构成。③企业内部流程层面：可以分解为创新、营运、售后服务等三大流程。企业通过界定一个完整的内部流程以发展新的解决方案，满足顾客与股东的需求。④学习与成长层面：包括企业通过增强员工潜力、信息处理能力、明确权责和目标来提升员工满意度、员工留职率及员工生产力。

四、政府绩效反馈与改进

（一）绩效反馈

绩效反馈的主要作用：使员工了解自己在本绩效周期内的业绩是否达到所定目标，行为态度是否合格，与管理者达成对考核结果一致的看法；探讨绩效未合格的原因所在并制定绩效改进计划；管理者可以在绩效反馈中向员工传递组织的期望；管理者和员工双方对下一个绩效周期的目标进行协商，形成个人绩效合约。

（二）绩效改进和导入

（1）政府部门的绩效改进过程：第一步，分析组织绩效改进要素，确定期望绩效与实际绩效，找出两者之间的差距，分析差距原因；第二步，要针对存在的问题制定合理的绩效改进方案，并确保其能够有效的实施，如个性化的培训等等；第三步，通过对绩效改进过程和产生的结果进行评估，分析绩效改进方案的实施效果。

（2）绩效导入就是进行绩效培训，为能保证绩效的持续改进，必须通过培训使管理者和员工具备相应的能力。绩效导入一方面可以增进管理者和员工对绩效管理的了解，尽可能减少绩效管理过程中的错误行为和由此造成的不良绩效；另一方面可以让管理者和员工掌握绩效管理的操作技能，例如如何设定绩效指标、如何评分、如何进行绩效沟通等，保证绩效管理的有效性。

（3）绩效改进和导入主要包括以下内容：绩效沟通；设定绩效改进目标；设定能力发展目标；绩效改进和导入方案的制订与实施。

五、我国政府绩效管理实践

（一）我国政府绩效管理的现状

（1）现状分析。目前我国政府绩效管理的应用主要分为三种类型：第一种是普适性的政府机关绩效管理；第二种是具体行业的组织绩效评估；第三种是专项绩效评估。

（2）存在的主要问题。

其一，绩效目标的制定存在问题。绩效指标偏向注重短期目标，忽视长远发展，导致政府的短期政绩得到彰显，但可持续发展能力受到削弱。绩效目标的制定缺乏广泛参与。

其二，绩效指标的设定存在问题。下级部门往往依据上级领导的偏好来设定指标，上级关注什么，绩效考核就考什么，上级不关注的职能往往不考核或考核的权重较轻。而事实上，上级领导的偏好不一定就与组织的核心职能相一致。

其三，绩效考核中存在的问题。考核程序没有规范化，容易使本应严谨的考核流于形式；考核方法多为定性，较少采取定量方法；考核结果难以兑现；我国政府部门的考核以官方为主，多是上级对下级的评估，缺乏社会公众对政府以及政府内部的自身评估；对下级部门的绩效考核不是统一进行，多头考核成了下级部门的沉重负担，甚至影响了正常工作的开展；政府绩效考核过程封闭，缺乏外界监督。

其四，绩效管理重评估，轻过程。

其五，绩效管理缺乏统一的法律、法规和相关政策作为法定依据。

（二）我国政府绩效管理问题的原因分析

政府的产出难以量化；公共行政价值取向的多元性；绩效管理项目的复杂性；绩效指标制定困难；政府部门信息收集和处理困境。

（三）我国政府绩效管理优化

建立完整的政府绩效管理体系；加强绩效管理立法工作；完善公民参与机制；建立健全合理的评估体制；完善绩效数据收集系统和建设信息公开的电子政府。

第二部分　相关知识拓展

一、政府绩效管理概述

（一）企业绩效管理对政府绩效管理的启示

企业因为所有权比较明晰、经营管理责任明确、目标清晰而且容易测量，因此，企业较早地引入了现代绩效管理。企业通过开展绩效管理有效地提高了管理效率，因而为政府通过绩效管理提高管理效率提供了启示。

（二）政府成本的测量

由于政府活动的过程和目标的特殊性，我们无法精确地测量政府成本，只能从容易观测的人员、支出等方面进行测量。这样并不能完全准确地测量其成本，只能近似地测量。

（三）绩效反馈的重要性

如果绩效考核的结果信息不能得到有效利用，将会削弱绩效考核的管理作用，会造成形式化的后果。

（四）绩效管理的参与问题

有些类型的绩效管理主要是内部主体借助绩效工具进行的，有些类型的绩效管理则主要借助外部评估主体，如公民的参与进行。前一种主要依靠绩效评估的技术理性，后一种主要考虑绩效评估的政治理性。

二、政府绩效计划与实施

（一）效率与效能

在能够精确地测量政府管理的投入和产出的情形下，一般选用效率指标，在无法精确测量政府管理产出的情形下，一般选用效能指标，即主要考核政府管理目标完成的情况。

（二）绩效计划中的参与和沟通

如果政府管理中的决策者主动吸引工作人员参与绩效目标制定，有助于提高绩效目标的可行性，激励工作人员的积极性，减少绩效管理过程中的交易成本。

（三）绩效信息的收集

在绩效信息的收集过程中，绩效考核主体和绩效考核对象之间会开展博弈，因为绩效信息涉及到双方的不同利益。绩效考核对象倾向于反应对自身有利的信息，绩效考核主体则追求客观地收集绩效信息以了解考核对象的真实工作成效。

三、政府绩效考核

（一）绩效考核主体的多元化

不同目的和不同类型的绩效考核需要实现考核主体的多元化，如对直接向公民提供公共服务的政府部门的考核就需要实现考核主体的多元化，在政府内部考核主体之外引入公民和"顾客"。相反，对财政部门的绩效考核，则主要是通过内部的审计人员进行。

（二）平衡记分卡的优势

平衡记分卡的优势在于它能够为我们提供一种对考核对象的全景式观察，它能够反映考核对象的现有和未来绩效，以及直接和间接的绩效。

四、政府绩效反馈与改进

绩效导入。绩效管理是一个新鲜事物，为了提高绩效管理的成效，帮助考核主体和考核对象认识绩效考核，有必要通过培训和学习强化相关参与者对绩效考核的认识，以提高绩效考核的效度，真实地反映绩效考核对象的努力程度。

五、我国政府绩效管理实践

（一）绩效考核的主体

当前，我国政府绩效考核的主体是各级政府和政府部门的决策者，绩效考核是决策者实现管理目标的管理工具。我国政府绩效考核在一定程度上仍然是一种计划思维的反映。

（二）绩效指标的设计

由于目前的绩效考核侧重于反映决策者的偏好、追求短期考核结果和重视运用考核结果进行奖惩，因而在绩效指标的设计上存在着一系列问题，如注重短期绩效、不注重提高绩效指标的效度、缺乏有效的参与，等等。

第三部分 练习题及答案

练习题

一、单项选择题

1. 政府绩效管理实践直接受到的启发来自( )。
   A. 学校绩效管理 B. 社团绩效管理
   C. 军队绩效管理 D. 企业绩效管理
2. 绩效是效率和( )的总和。
   A. 数量   B. 效能   C. 成本   D. 时间
3. 公共行政的效益可以分成不同的类型,根据时间跨度,可以将其分为近期效益、中期效益和( )。
   A. 宏观效益 B. 微观效益 C. 远期效益 D. 间接效益
4. 依据考核主体的特性,可以将绩效考核对象划分为组织和( )。
   A. 个体   B. 集体   C. 公民   D. 领导
5. 就绩效考核而言,新公共管理的突出特点是强调顾客和( )导向。
   A. 结果   B. 过程   C. 投入   D. 分权
6. 绩效管理强调对外部主体负责,具体是指对( )负责。
   A. 领导   B. 公民   C. 民主党派 D. 权力机关
7. 绩效沟通的方式分为正式与( )两种形式。
   A. 纵向   B. 横向   C. 双向   D. 非正式
8. 在绩效考核中,绩效信息管理包括绩效信息的收集和( )。
   A. 检查   B. 分析   C. 检验   D. 报告
9. 绩效管理的循环是从( )开始的。
   A. 绩效计划 B. 绩效报告 C. 绩效测量 D. 绩效分析
10. 对于绩效评估而言,最大的困难在于政府的产出( )。
    A. 无形   B. 难以量化 C. 直接   D. 间接

二、多项选择题

1. 政府部门的绩效概念包含( )。

A. 公共行政的成本 B. 人员的工作效率
C. 政府部门的产出与效益 D. 领导的素质
E. 公共行政成本与收益的比较
2. 绩效管理的功能是( )。
A. 绩效计划与实施 B. 绩效考核
C. 绩效反馈与改进 D. 绩效分析
E. 人员奖惩
3. 政府部门绩效管理的意义是( )。
A. 为新公共管理模式提供了支撑
B. 有利于政府部门形成竞争机制
C. 为新公共管理提供了管理工具
D. 为人员奖惩提供了依据
E. 有利于转变工作人员的观念
4. 政府绩效管理的主要价值目标是( )。
A. 经济 B. 效率 C. 效能 D. 公平 E. 民主
5. 政府部门的绩效指标分为( )。
A. 业绩 B. 效率 C. 效能 D. 成本 E. 民主
6. 公共行政的成本指标包括( )。
A. 政府部门占用的人力、物力与财力
B. 政府部门的支出
C. 时间
D. 办公费用
E. 接待费用
7. 360度考核法的考核主体包括( )。
A. 内部顾客 B. 外部顾客
C. 上级 D. 下级
E. 同事
8. 系统绩效考核技术包括( )。
A. 关键绩效指标法 B. 平衡记分卡法
C. 顾客满意度法 D. 360度法
E. 自我评价法
9. 绩效改进和导入主要包括( )。
A. 绩效沟通

B. 设定绩效改进目标
  C. 设定能力发展指标
  D. 绩效改进和导入方案的制订与实施
  E. 绩效分析
10. 当前我国政府绩效评估存在的问题集中在(　　)。
  A. 绩效目标的制定存在问题
  B. 绩效指标的设定存在问题
  C. 绩效考核中存在的问题
  D. 绩效管理重评估，轻过程
  E. 绩效管理缺乏统一的法律、法规和相关政策作为法定依据

三、概念辨析题
1. 效率与效能。
2. 产出与效益。
3. "用脚投票"与选举。
4. 组织绩效与个人绩效。
5. 考核主体与考核对象。

四、简述题
1. 简述企业绩效管理对政府的启示。
2. 简述绩效评估中的效益的类型。
3. 简述绩效考核为政府部门带来的竞争机制。
4. 简述效率的类型。
5. 简述绩效考核中业绩指标的内容。

五、论述题
1. 试述政府绩效管理的价值及其内涵。
2. 试述平衡记分卡方法的主要内容。

练习题答案

一、单项选择题
1. D 2. B 3. C 4. A 5. A
6. B 7. D 8. B 9. A 10. B

二、多项选择题

1. ACE 2. ABC 3. ABC 4. ABCDE 5. ABCD
6. AB 7. ABCDE 8. AB 9. ABCD 10. ABCDE

三、概念辨析题

1. 参考答案：在能够精确地测量政府管理的投入和产出的情形下，一般选用效率指标，在无法精确测量政府管理产出的情形下，一般选用效能指标，即主要考核政府管理目标完成的情况。

2. 参考答案：产出指可以观测的结果，效益指向对于目标的效果，侧重于比较投入和对目标的实现程度。

3. 参考答案：前者指居民因不满意属地政府部门的服务而离开某地方政府的辖区，后者指居民通过选票表达对政府的态度。

4. 参考答案：前者指一个组织的绩效，后者指组织成员的个人绩效，两者是辩证统一关系；测量前者相对容易。

5. 参考答案：前者指政府绩效考核的实施主体，掌握着绩效考核的过程；后者指绩效考核的被动者，被考核者。

四、简述题

1. 参考答案：政府绩效管理实践直接受到企业绩效管理的启发。企业的绩效管理是依据主管与员工之间达成的协议来实施的一个动态的沟通过程，它通常被定义为系统地对一个组织或员工所具有的价值进行评价，并给予奖惩，以促进系统自身价值的实现。如何使员工在现任岗位上发挥专长，并使其对职业生涯发展有正面的期望，是设计现代绩效考核制度的最高指导原则。

2. 参考答案：公共行政的效益可以分成不同的类型：根据时间跨度，可以将其分为近期效益、中期效益和远期效益；根据内容和范围，可以分为经济效益、政治效益和社会效益；根据效益的方向，可以分为正面效益和负面效益；根据人们的认识程度，可以将公共行政效益分为显性效益和隐性效益。

3. 参考答案：绩效管理有利于政府部门形成竞争机制，主要表现在两个方面：一是通过测评各个政府部门的绩效并公布有关结果，引导公民在公共服务机构的选择上"用脚投票"，从而对政府部门形成压力，促使其提高服务质量和效率；二是在政府部门内部，绩效考核和在此基础上的绩效改进有助于营造竞争氛围，形成诱因机制，将绩效与奖惩相联系，以激发人的工作热情和动力。通过绩效评估，政府组织的激励约束机制有了依据，建立在绩效评估基础上的奖惩，强化了政府组织的激励约束机制。

4．参考答案：效率可以分为两种类型：生产效率，指生产或提供服务的平均成本；配置效率，指组织所提供的产品或服务是否能够满足不同偏好。也就是说，在政府部门所提供的种种项目中，如国防、社会福利、教育、健康等，其预算配置比例是否符合民众的偏好顺序，资源的配置能否实现最大多数人的最大利益。

5．参考答案：公共服务的数量和质量；公共管理目标的实现情况；政策制定水平与实施效果；公共管理的效益；公民对公共管理和公共服务的满意程度。

五、论述题

1．参考答案：

（1）经济指标关心的是"投入"，以及如何使"投入"以最经济的途径使用。也就是说，经济指标要求的是以尽可能低的投入或成本，提供与维持既定数量和质量的公共产品或服务。

（2）效率要回答的问题是"机关或组织在既定时间内的预算投入，究竟产生了什么样的结果"。

（3）效能关心的问题是"情况是否得到改善"。因此，效能指公共服务符合政策目标的程度，通常是将实际成果与原定的预期成果进行比较。

（4）公平作为衡量绩效的标准，关心的主要问题在于"接受服务的团体或个人是否都受到了公平的待遇，需要特别照顾的弱势群体是否得到更多的社会照顾"。但公平的价值标准在市场机制中难以界定，在现实中也比较难以测量。

（5）民主作为衡量绩效的标准，关心的主要问题在于"公民参与的程度有多高，政府是否接受了民众的监督，使公众意志和利益能够及时体现在行政过程中"。

2．参考答案：

它是具有绩效考核功能的管理系统，它的主要功能在于实现内部过程和外部产出之间的反馈循环，使组织的发展战略落实为行为，从而能够持续地改善战略绩效，实现组织目标。作为一种系统考核方法，运用于企业中的平衡记分卡同时设置了四个关键管理层面，反映了四个方面的绩效：

（1）财务层面：由营业收入成长与组合、成本下降、生产力提高、资产利用、投资策略等指标构成。

（2）顾客层面：由市场占有率、顾客延续率、顾客争取率、顾客满意度及顾客获利率等五大核心指标构成。

（3）企业内部流程层面：可以分解为创新、营运、售后服务等三大流程。企业通过界定一个完整的内部流程以发展新的解决方案，满足顾客与股东的需求。

（4）学习与成长层面：包括企业通过增强员工潜力、信息处理能力、明确权责和目标来提升员工满意度、员工留职率及员工生产力。平衡记分卡也强调绩效管理与组织战略目标之间的紧密关系，并提出了一套具体的指标框架体系，具有很强的操作指导意义。

第四部分 案例分析

【案例一】 珠海市"万人评议政府"

一、背景

在我国，地方政府领导人的更换往往意味着推行某件事项的机遇。1998年，重视经济发展的新一任市委书记的上任为珠海市"万人评议政府"提供了机遇。珠海市"万人评议政府"是珠海市政府机关作风建设的组成部分，当年珠海市开展机关作风建设的导火索是"黎锦淇办证难"、"吴裕卿种果难"两个反面典型事例的曝光。

前者是个体医生黎锦淇因为搬迁行医地址，十年办证未果一事。这一典型直接切中了老百姓办事难的要害，暴露了在体制转变过程中文件打架、部门扯皮、相互推诿、官僚作风严重的问题。珠海传媒首次点名道姓直截了当进行曝光，社会反响之大，犹如一石激起千层浪。后者是台商吴裕卿满怀信心到珠海投资建果园，树苗种下不久，即被有关部门拔了个精光，观光果园变成了"伤心果园"。

二、内容

为进一步改进珠海市的机关作风，提高行政效率，优化投资软环境，致力于建设服务型政府，更好地推动经济社会的持续、协调、健康、快速发展，从1999年开始，珠海市每年都开展机关作风建设专项活动。珠海的领导人和组织者认为，政府服务水平如何，机关作风建设成效如何，企业和人民群众最有发言权。为此，市机关作风办每年向社会发放一万份左右考评表，对珠海市机关、事业单位和中央、广东省驻珠海市的机关进行年终考评（俗称"万人评议政府"），重点突出群众和企业、行业评议，并与领导、机关干部、基层干部评议和市政府投诉中心扣分机制有机结合起来。通过"万人评议政府"活动，促进各项工作措施的落实，推动机关作风的进一步好转。

三、分析

（1）外部主体参与的地方政府绩效评估模式。很显然，这种模式的绩效评估不是通过设计指标体系和计算指标的权重进行的，而是通过引入公民和企业进行的，它的特点是注重政府部门的服务对象的满意度。通过公民和企业的评价促使政府部门转变机关作风，改进服务质量和态度。

（2）为什么吸收企业作为评议主体？因为珠海非常重视发展经济，这就需要招商引资，为企业提供良好的发展环境。因此，企业经常和政府打交道，需要将企业纳入评议主体以促使政府部门提高工作效率。

四、结论

（1）不同模式的绩效评估的评估对象和主体不同，因为评估目的不同。

（2）政府绩效评估主要是实现组织者目标的管理工具。

【案例二】 广东揭阳的绩效合同

一、背景

广东揭阳市是一个经济发展相当落后的粤东地级市。为了加快揭阳市的发展速度，向每个县级党委、政府、市直部门分解任务，揭阳市实施了绩效合同的考核办法。

二、内容

（1）共同制定绩效指标。考核机关和考核对象一起制定考核对象需要实现的指标。

（2）明确列举考核对象需要实现的指标，并用数字加以明确，实现量化。

（3）明确奖惩办法，实现权责一致。

（4）绩效考核内容包括领导班子和干部队伍建设、党风廉政建设；对于职能部门，如环保部门则包括污染防治、环境建设等方面的内容。基本上做到了围绕各自的工作任务制定绩效指标。

三、分析

（1）这种模式的政府绩效评估体现了双向交往的方式，不再仅仅只有上级考核下级，而是下级也可以参与考核的过程。

（2）这种模式的政府绩效评估保证了上级目标的实现，也照顾到下级的实际情况和利益。

（3）这种模式的政府绩效评估考虑到从上至下考核的信息失真问题，因而吸收下级以及熟悉考核对象业务的人士参加。

四、结论

（1）地方政府的决策者是绩效评估的主导者，他们需要通过绩效评估实现自身的决策目标。

（2）地方政府绩效评估是一个博弈的过程，主要的博弈中介是绩效信息。

第十七章 行政改革与发展

第一部分 知识点阐述

一、行政改革概述

(一) 行政改革的基本含义

行政改革的含义有狭义、广义之分。狭义的行政改革仅指政府机构改革;广义的行政改革是指国家行政机关为适应内外环境的变化,对行政管理的诸方面因素进行的调整和变革。它包括行政责权的划分、行政职能、行政组织、人事制度、领导制度、行政方式和行政运行机制等方面的改革。本章从广义行政改革的角度进行研究,将行政改革看成行政主体适应社会政治、经济、文化环境的变迁而进行的自我调整、变革的过程。

就改革的基本类型来看,行政改革有"调适型"改革、"转轨型"改革和"发展型"改革三种类型。就改革的基本方式看,有"突变式"和"渐进式"两种。

(二) 行政改革的必然性

(1) 行政改革是适应时代发展和应对全球化挑战的必然要求。
(2) 行政改革是推动上层建筑适应经济基础变化发展的迫切需要。
(3) 行政改革是适应当代科技发展、实现行政管理科学化和现代化的需要。

二、当代西方国家行政改革的趋势和特点

(一) 当代西方国家行政改革的基本趋势

(1) 优化政府职能。当代西方各国行政改革的一个基本趋势,就是分散、转移政府的专业管理职能,普遍采取如下改革措施:①国有企业私营化,将部分国有企业或资产卖给私人经营。②公共服务市场化,将公共服务事务或部分政府职能委托给民间团体或私人管理。③政府业务合同化,把政府主管的部分业务工作推向市场,由政府与企业签订合同,以保证其业务目标的实现。

西方各国政府在缩小其管理范围的同时,也十分注意加强政府的宏观调控和综合协调功能。

(2) 重组政府机构。传统的科层组织制度是以政府垄断为基础,以严密的分工、明确的权责制度、健全的层级节制体系和规章制度为特征的。随着社会的发展和国家干预的加强,科层组织制度产生了机构庞大、效率低下和行为形式化等弊端。因此,改革传统的科层组织制度,建立精干、合理、高效的政府机构成了当今各国政府改革的重要目标。

(3) 改革公务员制度。英国 1968 年的《富尔顿报告》反映了西方各国公务员制度改革的基本趋势。《富尔顿报告》对其他各国公务员制度的改革产生了深远的影响。在西方各国的公务员制度改革中,还普遍采取了紧缩编制、精简冗员的做法。在这方面采取的改革措施是:精简人员,加强公务员定员管理;放松规制,实行柔性化管理。

(4) 改革社会福利制度,完善社会政策。

(5) 促进第三部门发展,培育社会治理的多元主体。

(6) 重视公共危机管理,建立有预见性的政府。主要的改革措施有:①构建首长负责制的应急中枢指挥系统。②制定完备的法律法规和应急预案及计划安排。③重视新闻媒体的积极介入。

(7) 精简程序,改进管理方式。西方各国政府在简化行政程序方面普遍采取以下做法:①缩小审批事项的管理范围;②下放审批权限;③废除失效的、过时的条例;④合并重复的审批程序和审批制度;⑤简化申报程序和审批手续等。

同时,当代西方各国政府管理方式方法改革的另一个基本趋势,是注意将私人企业成功管理办法引进政府管理。

（8）调整中央与地方关系。调整中央与地方关系，扩大地方政府权力，是当代行政改革的趋势之一。中央与地方关系是当代行政改革的重要内容之一。20世纪70年代以来，这方面的改革呈分权和集权两种趋势，但以地方分权为主流。需要特别指出的是，在当代西方各国的分权与放权的改革中，各国政府都坚持财权集中、事权分散的原则，既保证国家整体利益得以维护，又充分调动地方政府的积极性。同时，都在不同程度上强化了中央政府对地方政府的严格有效的监督，加强中央的宏观调控。

(二) 当代西方国家行政改革的主要特点

（1）坚持有计划、渐进式的行政改革，使行政改革稳步发展。
（2）坚持依法改革，重视配套立法。
（3）注重政府管理内涵的改革，追求政府管理的效益。
（4）组建精干、高效的改革工作班子，重视发挥参谋咨询机构的作用。
（5）强化监督，形成立体的政府绩效评估机制。

三、当代中国行政改革的进程、经验及展望

(一) 当代中国行政改革的进程

新中国成立以来，为适应政治、经济形势的发展变化，我国先后进行了10次大的以机构改革为主要内容的行政改革，其中改革开放以来已进行了7次。

(二) 中国行政改革的经验及展望

（1）中国行政改革的经验。①立足中国国情，坚持因地制宜、区别对待；②坚持以发展经济为中心，与经济体制改革相配套；③树立和落实科学发展观，正确处理改革、发展和稳定的辩证关系；④广泛吸收和借鉴国外发达国家的行政改革经验及我国传统的行政精华；⑤坚持分步实施、逐步到位的渐进改革方式。

（2）中国行政改革的展望。党的十八大报告对中国行政改革的目标要求是：按照建立中国特色社会主义行政体制目标，建设职能科学、结构优化、廉洁高效、人民满意的服务型政府。按照这一目标要求，今后一段

时期中国行政改革的重要任务是：①继续简政放权，加快政府职能转变；②稳步推进大部门制改革，健全部门职责体系；③优化行政层级和行政区划设置；④创新行政管理方式，提高政府公信力和执行力。

第二部分　相关知识拓展

20世纪70年代末、80年代初，受到全球化、信息化、国际竞争环境的压力以及国内的财政压力和提高效率的要求，各国政府相继发起了政府改革的浪潮。西方各国改革的基本取向是以采用工商管理理论、方法及技术，引入市场竞争机制，强调顾客导向以及提高服务质量为特征的"管理主义"或"新公共管理"，它通常被人们描述为一场追求"3E"的运动。

综观西方国家的行政改革，大致有三种改革模式。

第一种改革模式是以英国政府改革和美国政府改革为主要特征，这些盎格鲁—撒克逊的国家大多发起了对韦伯"官僚制"的质疑，展开了一场从传统公共行政向"新公共管理"转变的改革，使公共管理方式发生了巨大的改变。

第二种改革模式以法国、德国、荷兰、瑞典为典型，这些国家的改革是一种渐进的、长期的现代化过程，行政改革不打乱各行政机构的运作而只是使他们服从更严格的管理监控。

第三种改革模式以意大利、西班牙、希腊的改革为典型，这些国家的改革以行政合法化和制度化为主要内容。

但是不管是哪种改革模式，都贯穿着传统公共行政与"新公共管理"基本取向的比较与选择。传统公共行政随着经济体制、社会环境的发展而暴露弊端，传统的公共行政强调控制与监控，抑制了公职人员的创新；公共企业的垄断更是忽视了公共服务的多样性所带来的优点；公务员制度的永业制，更是淡化了公职人员的公共责任，因而传统官僚制度已经不适应当今经济社会的发展。

西方国家所进行的新公共管理运动，改革内容大多集中在结构、管理（政府管理和公共管理）、决策（政策制定）和公共利益（低成本和可选择性）等方面。盖·彼得斯以组织结构、公共管理技术、公共政策制定和公共利益为维度，总结了四种政府改革模式，分别是市场模式、参与模式、灵活政府模式和非管制型政府。美国的帕特里夏·英格拉姆总结了当今改革的主要内容，包括预算和财政改革、结构改革、程序或技术改革、相互关系改革，每一类的改革都涉及到行政组织的内部运转及其与外界的联系。

我国学者周志忍把西方行政改革的内容总结为三个方面：

第一，社会、市场管理与政府职能的优化（包括非国有化、自由化、压缩式管理）；

第二，社会力量的利用和公共服务的社会化（包括合同外包、以私补公、公私伙伴关系等）；

第三，政府部门内部的管理体制改革（包括政府信息化、分权改革、内部结构改革、人事改革、管理方法改革等）。

以上学者的总结大概说明了当今西方政府改革的主要内容，行政改革是对政府与社会、市场关系的重新定位，同时也是对行政机构自身的优化改革。因此，改革的内容涉及到社会、市场、政府边界的调整，也涉及到行政组织职能的转变、组织结构的重组、工作流程的再造和管理方式的更新。

在多种多样的政府改革中，政治与行政的关系经历了重新定位。在行政管理实践中，政治与行政的关系具体体现为政治家与文官的关系，在行政学研究中对两者的关系争论极多，迄今仍是传统公共行政与新公共管理相交织和更替的改革中的一个热点。

从改革的趋势看，政治与行政经历了从分到合的过程。特别是对行政效率的重视，必然要求赋予行政人员自由裁量权，强化文官决策、政策功能。所谓的政治和行政二分法正在转变为两者的交互关系，而专注于公共行政的政治方面的"治道"研究正在兴起。

第三部分　练习题及答案

练习题

一、单项选择题

1. 《改革政府：企业精神如何改革着公营部门》一书的作者是(　　)。
   A. 戴维·伊斯顿　　　　　B. 文森特·奥斯特罗姆

C. 赫伯特·西蒙　　　　D. 戴维·奥斯本和特德·盖布勒
2. 1991年开展"市民宪章"运动的国家是(　　)。
   A. 美国　　　　　　　B. 英国
   C. 法国　　　　　　　D. 日本
3. 1993年，由政府的运行评议委员会（也称全国绩效评审委员会，即NPR）提出"重塑政府"改革方案的国家是(　　)。
   A. 日本　　B. 英国　　C. 法国　　D. 美国
4. 西方（新）公共管理运动引入的市场化方法包括委托—代理、伙伴协作、绩效评定和(　　)。
   A. 价值分析　　　　　B. 网络技术
   C. 线性技术　　　　　D. 合同承包
5. 我国"大部制"改革开始于(　　)。
   A. 1998年　　　　　　B. 2004年
   C. 2008年　　　　　　D. 2010年
6. 当代西方国家政府改革所追求的"三E"标准是经济、效率和(　　)。
   A. 公平　　B. 回应　　C. 责任　　D. 效益
7. 将城市地铁交由民营公司经营属于当代政府治理新工具中的(　　)。
   A. 市场化工具　　　　B. 工商管理技术
   C. 社会化手段　　　　D. 目标管理工具
8. 美国的《洁净空气法》规定，允许公司出售经政府许可但未用完的二氧化硫排放量给其他公司，这种做法称为(　　)。
   A. 产权交易　　　　　B. 用者付费
   C. 内部市场　　　　　D. 放松管制
9. 政府治理的社会化手段包括(　　)。
   A. 顾客服务　　　　　B. 民营化
   C. 志愿者服务　　　　D. 流程再造
10. 从组织变革的内容来看，推行政务信息化、实行电子政务的措施属于组织变革类型的(　　)。
    A. 产品和服务变革　　B. 能力变革
    C. 技术变革　　　　　D. 人力资源变革

二、多项选择题

1. 当代行政改革的基本类型有（　　）。
   A. 调适型　　　　　　　　B. 转轨型
   C. 发展型　　　　　　　　D. 突变式
   E. 渐进式

2. 深化行政体制改革应该处理好如下几个关系（　　）。
   A. 行政机构改革与其他配套改革的关系
   B. 价值层面改革和工具理性的关系
   C. 中央和地方政府改革的关系
   D. 自上而下改革和自下而上改革的关系
   E. 国内关系与国际关系

3. 西方国家优化政府职能所采取的主要措施有（　　）。
   A. 民营企业国有化　　　　B 国有企业私有化
   C. 公共服务市场化　　　　D. 政府业务合同化
   E. 政府管理微观化

4. 现代行政管理精神主要包括（　　）。
   A. 主权在民思想　　　　　B. 思想控制思想
   C. 效率思想　　　　　　　D. 法制思想
   E. 专制思想

5. 党的十七大报告提出政府改革的重点是（　　）。
   A. 健全政府职责体系　　　B. 完善公共服务体系
   C. 推行电子政务　　　　　D. 强化社会管理
   E. 加强公共服务

6. 欧文.E.休斯认为公共部门变革是受到一些紧迫问题的影响，这些紧迫问题是（　　）。
   A. 对公共部门的抨击　　　B. 经济理论的变革
   C. 私营部门的变革　　　　D. 技术变革
   E. 传统行政模式的弊端

7. 以下理论中对行政改革产生重要影响的是（　　）。
   A. 公共选择理论　　　　　B. 委托/代理人理论
   C. 交易成本理论　　　　　D. 价格理论
   E. 剩余价值理论

8. 深化行政体制改革的目标是(　　)。
   A. 建立全能政府　　　　　B. 建设责任政府
   C. 建设效能政府　　　　　D. 建设法治政府
   E. 建立服务型政府
9. 行政改革的内容包括(　　)。
   A. 行政责权的划分　　　　B. 行政职能转变
   C. 人事制度、领导制度改革　D. 行政方式改革
   E. 行政运行机制改革
10. 西方政府改革中，公务员改革的主要内容有(　　)。
    A. 精简人员，加强公务员定员管理
    B. 放松规制，实行柔性化管理
    C. 公共管理者的非职业化
    D. 绩效评估制度
    E. 灵活的付酬制度

三、概念辨析题
   1. 全能政府与有限政府。
   2. 服务型政府与管制型政府。
   3. "调适型"改革与"转轨型"改革。
   4. "突变式"改革与"渐进式"改革。

四、简述题
   1. 简述行政改革的概念及主要类型。
   2. 简述建立服务型政府的内容。
   3. 简述政府改革中民营化的概念及主要方法。
   4. 简述当代行政改革的主导理论。
   5. 简述我国行政改革的难点。

五、论述题
   1. 试论当代西方国家的行政改革。
   2. 结合中国实际论述行政改革的必然性及改革的目标要求。

练习题答案

一、单项选择题

1. D 2. B 3. D 4. D 5. A
6. D 7. A 8. A 9. C 10. C

二、多项选择题

1. ABC 2. ABCD 3. BCD 4. ACD 5. ABCDE
6. ABCD 7. ABC 8. BCDE 9. ABCDE 10. ABCDE

三、概念辨析题

1. 参考答案：全能政府是对我国政府在计划经济时代的一种形象描述，全能型政府垄断了社会的一切资源，掌握了支配这些资源的全部权力，政府可以说是无所不在、无所不管，结果是政府机构臃肿，效率低下，官僚主义严重，甚至滥用职权等等。

有限政府就是指政府在权力、职能和规模上受到法律的明文限制，能公开接受社会的监督和制约；政府权力和规模在超出法定的界限时能够得到及时有效的纠正。我国当前的政府职能主要是经济调节、市场监督、社会管理、公共服务。

2. 参考答案：管制型政府是计划经济的一种管理模式。管制型政府以官僚为导向、政府垄断、控制为特征，政府以管理和统治者的身份对公民进行管理和制约。

服务型政府与管制型政府相对而言，服务型政府以公众为导向、公民参与、服务为目的。管制型政府本质上以政府本位、官本位体制，服务型政府是社会本位、民本位体制。

3. 参考答案："调适型"改革与"转轨型"改革是当代各国行政改革的两种基本类型。其中，"调适型"改革指发达国家在原有政治、经济框架范围内的适应性改革。"转轨型"改革则指原实行计划经济体制的国家向市场经济体制转变中的行政变革。

4. 参考答案："突变式"改革指在较短期内，对行政体制进行大幅度调整和变革，能迅速改革、改变旧体制，但阻力和风险较大。

"渐进式"改革则指用较长时间对行政体制各方面进行逐步阶段性的调整和变革，较为稳妥，进程相对缓慢。

四、简述题

1. 参考答案：行政改革是指国家行政机关为适应内外环境的变化，对行政管理的诸方面因素进行的调整和变革。它包括行政责权的划分、行政职能、行政组织、人事制度、领导制度、行政方式和行政运行机制等方面的改革。行政改革是行政主体适应社会政治、经济、文化环境的变迁而进行的自我调整、变革过程。就改革的基本类型看，行政改革有"调适型"、"转轨型"和"发展型"改革三种。

2. 参考答案：

（1）强化社会管理和公共服务职能。建设服务型政府是以民为本、执政为民宗旨的职能化、制度化。

（2）树立以人为本的理念，培育公务员服务意识。

（3）深化行政审批制度改革。

3. 参考答案：民营化可以界定为更多依靠民间机构，更少依靠政府来满足公众的需求。民营化的主要方式有三种：

（1）委托授权，它要求政府持续的、积极的介入，国家依然承担部分责任，只不过把实际生产活动委托给民营部门。委托授权主要通过合同承包、特许经营、补贴等形式。

（2）政府撤资，意味着政府放弃某一企业、某一职能或某一资产。通常采用出售、赠予、清算等形式。

（3）政府淡出，即政府被民营部门取代。通常采用撤出、放松规制的形式。

4. 参考答案：当代行政改革的主导理论是新公共管理理论和公共选择理论。分析西方国家的行政改革，其基本取向是采用工商管理理论、方法及技术，引入市场竞争机制，强调顾客导向以及提高服务质量，这些改革措施是"管理主义"或"新公共管理"的核心内容。因此，新公共管理理论是行政改革的重要理论。另一理论是公共选择理论，因为与传统的行政学不同，公共选择关注的中心是政府与社会的关系，并为公共服务的多元供给提供了理论支持。

5. 参考答案：

（1）受到传统观念和部门利益问题的影响。

（2）政府职能转变、政企分开是改革的难点。

（3）改革的配套、平衡问题。行政改革是一项巨大复杂的系统工程，它本身包含着政府职能的转变、机构的精简以及人事制度、工资制度、社会保障制度管理方式和方法等方面的配套改革，外部又受到政治、经济、文化环境的影响和制约，必须与政治、经济、文化环境保持动态的平衡。

（4）人员分流问题。精兵简政、人员分流是历次改革的难点，也是以往改革成效不大、成果难以巩固的重要原因。

（5）行政法制建设问题。

五、论述题

1. 参考答案：

（1）当代西方国家行政改革的背景。①政府本身面临的财政危机、管理危机和信任危机。②冷战结束与经济全球化时代对政府管理提出了新要求。③国内环境产生了诸多变化。④公共选择理论、新公共管理理论等成为当代西方国家行政改革的指导理论。

（2）当代西方国家行政改革的内容和趋势。①优化政府职能。②重组政府机构。③改革公务员制度。④改革社会福利制度。⑤培育社会治理的多元主体。⑥重视公共危机管理。⑦改进管理方式。⑧调整中央与地方关系。

（3）当代西方国家行政改革对中国的借鉴意义。

2. 参考答案：

（1）行政改革的必然性。①行政改革是适应时代发展和应对全球化挑战的必然要求。②行政改革是推动上层建筑适应经济基础变化发展的迫切需要。③行政改革是适应当代科技发展、实现行政管理科学化和现代化的需要。

（2）中国行政改革的目标要求。党的十八大报告对中国行政改革的目标要求是：按照建立中国特色社会主义行政体制目标，建设职能科学、结构优化、廉洁高效、人民满意的服务型政府。具体任务是：①继续简政放权，加快政府职能转变；②稳步推进大部门制改革，健全部门职责体系；③优化行政层级和行政区划设置；④创新行政管理方式，提高政府公信力和执行力。

（请紧密结合中国实际情况对上述答案要点展开论述）

第四部分 案例分析

【案例】 顺德大部制改革①

一、背景

2007年党的十七大报告中明确提出大部制改革问题。2008年全国"两会"后，国务院机构改革率先启动，全国各省、区、市随后纷纷拿出机构改革方案，提速对接大部制。2009年以来，广东启动省市县政府机构改革，以探索大部门体制为主攻点，进一步转变政府职能，理顺政府机构之间的职责关系，并将深圳市、佛山市顺德区、广州市和珠海市作为行政管理体制创新的试点。其中，顺德以改革力度最大、模式最新、局面最复杂而备受关注。

二、内容

2009年8月24日下午3点，顺德区行政大楼会议中心。"大部制"总动员在这里举行，当着广东省、佛山市领导和相关部门负责人的面，区委书记刘海代表百万市民"领任务"："在中国经过30年的改革开放再踏新征程的时候，顺德被赋予重任，继续为全省深化县级行政管理体制改革、推进科学发展充当试验田。"带着这样的期望，顺德人再一次站上了"破冰船头"。2009年9月14日，《佛山市顺德区党政机构改革方案》获得中共广东省委、省政府批复，"大部制"正式上马。根据方案，全区原有41个党政机构，按照发展规划、城乡建设、社会管理、经济建设、市场监管、群团工作、政务监察等职能"合并同类项"，职能重叠、相近的党政部门合署办公，最终精简为16个。3天后新鲜出炉的16位部门负责人集体亮相。顺德，这个以民营经济著称的城市，将党委、政府的41个部门一次性合并为16个部门，改革力度之大令人咋舌。

---

① 本案例根据《广东顺德大部制半年观察：官员称实现软着陆》（人民网：2010年4月5日）改写。

(一)"党政联动"是顺德这次改革的最大亮点之一

顺德的改革表面上看是机构的合并,但实质上却是党政组织结构的深刻变革。所谓"党政联动",是将机构职能分为政务管理、经济调节与市场监管、社会管理与公共服务三大类型,对原有党政机构中职责相同、相近、相关的部门进行合并和有机整合,如新设置的社会工作部,就将群众、统战和宗教等工作合并在一起。理论上看,减少了重复行政,缩短了管理链条,的确可以解决部门重叠问题。但党委负责人直接担任政府一把手,有人批评这是"以党代政、党政不分"。正因为触动了党、政联动这根弦,顺德的做法被称为"中国最大胆的大部制改革"。

在中国行政管理体制中,党委和政府在一些管理职能上的重叠现象比较普遍。如何将这些叠加职能整合,顺德多年来一直在进行探索。这次改革中,党政合署办公也得到了很好的推广。5个党委工作部门,都有一个职能相同的政府机构与其合署办公,做到党政两块牌子,一套人马。这次改革增加了宣传部与文体旅游局、司法局与政法委、社会工作部与民政宗教和外事侨务局的合署办公。改革后的党委工作部门中,区委社会工作部是一个亮点,也是顺德的首创。顺德这次跨党政进行职能整合,将区委统战部、区外事侨务局、民族宗教事务局、工商联、残联相关的职责、农业局管理农村集体经济组织的职责、区民政局双拥优抚基层政权建设、民间组织管理的职责,整合划入区委社会工作部。

(二)"化学反应"显现:8个"大檐儿帽"合成1个

在顺德区市场安全监管局办证大厅,来此办理证照年审的超市老板龙十全感慨:"你看,现在企业和群众办事再也不用多次往返,都在这里'一次过'。这叫'一个平台运作,一个窗口办事,一支队伍办案,一条热线受理'。"

走进办证大厅,"卫生许可证"、"安全生产许可证"、"营业执照"、"组织机构代码证"等各窗口从左到右一字排开,原工商、质监、安监三局和卫生、食药、农业等相关部门承担的职责,全在此一站搞定。

这只是顺德改革的一个缩影。"不管机构如何改变,局长谁来当,改革都以促进、扩大群众福祉为目的",区长梁维东这样勉励16位大部门新任"一把手"。

改革半年以来,顺德以"得到百姓的叫好声"为目的,"化学反应"

正在显现。集合社会保障、救济、福利等职能的人力资源和社会保障局成立后，契税减免审批时间从半个月缩短到1天；整合了统战、侨务、民族宗教、民政，以及工青妇、残联、工商业联合会等群团组织的区委社会工作部，能够为不同的社会群体提供个性化的帮扶服务。

"以前，一头猪就有经贸、卫生、农业、工商、食品监督等多个'婆婆'管，大家都管，又都管不好。"赵万雄说，"如今，我们将辖区划分为40个责任区域，实行网络化监管，每个责任区配置三四名工商、安监、质监、卫生等监管人员，对证照、安全生产、卫生、质量进行'套餐式'检查。市场安全监管局内部开个早餐会，就可以调动各环节力量采取行动。"他形象地说，8个"大檐儿帽"合成1个"大檐儿帽"，局之间的协调变成了局内部的统一行动，企业方便，群众满意。

16个大部门的首长，相当部分由区委常委、副区长直接兼任，其余的"晋升"为新设的区"政务委员"，统一参加区联席会议。这一创举，使实行"大部制"后的顺德运行机制和决策管理更加科学。

（三）"减震保稳"化解压力：3个和尚都能有水喝

好就好在"大部制"，难也难在"大部制"。"这次改革力度大、涉及面广、牵涉的利益也比较多，如果不能迅速、果断地予以推进，整个改革就有可能出现胶着状态"。区政府副秘书长马洪胜道出了改革给顺德带来的巨大压力。

41个党政机构合并成16个，很多"一把手"不得不降格，更多官员晋升之路受阻。改革改到官员自身，利益调整的复杂性和由此带来的切身之痛，是外人难以体会的。参与顺德改革方案制订的广东省编办干部刘光大一针见血地说："任何改革改到底都涉及人的问题。人的问题解决了，改革才能成功。"突然来临的变化，在顺德官员中产生了很大的震动，多数官员虽心有不甘，但也清楚改革是大势所趋，不可逆转。

如何减震保稳？马洪胜介绍，顺德遵循"编制不突破、人员不降级"的原则，所有人员按照原有职能并入新部门后，保持级别待遇不变、分管事务权责不变；对少部分需要从领导岗位调整下来的人员，也作了适当安排，如改任非领导职务享受相关待遇、符合条件的鼓励提前退休等。在"大稳定"的框架下，采取"小调整"。16个新部门中的13个，由区委常委、副区长等兼任"一把手"，原先的那些"头头脑脑"们都改任副局长。"副局长"同样僧多粥少，为此，顺德创造性地在各局设置了多名

"局务委员",和副局长一样进入局领导班子,一样分管2~4个科室。

"由于顺德一直具有较好的改革传统和氛围,干部队伍的大局观念和承受能力比较强。因此,整个改革工作在外界看来可能是'石破天惊',但在内部却是'风平浪静',成功实现了'软着陆'。"马洪胜概括道。

三、分析

大部门体制,就是指把业务相似、职能相近的部门进行合并,集中由一个大部门统一行使。一方面可以精简政府机构,减少部门之间的职能交叉和权限冲突,简化公务手续;另一方面也可减少横向协调困难,裁撤议事协调机构,有利于建立统一、精简、高效的符合市场经济和民主法治要求的现代化政府体制。顺德的"大部制"在全国县级层面上是一大突破,其最大的特征在于党委和政府办事机构统筹联动。有学者认为,这不是与"党政分开"对着干,而是立足实际职能,从根本上解决互相扯皮、效率低下的症结。

任何改革都有推动的最主要因素,西方国家政府改革的压力来源于经济财政压力,从而展开了以"经济、效益、效能"为指导的新公共管理运行。事实上,改革开放以来,顺德一直为全省乃至全国体制改革"先行先试"的地方之一。1992年、1999年,顺德先后被确定为全省综合改革试验县、率先基本实现现代化试点市。可以说,顺德发展的历史就是改革开放的历史。30年后的顺德,又站到了新的历史关口,体制问题提前露头,新旧矛盾相互交织。特别是,受县级传统体制机制的牵制,顺德以往改革的边际效应正在稀释,连续4年的全国百强县"龙头老大"从2005年起也拱手让人。中共中央政治局委员、广东省委书记汪洋用"三个最"精辟概括:"传统的发展模式遇到的挑战,在顺德最早;破解发展难题的能力,顺德最强;实现科学发展的影响,顺德最大"。当然,顺德的改革也有阻力和问题,还有待于在实践中进一步完善。

四、结论

大部制改革是我国政府改革的新举措。大部制改革有利于降低行政成本,减少机构重叠、职责交叉、多头管理等问题。实施大部制改革要加大机构整合的力度,同时健全部门间的协调配合机制和对大部门首长的监督机制,处理好行政机构、行政领导的集权与分权问题。

第一版后记

本书根据夏书章教授主编的《行政管理学》（第4版）的体系结构和内容编写，编写人员都是《行政管理学》（第4版）的参编者。原部分作者无暇参与本书编写的章节分别由陈瑞莲、蔡立辉承担。具体分工如下：

陈瑞莲：第一、三、四、五、九、十七章
倪　星：第二、十六章
陈天祥：第六章
蔡立辉：第七、八、十、十一、十二、十三、十四章
赵过渡：第十五章

本书的编写组织工作由陈瑞莲牵头，蔡立辉、熊美娟协助。编写者按照统一体例，分工负责的原则独立完成。责任编辑施国胜同志为本书的编辑和出版付出了不少努力，谨此表示衷心的感谢！

编著者
2010年8月

第二版后记

本书再版是在第一版基础上，根据夏书章教授主编的《行政管理学》（第五版）的体系结构和内容修订而成。编写人员都是《行政管理学》（第五版）的参编者和《行政管理学》学习辅导（第一版）的编写者。具体分工如下：

陈瑞莲：第一、三、四、五、九、十七章
倪　星：第二、十六章
陈天祥：第六章
蔡立辉：第七、八、十、十一、十二、十三、十四章
赵过渡：第十五章

编写者按照统一体例，分工负责的原则独立完成。责任编辑施国胜同志为本书的修订和出版付出了不少努力，谨此表示衷心的感谢！

编著者
2013 年 9 月